當代佛教戒律新詮

印順導師人間佛教的戒律思想

釋清德

目次

「印順學」推廣研究之向前邁步

佛教慈濟大學　宗教與人文研究所

林建德　教授

　　清德法師的大作《當代佛教戒律新詮——印順導師人間佛教的戒律思想》問世，此可說是「印順學」發展的一件大事。法師長年投身印順導師思想的宏揚，尤致力於《成佛之道》的介紹導讀，我與法師即結緣於「成佛之道研習營」（至今已舉辦十八屆）。相對於福智團體在各地帶領《菩提道次第廣論》的讀書會，印順導師的《成佛之道》以白話文寫成，在觀念與法義亦有勝場，是以清德法師發心帶動此書的研討，每年舉辦研習活動（目前因疫情而暫停），凡事親力親為並自編教材講義，期能如《廣論》一樣，讓《成佛之道》讀書會在全台灣乃至華人世界遍地開花。

　　清德法師早年就讀中華佛學研究所，跟隨聖嚴法師撰寫《印順導師的律學思想》作為學位論文，其後則出版成冊；今在過往的研究基礎上擴編展開，而有此書之集成。忝為在家白衣弟子的我，又非以律學為研究專家，對於佛教戒律的相關問題實不容置喙（尤其是出家戒）；然自許為印順佛學的愛好者、追隨者，任何導師思想的研究都是我所感興趣的，同時也是職責所在。

　　不管是法義思想的詮釋論述，或者歷史文獻的考證研

究，印順導師皆著力甚深；不僅如此，對於戒律相關的制度問題，心中亦有理念願景，如在〈人間佛教要略〉指出人間佛教的理論原則是「法與律合一」，認為「導之以法，齊之以律」是佛教修行的理想；佛陀入滅除了囑咐弟子「以法為師」，亦要「以戒為師」——「所說經戒即是汝護」、「所說法戒即汝大師」，戒律的重要性不言可喻。印順導師心繫著「復興佛法，利濟人群」，佛教制度的重整是其中一大環節，無論對己之戒行清淨，或者對人之倫理規範，顯示人間佛教之重視身心修持，此倫理規約的整體檢視、全盤反思，當也相應於太虛大師三大革命當中的「教制革命」。

淺見以為這本以戒律為主的著述，可視為是「印順學」推廣、研究的向前邁步，或可和性廣法師的《人間佛教禪法及其當代實踐——印順導師禪學思想研究》相互輝映，各聚焦印順導師在戒律與禪定的探究成果，顯示他老人家在學術研究與教義開演外深切的修行關懷。

全書分為「戒律德行」、「研律對比」、「興革傳承」三篇，分具通俗性、學術性及應用性三個向度。在「戒律德行」的通俗性上，回歸佛法以生命解脫作為終極關懷，當中不離戒律與智慧的實踐，尤其戒律更是修行解脫的基礎，而此德性涵養、德行踐履，不僅限於佛教，也是儒家所重，人間佛教之「人菩薩行」即以「十善」為佛法修學的起點；整體而言，首篇概括式介紹佛法根本，以及印順導師「人間佛

教」的思想要義，予人深入淺出的通俗理解。在「研律對比」的學術性上，不只比較印順導師與日本著名學者平川彰，對律藏研究的不同看法，也對比其有別於傳統佛教的律學觀點，標示「和樂清淨」的僧制理想，以及論述印順導師對於歷史上戒律歧見的獨到詮解。在「興革傳承」的應用性上，探討印順導師對中國佛教制度興革的省思，及論述昭慧法師在律學與佛教倫理學的特見，此從古典戒律學延伸到當今佛教倫理學，兼顧理論與實踐、傳統與現代，亦見「印順學」薪火相傳之創新開展。

　　最後，祈願本書出版利樂一切有情眾生，佛法智慧暨印順導師思想甘露普霑、如日高照！

自序

釋清德

一、寫作緣起

筆者於民國 75 年，就讀聖嚴法師創辦的「中華佛學研究所」，畢業論文即《印順導師的律學思想》，撰寫動機是：從現實出家生活中感到諸多疑惑，諸如：出家及僧團的真義何在？如何維持僧團的和樂清淨？住持的責任是什麼？如何研讀律藏，並從中掌握佛陀制戒的精神與目的？……

這與僧眾日常行持有關的戒律問題，關係著佛教的興衰。想起研讀印順導師著作時，導師也頗關心此僧制問題；故想從導師著作中解除自己的疑惑。由於導師對教史、教理、教制、教典，有全面性的深入探究；筆者在遍讀其著作並加以整理後，得到滿意的解答，終於民國 80 年完成畢業論文。

基於對「法與律」的好樂，研讀印順導師思想，已成筆者此生的志業。在往後 30 年的教學歲月中，陸續發掘還有許多資料，可作為導師律學思想的補充；又發現昭慧法師能在導師律學基礎上，有新的詮釋與著述。於是利用近二年的教學之餘再整理；期許能完整表達印順導師律學思想的當代意義。

二、各章節重點

全書共六章，分三單元。第一、二章，是與佛弟子修行有關的「戒律德行篇」；第三、四章，是與現代、傳統研律者作比較的「研律對比篇」；第五、六章，是有關佛教制度的興革與傳承的「興革傳承篇」。

第一章「生命解脫與戒慧的實踐」。　從人類對生命的看法，切入釋尊獨到的特見（四諦）；說明學佛先要了解生命的由來（煩惱、造業、受報），解脫之道在三學；並解釋佛法為何不重深定，而重戒慧。

再從「戒」的三個字義，了解「戒體」的由來：「尸羅」是善的習性，是人類生而就有的；更需外緣（受戒）的助力。佛制的「戒法」，是從深切了解（三寶、四諦）而起淨信，誓願作在家出家佛弟子，而授持不同的「律儀」。

戒有廣狹義，廣義包涵一切正行，即人天、聲聞、菩薩乘的德行；狹義才是三乘別的戒法。並探究為何「戒律」的根源是「慈悲」？慈悲喜捨(四無量定)在佛教史上有何轉折？為何慈悲的根源是「緣起」？依緣起來作慈悲與儒家的仁，耶教的愛的比較。為何對緣起的如實了知即「智慧」？而說明緣起的定義、內涵與悟入，及智慧的聞思修證次第；而發現「慧」是「戒」的開始與完成。

第二章「佛梵儒德行的比較與『人間佛教』人菩薩行的提出」。　先以佛法人天、聲聞、菩薩乘的德行，與印度修

行的六法作比較，從中了解佛法對印度的「祭祀、咒術、苦行」，如何由排斥到接納的轉折。再與中國儒家的修學歷程作比較，得以深入了解儒佛修學歷程的異同，與佛法的殊勝所在。

印順導師一生專研「印度佛教」，實是為了中國佛教。他發現中國佛教屬印度「後期大乘」，特色是急求成佛的淨土行；但導師從全體佛法觀點來看淨土，有別於傳統中國的淨土宗。導師又從印度四期佛教中，截取各時代的精華而抉擇其核心思想即：「立本於根本佛教之淳樸，宏闡中期佛教（初期大乘）之行解，（梵化之機應慎），攝取後期佛教之確當者，庶足以復興佛教而暢佛之本懷也歟」，因而提出其「人間佛教」人菩薩行的理念。筆者發現《成佛之道》即是「人間佛教」思想的精要展現。

第三章「印順導師的律藏研究及其與平川彰之異義」。導師有感於佛教是「法與律」二者的總和，應均衡發展；但佛教早就偏於法的發揚，這是佛法發展的一大損失，故對律制有深廣的探究。

他發現現存「律藏」都具部派色彩，但透過華文各部派律典的比較，得知〈戒經〉、〈經分別〉（戒經的解釋）、〈犍度〉（有關僧團與個人的所有規制）、〈比丘尼律〉等的由來與發展。即「律」在第一結集時，主要是〈戒經〉（最初約150戒），還有「隨順法偈」。第二結集到部派分化時，〈戒

經〉已有了〈經分別〉;「隨順法偈」,已有部分的類集,後更成為各種〈犍度〉。《律藏》的結集是以〈比丘律〉為主,〈比丘尼律〉只略舉「不共戒」。而「布薩說戒」成為教育僧眾,淨化僧眾的好方法。

此中,有與日本學者平川彰不同的見解;並對平川彰「大乘教團起源」的三種立論,提出反思;這可說是與現代研律者的異議。

第四章「印順導師與傳統研律者的比較」。 從導師不同於傳統的研究方法(史地考證法、依三法印研究佛法),看其與中國律宗對「戒體觀」的差異。

再從導師對傳統律宗的評議「於實現和樂清淨之僧制,則殊少成就」,看導師對「和樂清淨之僧制」的探究:知早期出家戒法及早期僧團生活的演變;更將佛陀制戒的十種動機,歸納為六義:即有「和合、安樂、清淨」的僧團,成員才易修行証果,才能外化信眾,而達正法久住的目的。此中,和合最重要。

六和敬的僧團,建立在「見和、戒和、利和」上。此中,「戒和同行」是大眾的事情,由完具僧格的大眾集議來決定;議事的表決,常採全體通過制,也有行黑白籌取決多數。如違反淨化身心、和樂大眾的戒律,都要懺悔,向大眾承認自己的錯失;如犯重罪,要接受大眾的懲罰;如犯不可懺悔的重罪,即不容存留在僧團,這才能保持僧團的清淨。

僧團中沒有領袖，沒有主教，依受戒先後為次第；互相教授教誡，互相慰勉警策。尊上座，重大眾，主德化，是僧團的精神。因此，能負起住持正法的責任，也是佛陀慧命的擴展與延續。

導師又對早期幾則戒律問題作探究，這也是現代研律範例，如：關於「女眾出家」，「八敬法」的由來與影響，「小小戒的取捨」，「金銀戒的受取」，「提婆達多的五法破僧」，「兩次結集對教團的影響」，「佛陀的最後教誡」等。

第五章「印順導師論中國佛教制度的興革之道」。　導師發現佛教僧制，雖取法當時的政治與其他宗教的組織制度；但在佛的正覺中自有其卓越的特色：即肯定人類平等、男女平等，並保持民主特質。以此來看中國僧制的演化，因受儒家文化影響，「寺院漸子孫化，叢林產生傳法制」；而現在幾乎都是子孫制，實違反僧制的民主精神。太虛大師的「個人不得傳法收徒」實為教團化私為公的根本革新。

再從當代台灣的傳戒制度，看導師對傳戒的評議：傳戒，難在清淨持戒的三師七證太難得了；受戒，難在受戒後應立即開始長期嚴格的修學；又舉寶華山、中佛會，傳戒流於形式之處。並說明我國出家與還俗的雜亂原因。

導師認為僧教育的目的，是用於修行、學問、興福。在古今中外僧教育的省思中認為：中國佛教「重修行而義學衰」。但聞思經教的慧學中心，對發揚佛教功不可滅；而太

虛大師理想的僧教育學制，足以媲美那爛陀；至於現今臺灣佛教，應從教學相長中造就師資。

對於僧俗關係，導師依阿含經，說明僧俗的定義與責任；再從各律〈戒經〉舉出三點，說明印度早期僧俗關係親和。而對過去中國僧俗關係的偏失作反省，並提出建立在家佛教的方針。

其他與僧制有關的，如：一、關於素食，導師駁斥偽科學的肉食者，及僧眾不妨食肉的謬論。筆者順便提及近代台灣佛教素食觀的演變。二、關於經懺與寺院經濟，導師說明經懺的由來與影響；筆者發現導師與聖嚴法師對經懺有不同看法；並以慈濟、福智為例，看今日台灣佛教的非營利事業。三、關於僧衣，導師對僧裝改革有正反方的評論；並解釋中國僧衣服色不統一之因。四、對僧眾主持佛化婚禮，導師也有開明的看法。

第六章「昭慧法師在律學與佛教倫理學的特見」。　先從昭慧法師敘述律制的開展及歸納印順導師的律學貢獻；再簡介法師的《四分比丘尼戒經彙編》、《律學今詮》、《法與律之深層探索》論集等，看其在導師律學基礎上進一步發輝的卓見，如：戒律與政治、法律的原理比較，從「八敬法」解構佛門男性沙文主義，「七滅諍法」是僧團和合的必要條件，佛法倫理視野與價值判斷例舉。

昭慧法師的《佛教規範倫理學》是佛教戒律的法哲學，

是以「緣起」為基本原理，貫徹「護生」精神，依「中道」為實踐要領；從中可看到法師在面對諸多議題上，主動與其它傳統對話；這也代表「人間佛教回應普世價值、引領社會思潮」的意義；因此於 110 年 6 月獲頒日本「庭野和平獎」，表彰其貢獻。

三、期許佛教律制有嶄新的開展

面對近代中國佛教界的困頓，太虛大師曾雄心壯志地全盤規劃「僧伽制度」的願景。但由於保守勢力的反撲，及舊習積重難返，大師的改革並沒有成功。

印順導師自出家以來，深感現實佛教界主要是「思想」問題；故願多多理解教理，以對佛教思想起一點澄清作用。他承太虛大師「入世關懷」之精神，提倡「人間佛教」，並觀察現實，回顧歷史，展開多面向的教史、教理與教制之研究，在每一領域都成果卓著。

在教制方面，導師從律典的部類與內容，到戒律的法理與條文，無不細心爬梳原典，挖掘關鍵性的文字紀錄，而提出眾多前所未見，卻又有所依憑的卓越見地。如：從戒的字義，看戒體的由來；慈悲喜捨(四無量定)在佛教史上的轉折；〈戒經〉條數的集成過程；僧團議事的表決，雖常採全體通過制，也有行多數決的民主制；透過布薩誦戒前的懺悔反省制，使僧團和合清淨；對女眾出家會使佛法早衰的「釋

尊預記」提出質疑；並認為佛只制定「四尊法」而不是八敬法；……。幾乎為二千多年來，中印佛教在律制上的偏失，作了一個大翻案。

史學者藍吉富教授認為：導師的佛學成就是歷史性的，其著述、思想在現代中國佛學史上，具有中流砥柱的地位，已隱然形成一股矯正時代偏蔽的挺拔學風；此種「深入義海、唯正見是尚」的學風，瀰漫在海內外無數研佛學子間，可能便是新一代中國佛學的主要推動力。[1]

又說：印順導師思想特質，是在求真、批判、主智論風格下展現的，為中國佛教的發展，指出一條可資遵循的大方向。後人如果繼承得宜，佛教史的發展，是很可能轉向的；也就是中國佛教史很可能有嶄新的一章。[2]

筆者認為：戒律是佛弟子的修行之基，與僧眾日常行持有關的律制問題，更關係著佛教的興衰。透過印順導師體大思精的探究，已為後學奠下從傳統過渡現代的厚實基礎。今後如何在現實與理想之間拿捏得當，是佛子們應共同努力的，願此書能有拋磚引玉的作用。

---

1 藍吉富，〈倡印緣起〉，《印順思想的思想與學問》，頁 6-9。
2 藍吉富，〈印順思想的特質及其歷史意義〉，《二十世紀的中日佛教》，頁 223。

壹、戒律德行篇

第一章 生命解脫與戒慧的實踐

第一節 生命的真相與解脫之道

一、人類對生命的看法與佛法的回應

(一) 人類對生命的看法

印順導師分析人類對生命的看法有三：

一、一世論，孔子說：「不知生焉知死」，「敬鬼神而遠之」，不談來生。儒家雖立基於良知，道德寄託於子孫的禍福。但瞽瞍生舜，堯生丹朱，父子間顯然沒有必然關係；且沒子女的豈非毫無因果著落！

二、二世論，如耶教與回教都宣說：信神的死了生天國，作惡的落地獄 (死後還是存在)。是著重由現世到未來，不談生前的二世論，以為生前是在神那裡。但現生的苦痛與快樂，聰慧與愚癡，夭壽與長壽，這種千差萬別的眾生相，如沒有過去的差別因素，無法說明。如說是神的意志，而苦痛多於快樂，墮落多於上升；神也不免太殘酷了！

三、三世論，是印度宗教的特色，而以佛教最為究竟。[1]

---

1 印順導師，〈論三世因果的特勝〉，《佛法是救世之光》，頁 221-225；〈生生不已之流〉，《學佛三要》，頁 25-27。

(二) 釋尊時代的印度宗教

佛教起源於印度，對西元前 10 世紀起的古印度文明燦爛期，印順導師作了如下三期的分析：

一、以拘羅為中心，確立婆羅門教三綱

(一)「吠陀天啟」是古代傳下來的宗教讚歌，看作神的啟示。

(二)「婆羅門至上」是神的啟示分人類為四種階級；祭師的婆羅門地位最崇高。

(三)「祭祀萬能」，神與人的關係依於祭祀。

二、恒河中流的奧義書文化

宇宙萬有是依「梵」為本體而展現的，人類內在有與大梵同性質的 (常住、自在、喜樂的我)。但事實上，人生在世，環繞的自然、社會、自我身心，觸處都是痛苦，一切是無常幻滅的；這思想上的大矛盾，他們似不大理會。

奧義書的特色是：業力與真我相結合；「我」為自身行為 (業力) 所限制，從此生轉到他生。對照於自我的真淨妙樂，倍感人生的迷妄與悲哀，而想如何解除痛苦，恢復到**梵我**本來的常住快樂，於是有解脫論產生。

三、東方興起反婆羅門的沙門文化。[2]

---

2 印順導師，《印度佛教思想史》，頁 1-6。

(三) 釋尊獨到的深見——四諦

　　佛教屬印度東方反婆羅門的沙門文化之一，面對當時時代思想界，活躍而陷於混亂，釋尊在理性與德行的基礎上，後來居上，建立實現解脫的正道。對於釋尊獨到的深見，印順導師作了如下簡介：

1. 四諦

　　佛法以有情，特別是人類為本。印順導師在《成佛之道》第四章，對佛陀初轉法輪時所說的「四聖諦」作詳細的說明：

　　一、「苦」是指：有情身心。

　　二、「集」是世間苦的原因，是指：煩惱與業。

　　三、「滅」(解脫)，是消除一切苦迫的境地。

　　四、「道」是滅除苦惱的方法，是指：三學、八正道。[3]

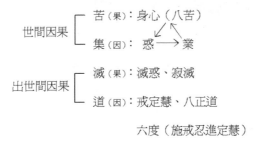

3　印順導師，《成佛之道》，頁 139-140。

2. 理論與實踐的中道法相輔相成

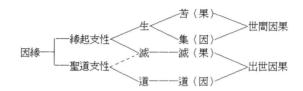

生死輪迴與涅槃解脫，是印度當時公認的事實；問題在為什麼會輪迴？怎樣才能解脫？佛法給予理智的解答，指出兩種中道：緣起中道 (離二邊執) 與八正道中道 (離苦樂二邊的中道行)。因為：1. 假使只說緣起法性，不能付之自己身心的修證體悟，即不能滿足人類衝破束縛，要求徹底自由的宗教情緒，即抹煞佛教的宗教意義。2. 假使只說修行方法，沒有理性的指導，不但要受世間學術的摧毀，自己也要走上神教的歧途。[4]

二、生命由來的真相——苦、集二諦

印順導師在《成佛之道》、《佛法概論》中，清楚說明生命由來的真相是：煩惱、造業、受報。

```
心 → 身口意－－業－－－－－→報
善   利他   善業
惡   損他   惡業
       (表業)→ 無表業－→投胎 (隨重、隨習、隨憶念)
       (過＋現)＋後有愛
```

4 　印順導師，〈佛教之興起與東方印度〉，《以佛法研究佛法》，頁 83-99。

(一) 造業必受報

1. 人生苦迫分三類，共七苦

　　人生充滿種種的苦迫，佛法分三類，共七苦：一、物質上的所求不得苦，二、人際社會的怨憎聚會苦、恩愛別離苦，三、自身的生苦、老苦、病苦、死苦。

　　如推究其由來，是因有五取蘊苦 (身心)，合稱八苦。五蘊身心是蘊、處、界的和合，所以非獨一 (無我)，這是業的果報體；依四食 (段食、觸食、意思食、識食) 而延續生命。[5]

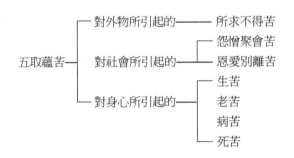

五取蘊苦 ─┬─ 對外物所引起的 ──── 所求不得苦
　　　　　├─ 對社會所引起的 ─┬── 怨憎聚會苦
　　　　　│　　　　　　　　　└── 恩愛別離苦
　　　　　└─ 對身心所引起的 ─┬── 生苦
　　　　　　　　　　　　　　　├── 老苦
　　　　　　　　　　　　　　　├── 病苦
　　　　　　　　　　　　　　　└── 死苦

身心是蘊處界的和合

	六界	五蘊	六處	十二處	十八界
(色)	地水火風空	色	眼等五根	眼等五根、色等五境 ─	眼等五根、色等五境
(心)	識	受想行識	意根	意根	意根→意識（前五識、第六意識）
				法境	法境

5　印順導師，《成佛之道》，頁 140-142，《佛法概論》，頁 69-70。

2. 苦由業集

(1) 業的由來與類別

凡由意志 (心) 所推動的身口意動作，都是「業」。

從業的所依而分，有身語意三業。「善業」是內心清淨，行為利他；反之是「不善業」。善惡業，是能感欲界生死的業力；與禪定相應的業，則能招感色界、無色界的生死。

生為人，是「引業」所感的業果；壽命、根身的構造，感官的認識，大致相同。但人與人間，如相貌、眷屬、貧富、知識才能等的不同，是過去生的「滿業」所造成。

故意造作的強業，必定受某種果報，名「定業」。但《鹽喻經》說：即使是重大惡業，如有足夠懺悔的時間 (壽命長，能修身，修戒、修定、修慧)，重業即可輕受而成為「不定業」。

依「自作自受」法則，自己所作所為，由自己負責。但人類生於自他共存的社會，直接間接與他有關；從影響本身說即「不共業」；從影響他人說即「共業」。

個人的不共業，同類相攝，異類相拒；業用在不斷熏增或削弱中。大眾的共業，依「共作共受」法則，要大家一起來改變，否則聖人也無能為力。[6]

6　印順導師，《成佛之道》，頁 63-70，《佛法概論》，頁 99-100。

(2) 從死到生的過程

善與惡的身業語業，是天眼所見的色法，稱「表業」；從此善惡行為引起的潛力是「無表業」。

有業必有報，「報」有現生報、來生報、隔多世報。諸業在沒受報前，如不解脫，不會失壞；如《三昧水懺》緣起的故事。

今生死了，招受後報的順位有三：1.隨重業，是大善大惡的少數人。2.隨慣習的業力，是多數人會在 49 天內投胎。3.隨臨命終時的憶念，是指沒有慣習的善惡業者。故修行還是重在平常的慣習。

在不斷的身心活動中，有無數的業力增長或消滅。現在的身心，是過去某一系類的業力所限定；等到這一生進入死亡階段，從前及現生所造的業力，由於煩惱 (後有愛) 的熏發，由佔有優勢的另一系類業，起來重新發展，和合新的身心，成為另一有情。但由於身心的一度崩壞，根身與情識相離而不再起，一般人多不能記憶前生經歷。[7]

(3) 依人的業力決定五趣的輪轉

眾生無始來，隨業力的善惡，感來生果報，在五趣中流轉不已。善業，受報在善趣的人間或天上；惡業，受報在惡趣的地獄、傍生 (畜生)、餓鬼。

7　印順導師，《成佛之道》，頁 70-76，《佛法概論》，頁 101-103。

受報人身，是苦樂參雜的，卻是修學佛法的好環境。因惡趣苦多，沒有修學的閒暇；天上太安樂，智慧會減損，也與佛法不相應。

「人」是五趣升沈的樞紐。如生天，是由於人身的積集善業，修習禪定；如由天而更向上生，或由惡趣而生天，都是過去世中，人身所作的善業。反之，如墮惡趣，也多由於人身的惡業；如從天而墮惡趣，是天福享盡，過去未了的惡業成熟受報。但是，眾生本能的大蟲吃小蟲，雖可悲，卻不會因此墮三惡道。

傳統中國人以為：『人死為鬼』(鬼者歸也，是回到祖先那兒)；同時，鬼與地獄不分，在地獄受苦的鬼，受罪完畢，再往人間，或傍生受生。這是錯誤的，但相傳由來已久。[8]

(二) 因煩惱而造業

業是由內心煩惱來推動，煩惱對業有二種引力：

一、發業力：「未生業」須由煩惱引發；如斷了煩惱，

8　印順導師，《成佛之道》，頁 70-76。

一切行為，都不成為招感生死的業力。

二、潤生力：「已生業」須由煩惱滋潤才能生起；如煩惱斷了，一切業種就乾枯，失去生果的力量。故一般說「業感生死」，實則是「煩惱感生死輪迴」。[9]

1. 主要煩惱——貪瞋癡、見愛慢無明

在《成佛之道》中對「煩惱」有如下的解析：

一、就欲界人類言，貪，瞋，癡，是一切不善法的根本。1 癡 (無明)：是對真實事理的疑惑，倒見。2 瞋：是不滿境界而引起的惡意；如發作，就是忿，諍，害，惱怒；如藏在心裏，就是怨，恨，嫉妒。3 貪：是染著自我，及有關自己的一切；在時間上展現為：顧戀過去，耽著現在，希求未來。

二、因瞋恚在色界、無色界不起；所以又有「見、愛、慢、無明」的分類，略有三義。

(一) 在大乘唯識學中，被看作與第七識相應的煩惱，稱「我癡，我見，我慢，我愛」。

(二) 在《阿含經》理解為：1 認識上的錯誤，名為見；2 行動上的錯誤，稱為愛。3 慢是微細的自我感，及因此而引起自我中心的活動。4 習氣，就是最微細的無明。

(三) 癡 (無明) 為一切煩惱的總相，可分為三：1 屬知的

9　印順導師，《成佛之道》，頁 148-149。

謬誤，是見；2 屬情的謬誤，是愛；3 屬意志的謬誤，是慢。

「貪，瞋，癡」與「見、愛、慢、無明」二者的關係：瞋恚是由自恃輕他的慢而起；貪戀五欲是從愛而來；顯著的不知因果、善惡等愚癡，皆由錯誤的妄見而來；這一切可泛稱為無明，而實為自我感的發展。人類固然如此，一切眾生也不例外。[10]

貪 瞋 癡
↑ ↑ ↑
愛 慢 見 無明
＼ ／
無明 (我我所見)

2. 根本煩惱——無明、愛

對於根本煩惱的「無明」與「愛」，印順導師在《成佛之道》、《佛法概論》中也有詳細的解析：

一、「**無明**」是對真實事理的無所知，即**不知緣起** (無常、無我、涅槃)；主要是不知「無我、無我所」；從執見來說是「我、我所見」。

由於「我、我所見」的**執取**，生起自我 (常恒自在) 的錯覺。由於「我、我所見」的**攝取**，造成向心力，凝聚成一個個自體。而業力有局限性，經一期壽命就業盡而死 (也有因福盡及橫死的)。但我、我所見為本的煩惱，還在發揮它

---

10 印順導師，《成佛之道》，頁 152-158。

的統攝凝聚力，這才又引發另一業系，展開一新的生命；眾生就是這樣生死相續。

二、「愛」的類別——欲愛、有愛、無有愛、後有愛

有情存在「時間」中展現為：過、現、未三世的愛染；戀著過去，欣求未來。

有情存在「空間」中展現為：自體愛與境界愛；又分為：

(一) **欲愛**，是對物欲 (淫欲在內) 的愛著，也稱「我所愛」、「境界愛」。

(二) **有愛**，也稱「自我愛」，是對色心和合的有情自體，自覺或不自覺地愛著它；此即深潛的生存意欲。

(三) **後有愛**，是深刻而永久的生存欲，如種族繁衍的思願，及一切宗教的來生說、永生天國說，都依此人類共欲的「後有愛」而成立。

(四) **無有愛**，是否定自己、超越自己；如自殺、愛著涅槃解脫等。因如沒有尊重自己人格道德的一念心，是不可能殺身成仁、捨生取義的。

```
無有愛 ←→ 有愛 (我愛)(自體愛)→ 欲愛 (我所愛)(境界愛)
              ↓
          後有愛 (永續生存)→(世俗) 種族繁衍欲
                          →(宗教) 永生天國
```

欲愛、有愛、後有愛、無有愛，都根源於「自體愛」

(愛自己)。但因佛法體察有情是「無我、無我所」，故不但要離「有愛」，也要離「無有愛」。佛法所說的「無生」，是徹底洗革愛染為本的人生，改造為正智為本的無缺陷人。如佛與阿羅漢等，就是實現情愛的超越，得到自由解脫的無生者。[11]

3. 淫欲屬「我所愛」，是障道法

傳統中國佛教有以「淫欲為生死根本」的說法，如《圓覺經》：「一切眾生皆以愛欲而正性命。」愛欲，經文或解作淫欲。但印順導師認為：此是不了義說，可能是譯者沒譯好之故；因淫欲屬「我所愛」。

依佛法說，眾生的生命並不都由淫欲而有。男女欲事，只是人類與欲界天的特徵，一分的鬼、畜也有。但上二界及地獄眾生，都不起淫欲。由於欲界諸欲中，淫欲力最強，縛人最深；非法的邪淫，固然是糾紛、苦痛的根源；就是夫婦的正淫，也是纏綿牽繫，欲染深徹骨髓；為了家庭、經濟，每不能不遷就事實，而使自己的信念、德行、學業，受到慘重的毀損。所以，淫欲雖非生死根本，但在現實人間「淫欲是障道法」。

如果在家佛弟子暫離淫欲，在一期精進修持中也可証初果；從此不會再犯非法行淫等重戒，但還不能斷除淫欲。所

---

11 印順導師，《成佛之道》，頁 152-158，《佛法概論》，頁 79-90。

以初、二果的在家聖者，淫欲還是可現行。必須斷盡欲界修惑，證三果才不會再以染污心行淫；而三果聖者死後，是生在沒有淫欲的色界。所以，欲界人類如淫念與淫事多，不論修什麼法門，都難以實現解脫。[12]

4. 食與色，是人間無法解決的困擾，故要有出世法

印順導師說：生在人間，維持個體生命的是飲食，延續種族生命的是淫欲，故古人說：「食色性也」，性是出於本能的。一般人的飲食或行淫是不離煩惱的；但如恰當 (適合個體的正常需要，適合當時社會的正常制度) 不能說是罪惡；因不會因此而生天、墮地獄，也不會因此而流轉生死 (不感報應)。

從個人來說，衣食等經濟事項，如能少欲知足，容易解決；但淫事有關雙方，不能專憑自己意志來決定。如漠視對方，會增添家庭糾紛困擾，比衣食問題更難解決。所以佛制出家，以不畜私產為原則，而淫欲則完全禁止。

在人間，「食」發展為經濟的爭奪，「淫欲」也每逾越正常；食色成為人間永不解決的困擾。故徹底說：世間就是苦，苦是本質。即使沒有男女淫欲，如化生天國，或低級動物依自體分裂而繁殖，也還是在苦中。想像美好的世間，而

---

12 印順導師，〈人性〉，《佛在人間》，頁 77-79，
　〈欲與離欲〉，《以佛法研究佛法》，頁 382-383。

又沒有苦，根本是不可能的；所以才要有出世解脫法。[13]

三、解脫之道在三學——滅、道二諦

(一) 戒定慧三學的關係

學佛在了解生命由來的真相 (煩惱、造業、受報) 後，希望能透過修行而達解脫；解脫之道在戒定慧三學。因為「戒」可端正我們的身口業，「定慧」可端正我們的意業；身口意三業清淨就解脫了。

三學有互相增上的作用；不是有戒就有定，有定就有慧。印順導師說：「依戒生定」，是要在身口意業清淨的基礎上，能修得清淨的禪定；而「從定發慧」，必由於定前 (也許是前生) 的「多聞熏習，如理思惟」，本著聞、思的正見，從定中去修習；止觀相應，久久才能從定中引發無漏慧。[14]

(二) 佛法修定不重深定

1. 修定的動機、前題、方法、定義、類別

印順導師在《成佛之道》第三章「五乘共法」，對於修定的動機、前題、方法、定義、類別，有所說明。

修世間定的動機目的，是為對治現實人間的兩大問題 (欲樂、散亂)。修出世間定的動機目的，是因能湧現身心的

---

13 印順導師，〈答昭慧尼〉，《華雨集 (五)》，頁 249-255。
14 印順導師，《佛法概論》，頁 227-228，頁 233。

輕安、精進而得堪能性，成為行動的來源，以成就解脫或成佛。

　　修定前題，要先依於慈心、住於淨戒。

　　修定方法是：調攝身、息、心；如達心一境性，名為「定」。

　　定的淺深次第，佛法特重色界的「四禪」(初禪，二禪，三禪，四禪)，因定慧比較均等。其上有無色界的四空處定 (空無邊處，識無邊處，無所有處，非想非非想處)，是世俗的唯心定，定心更深，慧力反少。四禪、四空處，總稱八定，是共世間的，外道也能修得。但佛多為在家人說「四無量定」。[15]

　　定慧的關係

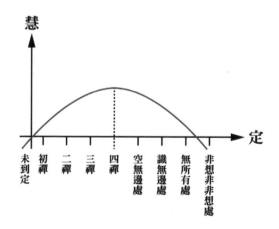

15 印順導師，《成佛之道》，頁 113-120。

入定的身心變化 [16]

	前五識	第六意識	阿陀那識
一、平時，明了意識的制約，使身心活動形成慣習性	身姿	思想定型	呼吸、血液
二、由亂而定時，明了意識漸失制導力 善惡熏發，產生幻境，使身心不自主活動	身動 (拳術)	善惡境，善惡念	
三、透脫	身不動	心明淨	息長，似無 脈暢，似斷
四、成就正定	身輕安 身精進	心輕安 心精進	

2. 佛法不重深定之因

　　印順導師說：「定」是共外道的，佛法修定卻不重深定。因偏於禪定，必厭離塵境而陶醉於內心；久之，必忽略現實生活，而落於神我的唯心思想。如因定而生最高世界(非想非非想天)，反成「八難」之一。

　　故佛法的「依定發慧」，所依的定不必極深，多少能集中精神就可以了。如只得「未到定」，或一念相應的「電光喻定」，都可引發勝義慧，離煩惱而得解脫，如「慧解脫阿羅漢」。如不能「依定發慧」，那厭離物欲、男女欲，而專心修定；只是外道的天行。[17]

3. 禪定能引發神通

　　禪定能引發神通的原理，印順導師解釋說：

---

16 印順導師，〈美麗而險惡的歧途〉，《佛法是救世之光》，頁 322-326。
17 印順導師，〈戒定慧的考察〉，《佛法概論》，頁 234-237。

　　我們的身心、世界，都是因緣和合的幻相，沒有自性可得。但眾生無始妄執，取著『一合相』，想像為一一個體的實在。由於實執的熏習，身心世界，一一固體化，麤重化，自成障礙；這才自他不能相通，大小不能相容，遠近不能無礙。依禪定能引發神通，只是部分或徹底的恢復虛通無礙的諸法本相。[18]

　　慧解脫阿羅漢，無神通；定慧俱解脫阿羅漢，有三明及六通。六通中佛法重的是「漏盡通」即自覺煩惱的清淨。「三明」是三通 (天眼、宿命、漏盡通) 在阿羅漢身上徹底究竟；天眼明，能知未來；宿命明，能知過去；漏盡明外，特說這二通為明，是對於三世業果明了的重視。[19]

　　神通的超常經驗，是共於外道，不能得解脫。因此，佛弟子如能深入禪定，即使有五通 (神境通、天眼通、天耳通、他心通、宿命通)，佛也不許利用這些來傳佈佛法，招搖名利。總之，非特殊情形不能隨便表現，如有虛偽報導，為佛法的大妄語戒，勒令逐出僧團。故對於古代有人利用宗教神秘現象，號召人民作軍事叛變。導師認為：神通，對社會、對自己的危險性，惟釋尊能深刻理會。那些以神秘來號召傳佈佛法的，真是我佛罪人！[20]

---

18 印順導師，《寶積經講記》，頁 163-164。
19 印順導師，《成佛之道》，頁 239-242。
20 印順導師，《佛法概論》，頁 237-238。

(三) 佛法特重戒慧

　　導師認為：解脫之道在三學，而佛法特重戒慧。因佛法不離世間，要處世而做到自他和樂，非戒不可；佛法是即世間而出世解脫，這非智慧的離妄契真不可。這二者，戒如足，慧如目；從自證說，這才能前進而深入；從利他說，這才能悲智相成，廣度眾生。所以《成佛之道》偈頌說：「始則直其見，次則淨其行；足目兩相成，能達於彼岸」。[21]

第二節　戒與慧的實踐

一、從戒的字義，看戒體的由來

(一) 尸羅是善的習性，是人類生而就有

　　印順導師說：中文的「戒」，梵文意譯有三：一、尸羅 śila，是三學中的「戒」學。二、學 śiksā 指應學的一切，即三學；學處 śiksāpada 是學而有條文可資遵循的。三、律儀 samvara 是「護」。

　　依『大智度論』說：「尸羅，(此言性善)。好行善道，不自放逸，是名尸羅。或受戒行善，或不受戒行善，皆名尸羅」。

　　意即：「尸羅」是善的習性，是人類生而就有的 (過去

數習所成)；又因不斷的為善而力量增強；是通於沒有佛法時，或不知佛法的人。

因一般人，生來為習所成的惡性所蒙蔽，為善乏力。這要經父母、師友、或宗教的啟發，或從自身處事中覺發；內心經一度的感動、激發，於是性善力大增，具有防護過失，勇於為善的力量。所以「尸羅」是內在的，更需要外緣的助力。

釋尊「依法攝僧」，制立學處、律儀，正是外緣的助力。如受具足戒的，依自己懇篤的誓願力，僧伽 (十師) 威力的加護，在一白三羯磨的作法下，誘發善性的增強，就是一般所說的「得戒」。[22]

導師又說：這性善的戒，在沒有佛法時代，或有法而不知的人，都可以生起。但如有佛法正見的攝導，表現在止惡行善上，更為正確有力而不致偏失吧了！而由於生活方式，社會關係，團體軌則不一致，佛法應機而有在家出家等種種戒法；這內心深處的性善，是佛弟子受戒、持戒的要點。有了「性善」，雖沒有受戒，或僅受五戒，都可成為向解脫的道基；如沒有「性善」，雖清淨受持比丘戒、菩薩戒，也不一定能種解脫善根。[23]

---

22 印順導師，《初期大乘佛教之起源與開展》，頁 293 -295。

23 印順導師，〈道在平常日用中〉，《華雨集(四)》，頁 277-278。

(二) 佛的戒法，是從深切了解而起淨信，
誓願作在家出家弟子

導師在《成佛之道》中說：戒的作用，是止惡行善。依佛本意，要從內心的淨治得來；這又要從『深忍』(深切的了解)，『樂欲』(懇切的誓願) 中，信(歸依)三寶四諦。真能信心現前，就得心地清淨；從此淨信中，發生止惡行善的力量，就是『戒體』。

而「律儀」有三類：

一、如真智現前，以慧而離煩惱，就得「道共律儀」。

二、如定心現前，以定而離煩惱，就得「定共律儀」。

三、如淨信 (三寶四諦) 現前，願作在家或出家弟子，就得「別解脫律儀」；這是逐條受持，就能別別得到解脫過失的。

無論在家出家，起初都以三歸依得戒；後為鄭重其事，比丘、比丘尼戒，才以白四羯磨得戒。但如沒有淨信，白四羯磨也是不得戒的。所以戒是從深信而來的心地清淨，從心淨而起誓願，引發增上力，有護持自心，使心不犯過失的功能。[24]

---

24 印順導師，《成佛之道》，頁 172-174。

二、廣義的戒：一切正行（三乘別的德行）

(一) 德行包涵內心與事行

　　印順導師說：戒律的廣義，包括一切正行 (德行)；狹義則重在不殺、盜、淫、妄等善。[25]

　　又說：有情是身心的和合，以心為主導；學佛是要從心的淨化，引發行為的清淨。而中道的德行，是出於善心，表現合理有益自他的行為；又以合理的善行，淨化內心，使內心趨向完善 (無漏)。所以德行，應從內心與事行兩方面去認識。

　　一、德行的內心因素有四類八項：

　　(1)「道德的根源」，是源於人類的道德本能「無貪、無瞋、無癡」。

　　(2)「道德的意向」，是道德的引發增長到完成，要依「慚、愧」，即自覺得要「崇重賢善，輕拒暴惡」；即一般所謂的「良心」。這又要依於重人格、重真理、重世間公義，才能作得恰到好處。

　　(3)「道德的努力」，即「精進與不放逸」。精進，是勤勇的策進；不放逸，是惰性的克服。

　　(4)「道德的純潔」是對三寶純潔的淨信心。

　　二、佛法的德行，是以自他的和樂生存為本，內淨自

25 印順導師，《佛法概論》，頁 231。

心，外淨器界；即從一般的德行，深化廣化而進展到完善。

　　大體說：(1) 人天的德行是一般的；(2) 聲聞的德行，進展到深刻的淨化自心；(3) 菩薩的德行，更擴大到國土的嚴淨。[26]對此三層次的德行，導師在《成佛之道》中依發心、目標、修學內涵的不同，有詳細的介紹。

法門		發心	目標	修學內涵
五乘共法 (共下士道)	人天乘	增上生心	生人天	施、戒、定
三乘共法 (共中士道)	聲緣乘	出離心	解脫生死	戒、定、慧
大乘不共法 (上士道)	菩薩乘	菩提心	成佛	施、戒、忍、進、定、慧

(二) 人天乘的德行

1. 人天乘的正行是施、戒、四無量定

　　佛說的人天法，是純為自他和樂的德行，如施與戒，及慈悲喜捨四無量心定。「戒及四無量定」在本書第一章已說明，在此只說布施。

　　為何要「布施」？佛說：依於往昔物質布施的善業，得今生種種物質的資具。故勸人修集布施功德，以免來生貧乏艱苦，影響事業成辦，佛法進修。

---

26 印順導師，〈德行的心素與實施原則〉，《佛法概論》，頁 181-189。

布施的要件是：自己要有捨心，要使人得利益。

布施的動機與對象有二：1 以同情悲憫心布施，近於現代所說的慈善救濟事業；2 以尊敬心來恭敬供養父母、尊長、三寶。應出於深切的悲敬心，作如法的布施。[27]

2. 在家的經濟、社會、政治生活

一、正常的經濟生活

在家眾，首應顧慮經濟生活的正常，因這有關自己、家庭的和樂，更有關社會。釋尊曾說四法：1 方便具足：即一切正當的職業，都可取得生活。2 守護具足：即財物的妥善保存，不致損失。3 善知識具足：即結交善友。4 正命具足：即經濟的量入為出，避免浪費與慳吝。

二、合理的社會生活

在家合理的社會生活，是以自己為中心的六方倫理；1 東方為父母，2 南方為師長，3 西方為妻，4 北方為友，5 下方為僕役，6 上方為宗教師；彼此間有相互應盡的義務。此六方略近儒家的五倫說，但沒有君臣、兄弟，而可攝於第 4 項的親友中，並以四攝來統攝。第 5 主人對僕役，除給以適宜的工作外，應給衣食醫藥，還要隨時以「盛饌」款待，按時給以休假；這在古代社會是夠寬和體貼的了！其中特揭示第 2 師弟、第 6 宗教師與信徒的關係，可看出釋尊對文化學

---

27 印順導師，《成佛之道》，頁 96-100。

術的重視。

三、德化的政治生活

佛經傳說「輪王以正法治世」，正法即五戒、十善的德化。古代政治，每因國王的賢明與否，影響國計民生。所以佛也曾談到國王要有十德，而國王的臨政要道是公正，以身作則，為民眾利益著想；特別是「利以平均」，使民眾經濟不致貧富懸殊，自然能達政治的安定繁榮。[28]

(三) 聲聞乘的德行

1. 佛世出家比較適宜解脫

佛世的「聲聞」包含在家、出家佛弟子。在家雖同樣可以解脫，而釋尊時代，出家是比較適宜些。因出家依戒律過和合的集團生活，有三大要素：「見和同解」，「戒和同行」，「利和同均」，在這樣民主、自由、平等的僧團中，度著少欲知足的淡泊生活，遊行教化，專心定慧，趨向清淨的解脫。[29]

有關出家的集團生活，將在本書第四章第二節說明。

2. 在家出家的正命與正見不同

在家出家依八正道向解脫，1 因生活方式不同，正命的內容不同；但同樣要以合理的方法達到資生物的具足。2 正

28 印順導師，《佛法概論》，頁 205-210。
29 印順導師，《佛法概論》，頁 219-220。

見不同；以世間正見為本的，是世俗人天正行；以出世正見為本，能向出世解脫。[30]

(四) 菩薩眾的德行

1. 直觀緣起性空而不急求自了

菩薩道源於釋尊本教，經三、五百年的孕育才發揚起來，自稱大乘。菩薩以修空為主，不像聲聞從無常、苦入手。其實，無常即無有常性，就是空的異名。菩薩的觀慧，直從緣起法性空下手，能於生死中忍苦，而不急求自了，從入世度生中向於佛道。[31]

2. 菩薩依三心修六度

菩薩的修行是依三心修六度，從利他中去成佛。

一、「三心」：1 菩提心是志願，2 慈悲心是動機，3 法空慧是做事的技巧。此乃人類憶念、梵行、堅忍三種特勝德行的昇華淨化；這分別代表人類理智、情感、意志的特勝，與儒者智仁勇三達德相通。到成佛時，菩提心即成法身德，慈悲心即成解脫德，法空慧即成般若德；故如來三德的秘藏，正是人生德行的最高完成。

---

30 印順導師，《佛法概論》，頁 224-225。
31 印順導師，〈菩薩眾的德行〉，《佛法概論》，頁 245-248。

五蘊	三特勝	三達德	菩薩三要行	佛之三德
想 ——	憶念（知）——	智—	智慧（法空慧）——	般若德 大智
受 ——	梵行（情）——	仁—	慈悲（慈悲心）——	解脫德 大悲
行 ——	堅忍（意）——	勇—	信願（菩提心）——	法身德 大雄力

二、「六度」：施、戒、忍、進、禪、慧

(一) 施：菩薩初發心時，即將一切捨與有情。以財物來說，自己僅是暫時的管理人，為法為人而使用這些。

(二) 戒：不得殺、盜、淫、妄，為佛法極嚴格的戒條，甚至嚴謹到起心動念處；但為了慈悲救護，菩薩可不問所受的戒而殺、盜、淫、妄。

(三) 忍：菩薩為了貫徹菩提願；必須經得起一切的迫害苦難，難行能行，難忍能忍；否則施與戒的努力易於功敗垂成。

(四) 進：菩薩行是無限廣大的精進，卻不是聲聞為急求自了而努力。

(五) 禪：菩薩禪，應先從悲智中努力，做到動定靜也定。

(六) 慧：菩薩應先廣觀一切法空，再集中於離我、我所見；同時，也重世俗智，故說：「菩薩求法，當於五明處求」。[32]

---

32 印順導師，〈菩薩眾的德行〉，《佛法概論》，頁 251-256。

3. 依六度圓滿三心──二道五菩提的修學

「二道」是菩薩從初發心到成佛的兩個階段，1.「般若道」是凡夫位，重在通達性空離相；2.「方便道」是聖位，重在菩薩的方便度生。依《智論》說：從發心到七地是般若道，餘宗作八地；八地以上是方便道。這也就是「二道五菩提」的修學次第：

(一) 以大悲心、真空見，來確立大菩提願，即發菩提心。

(二) 本著三心和合的菩提願，修施、戒、忍、精進，也略學禪、慧，作種種利他事業；即修大悲行。

(三) 本著三心精進修行，等到悲心悲事的資糧充足，才轉向自心淨化，修定發慧；是般若的實證。

(四) 本著實證慧攝導的三心，廣修六度；是以自利成利他的大悲行。

(五) 自利利他圓滿，圓成究竟的大菩提；即無貪、無瞋、無癡三善根的圓成。[33]

---

33 印順導師，〈菩薩眾的德行〉，《佛法概論》，頁 257-258。

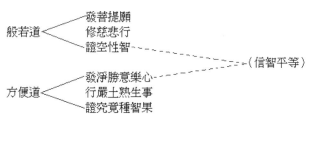

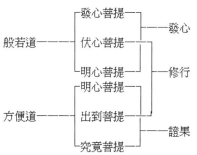

三、狹義的戒：三乘別的戒法

戒律的狹義，指戒法。因德行的實施有三層次，《成佛之道》中對三層次的戒法，作了詳細的說明：

(一) 在家戒法——五戒、八戒、十善戒

一、「五戒」

(1) **不殺生**：是尊重個體的生存，不得自己動手或使他人去殺。因人都愛自己的生命，不願別人傷害；就是動物也不應故意傷害，才能養成仁慈的性格。

(2) **不偷盜**：衣食等資生物，如被掠奪，會直接間接威脅生存。故凡有所繫屬而不屬於自己所有的，都不應侵佔、劫奪、偷取。就是路上的遺失物，也不應偷偷藏起來，如此

才能養成公私分明的廉潔。

(3) **不邪淫**：夫婦和樂共處是種族生存繁衍的保障；故除合法夫婦外，不可非法或故意去引誘他人。即使得對方同意，而為佛法所不許 (如受八關齋戒時)，國法所不容，或親屬保護人所不同意，都屬邪淫。這不但傷害對方的自由意志，也破壞家庭和樂，擾亂社會秩序。

(4) **不妄語**：人與人間的和諧與互信互諒，建立在語言的傳達上；故不得為了自己、親友的利益，而作不盡實的虛誑語、假見證，使怨敵受害。

(5) **不飲酒**：酒能荒廢事業，殘害身體，更能迷心亂性引發煩惱，造成殺、盜、淫、妄的罪惡。佛法重智慧，故凡一切有刺激性的不良嗜好都應戒除。

前四戒，本身就是罪惡，不但為佛法所不許，國法也要制裁；不過佛法更徹底，故稱「性戒」。而五戒是在家優婆塞、優婆夷所應持的戒律，稱為「近事戒」(親近承事三寶)；這雖是家庭本位的戒德，但戒德的基本原理徹上徹下，就是菩薩戒也不例外，不過更徹底更清淨而已。

二、「八支齋戒」又名「近住戒」。

這是源於印度「布薩」的古制而來，內容不外離殺生、離盜取、離淫、離妄語、離飲酒、離非食時、離高廣大床、離塗飾香鬘及歌舞觀聽。這是以出家者為模範的戒法，與沙彌十戒相比只缺「不捉持金銀戒」；是為在家佛弟子，不能

出家而深慕出家法的，在三皈、五戒外，使其能過一日一夜
身心清淨的生活。對在家戒來說，是清淨的加行。

三、「十善戒」分身、口、意三類。

身善業有三：不殺生、不偷盜、不邪淫。語善業有四：
不妄語、不兩舌、不惡口、不綺語。意善業有三：離貪欲、
離瞋恚、離邪見。此中，「離貪欲」是對他人財物、妻室、
權位，不起貪而欲得的心理；「離瞋恚」是不對他起瞋恚忿
恨心；「離邪見」是正見有善惡、業報、前生後世、凡夫聖
人等。與五戒相比，語業佔四個表示重視，也說明這是人類
和樂共處的根本。[34]

(二) 出家戒法

在家弟子，以出離心修學五戒、八戒，就是出世戒法。

出家五眾則有三類戒法：沙彌戒、式叉摩那戒、具足
戒。對此，將在本書「第四章」第二節說明。

(三) 菩薩戒法

對於菩薩戒的由來，印順導師贊同日本學者平川彰的論
證：初期大乘以「十善」為菩薩戒，中期大乘以「三聚淨」
為菩薩戒。這是由於「十善」為菩薩戒的正行，而從善行的
不同意義，總攝為：無惡不除，無善不行，無一眾生不加利

---

34 印順導師，《成佛之道》，頁 107-113。

濟的「三聚淨戒」。即從離惡防非來說，名攝律儀戒；從廣集一切善行來說，名攝善法戒；從利益救濟一切有情說，名饒益有情戒。

菩薩的受持淨戒是輕重等護，比聲聞人嚴謹。如發菩提心受持七眾別解脫戒，就是菩薩的別解脫律儀。故對於有人以為：七眾別解脫戒是小乘的，我是大乘學人，所以不用受持聲聞的別解脫戒；有人聽到持戒就以為是小乘。印公認為：這是大邪見，是佛教衰落與混亂的原因。

我國一向採「梵網菩薩戒本」。但印公認為：「瑜伽菩薩戒本」在廣說開遮持犯，犯輕犯重的戒相上要明確得多。而在菩薩律儀的重要禁戒中，雖然眾多的大乘經是以菩提心為菩薩的根本戒、總相戒；但依詳廣開示的菩薩戒來說，不殺、盜、淫、妄等共聲聞的重戒，也是菩薩的重戒；而不共聲聞的菩薩重戒，則是不嫉、慳、瞋、慢，因這都是障於利他的菩薩行。[35]

(四) 戒的目的：為達世間的「和樂善生」

三乘別戒法的目的是共同的，在《成佛之道》說：「克己以利他，堅忍持淨戒」是說：戒是從克制自己的私欲中，達到世間「和樂善生」的德行。如持不盜戒，是對一切人，一切眾生的資財，給予安全不侵害的保障。所以，佛讚五戒

---

35 印順導師，《成佛之道》，頁 265-269。

為『五大施』，這種利他功德，實比一般布施更高上。[36]

四、戒的根源是「慈悲」

(一) 慈悲不殺 (護生) 是一切戒法的根源

　　印順導師說：釋迦佛出世前後，印度宗教界編集「法經」，「法論」(法即道德)；在這道德法規中以「慈悲不殺」為「最根本的道德」。

　　佛教也以「慈悲」為根本道德；因從佛法來看，眾生生命的延續，雖是苦痛的根源，但又貪戀生存；眾生所有相對的喜樂，都以生存為先決條件。[37]

　　在《成佛之道》中說：從《阿含經》到大乘經，都說明持戒的意義是「以己度他情」(以自己的心情，去推度別人的心情)，因而自願克制自己情欲的德行，經中稱為『自通之法』，也就是儒家的恕道。

　　戒，雖有世間的，出世間的，出世間上上的；原則是一樣的──護生。護生，就得同情，尊重別人的權利與自由；就要使自己身心如法持戒，不損害他。所以，「戒」以能斷損他的願心為本。因此，戒是對人類，眾生，普遍施與無畏；造成彼此間，無威脅，無恐怖的和樂與自由。如持不殺戒的，是從今以後於一切眾生離殺害心。這就律儀戒說，就

---

36 印順導師，《成佛之道》，頁 101-103。
37 印順導師，〈一般道德與佛化道德〉，《佛在人間》，頁 308。

有積極的利生意義；能這樣，才能說得上攝善法戒，饒益眾生戒。所以，歸依時說：『從今日乃至命終，護生』，就是誓願受戒；歸依後再受五戒，只是了解戒相而已。[38]

在〈關於素食問題〉文中指出：「不殺生」是基於「護生」的崇高理念，是佛教處世利生的根本法則，一切戒行 (道德行為) 都以此為根源；以此為本而不盜、不邪淫等，可說是「護生」的分別說明。故可歸納為：不殺，是不傷害他人的內命；不盜，是不侵害他人的外命；如此尊重他人的生命財產，所以能護人的生。不邪淫，是不壞他人的家庭和諧；所以能護家族的生。不妄語，使人類能互諒互信，不欺不諍；所以能護人類社會的生。[39]

佛法所說的殺生，是著重在對方是否有心識的反應，會不會因此引起相仇相敵的因果而定；對於「食蔬也是殺生」的論調，顯然不明了禁止殺生的真義。而雖同樣是有情，由於與人的關係不同，殺生的罪過也有輕重；但決不是一般所說的，殺了有多少罪，要墮地獄；殺不得才不殺的出於功利的想法。[40]

---

38 印順導師，《成佛之道》，頁 103，281，107-108。

39 印順導師，〈關於素食問題〉，《教制教典與教學》，頁 96-97。

40 印順導師，〈關於素食問題〉，《教制教典與教學》，頁 98，《華雨集 (四)》，頁 55。

(二) 慈悲的長養與體證

一、古代聖者傳授長養慈悲的方法有二：

(一) 自他互易觀：是設身處地的為他人著想。這與儒家的恕道一致，雖能長養慈悲，不能完成淨化。

(二) 親怨平等觀：從親而疏而怨，次第擴充。對怨敵若能思：過去他不也曾對我有恩！現在他如此，是受邪見鼓弄，物欲誘惑，煩惱驅迫而不得自在；應憐憫容恕。就未來說，親怨無定；如對親人，不以正法，慈愛感召，會變成怨敵；對怨敵，如能以正法，慈悲感召，便能化為親愛！[41]

二、慈悲的激發緣眾生相，慈悲的體證有三：

(一) 眾生緣慈：是一般凡情的慈愛。以為實有眾生，見眾生苦而生起慈悲的同情。

(二) 法緣慈：是二乘聖者的心境。悟解我空，但不達法空；見眾生一直在生死輪迴而起慈悲。

(三) 無所緣慈：佛菩薩，徹證我法二空；智慧的現證中流露真切的悲心。[42]

(三) 慈悲喜捨 (四無量定) 在佛教史上的轉折

慈悲喜捨的總和，才是真正的慈悲心；慈悲喜捨與定心相應而擴充，稱「四無量心」，是戒的根源。「慈」是以世

---

41 印順導師，《學佛三要》，頁 133-135。

42 印順導師，《學佛三要》，頁 136-138。

出世間利益給予眾生；「悲」是拔眾生的苦，解除眾生的生死根本。「喜」是見眾生離苦得樂而歡喜；「捨」是怨親平等，不憶念眾生對自己的恩怨而分別愛惡。這證明佛法的一切德行，本出於對人類 (有情) 的同情，而求合于和樂善生的準則。

對於戒律根源的「慈悲」(慈悲喜捨四無量心)，印順導師發覺在佛教史上有如下的轉折：

一、佛世時代：**無量三昧可得解脫。**

因「無量」即無限量；慈悲喜捨，向外諦觀時，遍緣眾生而沒有限量；向內諦觀時，眾生自性不可得，無自他間的限量性，即通達自他的相關性，平等性；智悲是融和的。所以，無量三昧，本與空、無相、無願三昧的意義相同；是可離欲的。[43]

二、部派時代：**無量三昧不可得解脫。**

三三昧即三解脫門，依三法印成觀。無量三昧，依苦成觀；觀一切有情的苦迫，而起與樂拔苦的同情，即無量心解脫。但因：(1) 聲聞部派偏厭自身苦，不重愍有情苦；偏厭世，不能即世而出世；故以無量三昧為世俗。(2) 聲聞的淨化自心，偏理智與意志，忽略情感。所以德行根本的三善根，多說「離貪欲者心解脫，離無明者慧解脫」；對於「離

---

43 印順導師，〈慈悲為佛法宗本〉，《學佛三要》，頁 138-139。

瞋的無量心解脫」，即略而不論。(3) 聲聞但依法解脫自我，不能依法、依世間而完成自我；即不能從淨化自心立場，去成熟有情，莊嚴國土。故與戒律有關的慈悲，佛滅百年後，以為四無量心，但緣有情，不能契入無為解脫。[44]

三、大乘時代：再度肯定無量三昧。

印順導師認為：無量三昧在聲聞佛教發揚中，被忽視隱沒，實為初期佛教的不幸；直到大乘興起，才再度開顯。大乘再度重視慈悲，有對治義；如針對厭離情深的聲聞，重視大悲的無瞋；認為惟有瞋恚 (對有情缺乏同情)，才是最違反和樂善生的德行。德行應均衡擴展，使無癡的智慧，無貪的淨定，無瞋的慈悲，和諧擴展到完成。[45]

(四) 慈悲是聲聞與菩薩的不同所在

印順導師在三處說明：聲聞與菩薩的不同在慈悲。

一、對人類生命歷程 (生老病死) 的悲痛，如專從自己著想，即成聲聞的厭離心；如更為一切眾生著想，即成菩薩的悲愍心。大乘經說：菩薩與聲聞，雖同稱佛子，而菩薩如長者的大夫人子，聲聞如婢子；因聲聞沒有大慈悲。經論一致開示，「慈悲」是大乘佛教的心髓。

二、聲聞在未得解脫前，厭離心深，不大修利他功德；

---

44 印順導師，〈菩薩眾的德行〉，《佛法概論》，頁 246-248。
45 印順導師，〈菩薩眾的德行〉，《佛法概論》，頁 246-248。

證悟後，也只隨緣行化。菩薩在解脫前，重於慈悲的利他；證悟後，更救度無量眾生。

三、聲聞人急求自證，一斷煩惱，即不再能發菩提心；被責為焦芽敗種。雖然大乘經中，進展到可以回心向大；但由於過去自利積習難返，遠不及直往大乘的來得順利而精進。[46]

(五) 慈悲表現在實際有變動性

印順導師在〈一般道德與佛化道德〉文中提到：慈悲為道德的普遍軌律，不可變動；但表現在實際有變動性。

一、表現於自他的社會關係。依一般說：家庭的孝道，是無可疑的應有德行；但在社會或國家立場，就有「移孝作忠」，或「大義滅親」。但道德重於自覺自發；可以啟發誘導，不能強人所難。

二、表現於時間的前後關係。如家天下時代的忠君，到民國便不同。又如男女間應守的德行，從母性中心時代，到現今的一夫一妻制；貞操含義多少不同。但忠貞永是人類應有的美德，僅因時而表現不同，或從不完滿演進到更完滿！

三、表現於根機的淺深關係。如佛法中，人乘法只要不邪淫；聲聞乘的出家者，卻完全遮禁。如不殺、不盜等，小乘要止，大乘中有可作。

---

46 印順導師，《學佛三要》，頁 119，頁 145-146，頁 149-150。

古人說：「盜亦有道」。盜是不道德的；但能成大盜，至少對部屬，有他的合理關係。這說明人與人間的應有德行，是永不可背棄的。所以，鼓勵人類尊重實踐道德，要從道德的根本去啟發；激發人類的慈悲，去實現一切事行。如忽略根本，死執教條，反會引起誤解，甚而障礙道德的開展。[47]

(六) 儒墨以孝為道德根源的反思

導師提到：中國儒、墨，及西洋耶教等，都以親子關係的孝，為一切道德行為的根源。儒著重現生，忽略過未，因此偏重家庭的仁孝，氣魄不夠大。孔孟所表揚的仁，是先孝父母，愛家屬親友，然後乃可擴及他人；否則，便被斥為違反人性。

其實，道德心隨機緣而顯發，不應拘於先此後彼。若定要先親親而後仁民，不但不合世情，反而障人為善。[48]

因為依佛法說，人與人間，不僅是血統，更有種種複雜的關係；何況，過去生中有著或順或逆的複雜因緣！[49]

---

47 印順導師，〈一般道德與佛化道德〉，《佛在人間》，頁 312-314。
48 印順導師，〈菩提心的修習次第〉，《學佛三要》，頁 105-108。
49 印順導師，〈修身之道)，《我之宗教觀》，頁 136。

五、慈悲的根源是「緣起」

(一) 慈悲是人心映現緣起法則而流露的同情

印順導師說：慈悲實是人心映現緣起法則，而流露的關切的同情，這可從兩點來說：[50]

一、從緣起相的相關性說：世間的一切 (物質、心識、生命)，都是相依相成的緣起法。依現生說，人不能離社會而生存。從三世流轉說，一切眾生，無始來都對我有恩德。

二、從緣起性的平等性說：重重關係，無限差別的緣起法相，都不是獨存的實體；即通達一切法無自性 (空)。從平等空性心境中，直覺對眾生人類的苦樂有共同感；眾生有苦，即等於自己苦的「同體大悲」，即是緣起。

又說：眾生的生命，是心色和集，自他增上，彼此依存，苦樂相關的。我們無始來，受這 (緣起) 法則影響；雖沒人教導，也會自覺到自他間的同一性；見人受苦而生悲惻心，見人得利而生歡喜心。這種慈悲的道德意識，不但人人所共有，且是一切道德所不能離的。[51]

(二) 依緣起來作慈悲與仁愛的比較

作為戒律根源的「慈悲」，在中國文化主流的儒家中就是「仁」；此外，如老子所說的慈，墨子說兼愛，以及基督

---

50 印順導師，〈慈悲為佛法宗本〉，《學佛三要》，頁 120-123。
51 印順導師，〈一般道德與佛化道德〉，《佛在人間》，頁 310-311。

教的愛，都是慈悲的別名。因此，印順導師深入比較慈悲與仁愛的關係如下：

1. 慈悲與儒仁墨愛的相同處

一、從緣起法相的依存關係說

由於理解事物的相關性，人與人的相助共存；經中比喻緣起法「猶如束蘆，互相依住」，為他等於為己，要自利非著重利他不可。這在儒家稱為「仁」；仁，本是果核內的仁，在相合處有生芽引果的功能。擴充此義來論究人事；仁是二人，多數人相依共存的合理關係；在心理上，即自他關切的同情感。

墨家的「兼愛」，在說文解字中，兼像二禾相束的形狀；這與佛說的「束蘆」更為相近。

二、從緣起法性的無我說

從緣而起的，沒有獨存的實體，就沒有絕對的自我，也就沒有絕對的他人。但相對的自他息息相關，自然啟發慈悲的同情。如墨經說：「兼，無人也」。無人，是沒有離去自己的絕對他人。一切都與自己有關；這當然要愛。儒家說「仁者無敵」，沒有絕對的對立物；所以決不把人看作敵人，非消滅不可。[52]

---

52 印順導師，〈慈悲為佛法宗本〉，《學佛三要》，頁 120-123。

2. 慈悲與儒仁墨愛的不同

佛說的慈悲，是從自己而向外廣觀，理解到自他的相關性；這與儒、墨一樣。但佛法更從自己深刻內觀，了解自我只是心色和合而相似相續的個體，無絕對的主體；所以能內證身心的無我，外達自他的無我。以下說明慈悲與儒仁墨愛的不同：

(1) 儒墨缺乏向內的深觀，不免為我、我所執所歪曲，不能實現無敵、無人的理想。

(2) 儒者的仁，在社會自他關係中，出發於家庭的共同利樂；人倫為道德根源。從此向外推演，「親親而仁民，仁民而愛物」；「四海之內，皆兄弟也」。但家庭的親屬愛，最平常，最切實，也最狹小。中國在家庭本位文化下，擴充到「天下為公」，而終究為狹隘的「家」所拘蔽。重家而輕國，是近代中國不易進步的病根；說到天下為公，距離是更遠了。[53]

3. 慈悲與基督教博愛的比較

基督教的核心是博愛。耶和華 (神) 為世間的創造主，人類的父。神愛人，所以人也應愛神；體貼神意，愛人如己。這雖根源於家屬愛，但主要啟發於萬化同體同源的觀念，近於緣起法的平等性。

---

53 印順導師，〈慈悲為佛法宗本〉，《學佛三要》，頁 125-126。

基督教徒的修持，是在虔誠迫切的懺悔中，達精神集中時，也有他的宗教經驗。但由於缺乏緣起無我的深觀，用自我的樣子，去擬想為超越萬能的神，與舊有的人類祖神相結合。由於不重智慧，或智慧不足，在定心或類似定心的映現中，複寫而走了樣，才成為神，成為神秘的宇宙根源。[54]

4. 慈悲與老莊孝慈的比較

老、莊，有他形而上的體會：「有物混成，先天地生」，並不擬想為神格，而直覺為萬化的根源。在這意境中，老子雖說：「六親不和有孝慈」，實因不滿矯揉造作，而主張任性與自然的孝慈，真情的自然流露。

然而不能深徹內觀無我，所以慈是孤立的、靜止的互不相犯。「民至老死，不相往來」，缺乏關切互助的仁愛。這近於印度隱遁、獨善的一流，並不相契佛法慈悲的深義。[55]

六、對緣起的如實了知是「智慧」

(一) 對「緣起」的如實了知

1. 緣起的定義、內涵與悟入

對「緣起」的定義、內涵與體悟，導師有如下的說明：

緣起的定義：任何事物的存在，必有原因；一切要在相

---

54 印順導師，〈慈悲為佛法宗本〉，《學佛三要》，頁 126-128。
55 印順導師，〈慈悲為佛法宗本〉，《學佛三要》，頁 128。

對關係下才能存在。

　　緣起的內容：無明，行，識，名色，六入，觸，受，愛，取，有，生，老死，這十二支的因果相生，是緣起的事實和序列。這是「煩惱、造業、感苦果」的說明，也說明生死的無限延續，非神造，而以此為世間正見！「此有故彼有」即「因存在，所以果存在」，是緣起的流轉律。

　　生死是緣起的，解脫也是緣起的；「此無故彼無」是緣起的還滅律。因一切都依於因緣，就不是自有、永有；故一切是無常、空無我。如依定慧正觀緣起，通達無常、無我；自我中心的妄執，失去對象，煩惱就不起，生死也就解脫了！

　　聲聞弟子漸次悟入：從無常而通達無我，離我所見、我愛等而契入涅槃；大乘直觀「空」。[56]

2. 緣起論與邪因論的不同

　　人類文化的開展，都由於探求因緣；一切知識，無不從察果知因中得來。但因緣極深細，一般每流於錯誤。

　　在釋尊未出世前，印度許多外道也講因緣，但以佛的眼光來看都不正確，佛法稱之為「邪因」或無因、偶然的。佛法對於「非因計因」的邪因論，駁斥不遺餘力，略舉三種來說：

---

56 印順導師，《成佛之道》，頁 201-210。

　　一、**宿作論** (定命論)。佛法與宿命論的不同，就在重視現生努力與否。

　　二、**尊祐論**。是將人生的一切遭遇，都歸結到神的意旨。佛法否認之，因為決定一切的主宰，人世的好壞，須由自己與大家來決定。

　　三、印度的**苦行外道**：以為在現生多吃些苦，未來即能得樂。但佛法認為：無意義的苦行，與自己所要求的目的，毫無一點因果關係。[57]

3.緣起論是以心為主導

　　一般以為佛法是唯心論，其實佛法是「由心論」。因有情的五蘊身心，是精神、物質的和合，互相依存；若約前後關係說，「意為前導」，即以精神為主導。

　　一切法，是經我們心識的作用而存在；心如變化，外境也就變化了。「心淨則國土淨」是心的力量，通過身體，能改變環境；這是心對身外事物的影響。心也能影響報體；因身語的動作已有心的成分，滲入善心成善事，由惡心引起即成惡事。行為的善惡，由心決定；所以，眾生自體，從前生到後生，受到心識的決定影響。佛法的目的即是：從心的淨化，引發行為的清淨，影響報體，趨向世界的清淨。[58]

---

57 印順導師，《佛法概論》，頁 138-141。
58 印順導師，〈心為一切法的主導者〉，《學佛三要》，頁 47-63。

(二) 般若空慧的價值：對治戲論 (自性執)

導師在《成佛之道》「般若度」有如下的偈誦：「苦因於惑業，業惑由分別，分別由戲論，戲論依空滅」。

「苦」，是指眾生的身心自體；這是因惑業而來，業依惑而起，惑是無明，是由不如理的虛妄分別心識而起，妄分別識又由於戲論。「戲論」是在凡夫心境中，妄分別識生時，直覺境是實在的；這即是我們潛意識中的自性妄執 (常恒、獨一、實在)。

一切法無自性，是一切法的真相。依於尋求自性不可得的空觀，不斷修習能滅除戲論。戲論滅了，妄分別識就失去對象而不起，般若就現前；就不再起惑造業，不再苦體相續而得解脫。凡聖之別，即在：凡夫因執有實在性的戲論而輪迴，聖者因般若空觀而解脫；般若慧的價值是對治戲論 (自性執)。[59]

苦因於惑業，業惑由分別，分別由戲論，戲論依空滅。

苦 ←	業 ←	惑 ←	分別 ←	戲論 ← →	空
五蘊身心			錯誤認識	執實有自性	無自性
				常恒	無常
				獨一 (我)	無我
				實在 (自主)	涅槃 (空)

---

59 印順導師，《成佛之道》，頁 338-340。

(三) 般若空慧的修學：聞思修證的次第

1. 聞思修慧的內涵

八正道的次第：正見是聞慧；正思惟是思慧；由正思惟發起正語 正業 正命是戒學。正精進遍通一切；特別是依精進而修正念、正定是定學。定與慧相應，就是修慧。等到從定而發無漏慧，是現證慧，從此而得解脫。

般若慧的修學，要依聞思修證的次第；這也是戒定慧、八正道的修學次第。導師在《成佛之道》中作了如下的表解。[60]

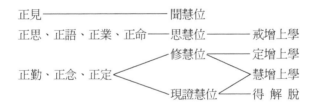

一、聞慧的內涵

聞慧，是理解佛法的根本義理，主要即三法印因一切都依於因緣，就不是自有、永有；故一切是無常、空無我。導師作了如下的詳解：

(一) 諸行無常：說明一切事物在因果法則下，不斷地遷流變化，其中沒有永恆不變的東西。這是從縱的時間面來說明。

---

60 印順導師，《成佛之道》，頁 225-226。

(二) 諸法無我：說明一切存在的事物，都只是因緣和合的假相，其中沒有可獨立自存的。這是從橫的空間面來說明。

(三) 涅槃寂靜：人在生死流轉中，如糾正內心上的錯誤，引導行為入於正軌，就可得到解脫，即達涅槃寂靜的境地。[61]

二、思慧的內涵

思慧，是對所聞的佛法加以思維抉擇，而落實在生活上，從正見三法印而來的正思，即：

(一) 從無常正見中，引發正思而向於厭。是看到一切是無常是苦，而對於名利，權勢，恩怨等放得下。這是從深信因果中來的，所以厭於世間，卻勇於為善，勇於求真；而不像一般頹廢的灰色人生觀，什麼也懶得做。

(二) 從無我正思中，向於離欲。因無我即無我所，所以對五欲及性欲，能不染著。

(三) 從涅槃寂靜的正思中，向於滅。是心向涅槃而行道，一切以此為目標。[62]

三、修慧的內涵

心安住一境，修定成就後；在世相上，觀因果、觀緣起、乃至觀佛相好莊嚴；進而在勝義諦中，觀法無我，本來

---

61 印順導師，《般若經講記》，頁 157-158。
62 印順導師，《成佛之道》，頁 220-221。

寂滅，才可從有漏修慧，引發無漏的現證慧。

2. 聞思修證的次第

(一) 先要對於一切是世俗假名有，自性不可得，深細抉擇，而得空有無礙的堅固正見。就是**聞、思慧**的學習。

(二) 如修止而得輕安，成就正定；就可依定修觀，入於**修慧階段**。此時，以無性空為所緣而修觀察；久了，就以無性空為所緣而修安住 (定)。如此，止觀雜修，都是以無性空為所緣；觀心純熟時，安住、明顯、澄淨。

(三) 修觀將成就時，應緩功力；等到由觀力而重發輕安，才名**修觀成就**。以後，就止觀雙運；以無分別觀慧，起無分別住心；無分別住心，起無分別觀慧。止觀均等，觀力深徹。

(四) 空相脫落不現，入於無生的寂滅法性。到此，般若 (無分別智) 現前。[63]

筆者認為：這般若 (無分別智) 現前，即徹底翻轉了我們潛意識的自性執，化無明為明。這聞思修證的次第，可作為我們修行的檢驗。

3. 慧學之成就不離其他功德

印順導師認為：慧學的成就，離不開其他功德；其他功德，也要依慧學才能究竟完成。因為：

---

63 印順導師，《成佛之道》，頁 357-358。

1.聞慧成就，即正見具足；同時也是信根成就，即對三寶諦理，因能見得真，所以信得切。

2.思慧成就，即淨戒具足。就大乘說，就是慈悲、布施、忍辱、精進等功德的成就。思慧，是從聽聞信解，轉入實際行動的階段；正語、正業、正命，就是由思慧成就而引出圓滿的戒德。

3.從散心的分別觀察，到與定心相應，才是修慧成就；即正定具足。

4.從修慧不斷努力，成就現證慧；即能得解脫。

這到大乘無漏慧時：

1.聞慧成就，含攝信根，即信智一如的表現。

2.思慧成就，因淨戒俱起，引發深切悲願，而成悲智交融。

3.修慧成就，必與定心相應，達定慧均衡。

4.現證無漏慧，達理智平等的最高境界。[64]

七、「慧」是「戒」的開始與完成

(一) 慧是戒的開始：聽聞→正見→淨信→戒行

《成佛之道》說：尸羅是梵語 (śila 的音譯)，意譯為戒；戒的作用，是止惡行善；這要從內心的淨治得來。內心

---

64 印順導師，《學佛三要》，頁 189-192。

的淨治，又要從『深忍』(深切的了解)，『樂欲』(懇切的誓願) 中，信三寶，信四諦。真能信心現前，就得心地清淨；從此「淨信」中，能發生止惡行善的力量，就是一般所說的『戒體』。[65]

筆者案：「戒」是來自對三寶、四諦，充滿真誠的信心，能使心地安定純淨 (沒有煩惱)，所以能「止惡行善」。但為何能對三寶、四諦，充滿真誠的信心？這是來自對三寶、四諦的「深切了解」，即正見三寶、四諦。「正見」是「慧」，所以「慧」是「戒」的開始。

在〈道在平常日用中〉也說：佛法分為「知與行」，「知」即正見，正見緣起 (無常、苦、無我)。正見依於聽聞，主要是對佛法精要義理 (三法印) 的了解。因了解相互依存的緣起關係，而深信善行得樂果，惡行得苦果，通於三世的必然律；而對 (三寶、因果) 起淨信心。有了淨信心，會引起願欲，誓願依法而勤行 (自利行以戒定慧為主，利他行以施戒忍為主)，自利利他行都以「戒」為必要基礎。[66]

在《寶積經講記》說：戒律的真義，是要從淨化內心 (慧) 中去嚴淨戒律；因為沒有出世正見 (慧)，怎會有出世的正業、正語、正命 (戒) 呢！[67]

---

65 印順導師，《成佛之道》，頁 172。
66 印順導師，〈道在平常日用中〉，《華雨集(四)》，頁 275-277。
67 印順導師，《寶積經講記》，頁 198-199。

　　在〈一般道德與佛化道德〉則說：佛化的道德 (戒) ，建立於般若 (無我智) 的磐石上。這是能從整個人類，一切眾生的立場去看一切；佛法稱為緣法界眾生而發心，動機在使大家都得利益。[68]

(二) 真正的『梵行已立』是無漏聖道的成就

　　印順導師在《寶積經講記》中說：聲聞戒法中，如能隨犯隨懺，保持自心的無憂無悔，戒行才能清淨。但若僅是身語的止惡，不能遠離意地的種種煩惱、戲論分別 (慧)，不能算真正的持戒清淨。

　　因依法攝僧、依法制戒的「戒」，是為了令人隨順正法，趣入正法，與正法相應而安立的；故如思想、主見根本違反「空無我性」的正法，就不成其為戒了。這是從一般的律儀戒說起，而深意在「道共戒」。故對執我、執法的四種持戒比丘 (如：1.說有我論的，2.我見不息的，3.怖畏一切法空的，4.見有所得的)，認為無論怎樣的持戒，都不符合如來律行的本意；因這樣的持戒雖好像清淨，但今生或後世終會破壞戒法。

　　所以，代表初期大乘的《寶積經》，是繼承佛陀根本教學的風格，特重戒慧！出家如不能安心於佛法的喜悅中，即使持戒謹嚴，不敢違犯，內心矛盾，也不過人天功德，不能

---

68 印順導師，〈一般道德與佛化道德〉，《佛在人間》，頁 317-320。

趣向聖道解脫。所以，真正的『梵行已立』是無漏聖道的成就。[69]

　　從上可知，「戒律」源於慈悲，而「慈悲」源於緣起；對「緣起」法則的體悟，即「般若慧」；故有真智慧才有真慈悲。所以，鼓勵人類實踐道德戒行，要從道德的根本 (慈悲) 去激發，而佛化的道德建立在般若。

---

69 印順導師，《寶積經講記》，頁 10-11。

第二章　佛梵儒德行的比較
與「人間佛教」人菩薩行的提出

第一節　佛法德行與印度六法、儒家德行的比較

一、佛法德行與印度六法的比較

戒律的廣義，包括一切正行 (德行)；此中，人天的德行是一般的；聲聞的德行，進展到深刻的淨化自心；菩薩的德行，更擴大到國土的嚴淨。[1]這三乘別的德行，在印順導師的《成佛之道》、《佛法概論》中有詳細的述說；本章節即探究這三乘別的德行，與印度宗教的六法、儒家修學歷程作比較，以顯佛法的特勝。

(一) 印度宗教以六法能得三種樂

印度歸納人類思想有三企求：現法樂、後法樂、究竟樂。(1) 想獲得人生快樂，並希望此快樂能長久，稱「現法樂」。(2) 然因現生樂短暫，且人間缺陷多，因此求來生為人，更求上生天國，名「後法樂」；這兩種近於「人天乘」。(3) 後來，又探究怎樣才能究竟不死；以為最高神 (梵) 是宇宙本源，是永生不死，常住不變的；人能復歸於梵，即得恒

1　印順導師，《佛法概論》，頁 189。

常的妙樂。這以生梵天為「究竟樂」，含有「解脫」的意義。[2]

印度人相信生梵天，是究竟解脫處，天上比人間好；而獲此三種樂的主要方法有六：

(一) **祭祀**：古代的印度，一家設一火，祭物大抵是人間的食物。這些被火燒的飲食，氣味升到天上，天神即受供養而生歡喜，會使你種的五穀，養的牛羊，都得茂盛繁殖，身心獲得康樂，未來得生人間天上。後期佛教密宗的「護摩」，即沿婆羅門教的火祭而來。複雜的祭祀，須請祭師代行，設三火。(佛把它淨化為：1 供養父母，名根本火；2 供養妻兒眷屬，名居家火；3 供養沙門婆羅門，名福田火[3])

(二) **咒術**：古人相信咒語可為人類、天或鬼神間的感通工具。

(三) **德行**：人類應行的正法，如不殺、不盜、不邪淫、不妄語等，都可為來生人天的因。同時，由於祭禮，對祭師要發心供養；布施風氣因此盛行。祭師對於祭主 (信徒)，也應時常警誡他們要誠敬老實，或奉行特定的戒條，否則祭祀與持咒就會無效。

上面三類，大致是求現法樂與後法樂的行法 (祭祀，通究竟樂)。

2　印順導師，〈從依機設教來說明人間佛教〉，《佛在人間》，頁 44-46。

3　印順導師，《佛法概論》，頁 171。

(四) 苦行：有禁欲、努力的意義，但只是少數人的特行。偏於戕害身體的苦行，如常立、不食、臥荊棘中等，是無意義的。苦行者，傾向於生天及求解脫。

(五) 遁世：擺脫形式的宗教，到深山叢林去專修，稱為沙門。

(六) 瑜伽：隱遁者，大抵是苦行者，又是修持瑜伽的。瑜伽，與佛教的禪定相近。從物欲的克制，呼吸的調御，精神的集中，都為了能生天或了脫生死的究竟法門。

上說的六項，祭祀、咒術，是一般求生人天的；德行，通於做人的方法，以及進修的根本道德；苦行、隱遁、瑜伽，是生天且是得解脫的。[4]

(二) 佛教的「人天乘」除去祭祀、咒術

佛的人天乘法，將祭祀除開，咒術更是絕對的否定。但佛法每因寬容而引出流弊，這是佛徒不能把握佛陀創教的精神。

如問：祭祖先有用嗎？佛答：如父母死了，墮在餓鬼道中，祭祀可使他暫免飢餓的苦迫；若生到人間或天上，畜生或地獄，就不用祭祀。但因過去生中的父母，有可能墮在餓鬼中；所以，佛也不反對祭祖，因：1 為使餓鬼得食；2 免與印度習俗發生嚴重的糾紛。

---

4 印順導師，〈從依機設教來說明人間佛教〉，《佛在人間》，頁 46-49。

總之，印度宗教以為生天即得解脫的六法，佛是多少修正它；以為這不過是生天法，還不能得究竟解脫。

一般說人乘的德行是布施與持戒；佛的人乘法，以施戒為本而重在戒善，天乘法以戒定為主而重四無量定。[5]

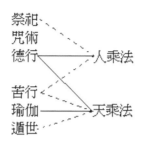

(三) 基於人天的「聲聞乘」也除去祭祀、咒術

1. 依智慧才能得解脫

佛教的究竟解脫方法，是戒定慧三無漏學；對於：

(1) 祭祀，在聲聞法中是一筆勾銷。但為避免無意義的爭執，從世間悉檀立場，容許供天、施鬼。

(2) 咒術，印度外道以為真我解脫時，要心念「唵」等為方便。但初期的聲聞法，也不要這些。

(3) 德行，聲聞法重在精持淨戒，戒中即含一分苦行，穿衣、吃飯、睡覺，要清苦澹泊，少欲知足；但如外道無意義的苦行，則極力喝責。

(4) 印度外道重定，以為修瑜伽能完成解脫。佛認為禪

---

5 印順導師，〈從依機設教來說明人間佛教〉，《佛在人間》，頁 49-52。

定不能得解脫。

(5) 外道以為：個人自體的「我」，與宇宙本體的「梵」，是常住不變，安樂自在的。佛法認為：常住不變的小我、大我，都從我見中來；必須以慧觀察，悟到無常、苦、無我 (空)，才能將生死的根本煩惱解決；慧才是佛法的特質所在。[6]

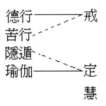

2. 三類的聲聞弟子

「聲聞」本為當時佛弟子的通稱，後演變為一部分佛弟子的專稱。當時佛的聲聞弟子有三類：

一、在家弟子：依人間正行為基礎而進修三無漏學。

二、出家比丘又分二類：

(一) 無事比丘，即阿蘭若比丘；在天行 (隱遁、苦行、禪定) 基礎上引入三無漏學；如頭陀第一的大迦葉。

(二) 人間比丘，過著乞施生活，與在家聲聞弟子不同；大眾和合，自修弘法，與隱遁苦行的無事比丘也不同。除學習戒、定、慧外，每天托缽化食，宣說佛法，負起教化的責

---

6 印順導師，〈從依機設教來說明人間佛教〉，《佛在人間》，頁 52-55。

任；如釋尊的生活。

聲聞的在家弟子，是基於人乘的；無事比丘，是著重天行的；人間比丘，是聲聞解脫道的主流，是基於人乘而重於持戒及智慧。[7]

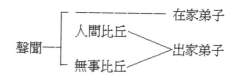

(四) 基於人天聲聞的「菩薩乘」融攝祭祀、咒術、苦行

1. 大乘菩薩法是將世出世法統一，不急證涅槃

佛說的人天乘法，融攝印度一般的正常行。又為適應一分隱遁的瑜伽者，施設出世聲聞法。大乘菩薩法，是將此世出世法統一，是佛滅後五百年發揚的。

初期佛教有二位菩薩：釋迦、彌勒。菩薩有深邃的智慧，廣度眾生的悲願，不同於聲聞急證涅槃；如彌勒的「不斷煩惱，不修禪定」，顯出菩薩乘特色。[8]

2. 本生談菩薩都是個人通於異類，促使大乘漸向唯心神秘的天乘行

大乘的六波羅蜜、十波羅蜜，就是從「本生談」(佛往昔因中的修行故事) 歸納來的。說菩薩有二類：

---

7 印順導師，〈從依機設教來說明人間佛教〉，《佛在人間》，頁 55-59。
8 印順導師，〈從依機設教來說明人間佛教〉，《佛在人間》，頁 59-60。

(一) 在人道中，以在家身為人類 (眾生) 謀福利。

(二) 在畜類中，如釋迦佛前身是小鳥。在古人心境中，人與畜生是親切的，從中揭發菩薩的精神。

因此，(一) 菩薩是傑出的賢者，是個人，沒有結成團體；大乘始終沒有菩薩集團。(二) 菩薩既現身異類的鹿王、龍王等，推論到菩薩無處不在。但現實人間的菩薩大行，反被輕視為事六度。這二點，使拘泥形跡的大乘者，漸向唯心神秘的天乘菩薩行前進！[9]

3. 大乘菩薩法適應印度在家佛子，依人乘正行而達究竟出世

大乘經說：(1) 佛的真身現在家相，如毘盧遮那佛；(2) 菩薩大多是在家的。(3) 大乘法多是菩薩說的，佛處於印證者地位。這表示大乘法是以在家佛子為中心，重視人乘正行 (德行)。如：《華嚴經》〈入法界品〉，善財童子；《維摩經·方便品》維摩弘揚大乘法。一是修學，一是弘揚，都以人類正行融化佛法，使他更合理化；不像出家聲聞僧偏於遁世、禪定而不重視慈悲。所以，菩薩法是適應印度在家弟子，以人乘正行為基礎而興起廣大的。

從大乘的修行法門內容說：(1) 世間的人天法，不論智慧；(2) 出世聲聞法，不重布施；(3) 菩薩法以六波羅蜜為根本，著重入世即要廣行布施；又因不忘出世，所以重智慧；

---

9 印順導師，〈從依機設教來說明人間佛教〉，《佛在人間》，頁 60-63。

以智慧來攝導善行，以布施等來助成智慧出世。忍辱與精進，聲聞乘中也有，但大乘內涵深廣得多。慈悲與方便，是大乘菩薩特質。故知，菩薩法是以人乘正行為基，在出世與入世的統一中，從世間而到達究竟的出世。[10]

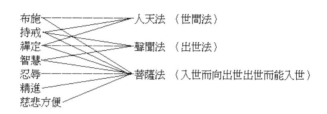

4. 大乘發展中融攝印度神教天行──祭祀、咒術、苦行

印度婆羅門的神教，重祭祀、咒術、苦行。佛法普及民間，為免衝突，大乘發展中多少融攝神教天行。

(1) 大乘的易行道，融攝祭祀的供養

佛世時，在家信眾在安居期間，以衣服或飲食等供養；或修伽藍。出家弟子，對佛及師長，恭敬承事，依法修證，都稱供養。

佛滅後，在家人即立佛像，用香、花、燈、塗、果、樂來供佛，而有祭祀的形式。佛滅百餘年，阿育王造八萬四千塔，供奉佛舍利；佛弟子多留意於塔廟的莊嚴，還掛幢、旛、寶蓋等供養具。佛弟子在佛前禮拜、懺悔，以宗教儀式為修行方法。《法華經》對於「方便」，有二說：

---

10 印順導師，〈從依機設教來說明人間佛教〉，《佛在人間》，頁 64-66。

(1)「正直捨方便，為說無上道」是說：釋迦佛現出家相，教化厭離的聲聞根性，說二乘究竟是方便門；現在要捨除，顯出大乘真義。

(2)「更以異方便，助顯第一義」是說：大乘新起的異方便，是以佛為中心而修禮拜、供養、懺悔、迴向、勸請；這即《十住毘婆沙論》的「易行道」，〈入法界品〉的十大行願。先用此方便善巧，培福德，長信心；再發大悲心，修菩薩行。

由此可知，佛法本是「生天及解脫，自力不由他」，但等到大乘發展後，他力加持思想，逐漸發達。[11]

(2) 大乘以文字陀羅尼融攝咒術，雖有所淨化卻也神教化

婆羅門的修證求解脫，是觀念於「梵」(梵是一切生滅相不可說，為一切的本體)；同時，口念「唵」字；這樣心想口念，修成就可見真我，得解脫。這是婆羅門天法所重視的咒術。

龍樹說：大乘法與聲聞法的不同即陀羅尼，陀羅尼與咒術有關。初期大乘經有四十二字母的文字陀羅尼；以「阿」字為本，阿是不生不滅義，即一切法的本性。唱誦每字都與「阿」相應，即觀一切入不生不滅的實性。《華嚴》、《般若》中的文字陀羅尼，觀行成就可證入無生法忍；與持咒精神一

---

11 印順導師，〈從依機設教來說明人間佛教〉，《佛在人間》，頁 63-68。

致。後來，帝釋、羅剎、夜叉等都說咒護法，逐漸一舉一動，都有咒有印，發展為密宗的修持法。

大乘以方便善巧融攝咒術，以佛法淨化它。但由於佛弟子，久而忘本，結果反多少被神教化了。這是由於：(一) 當時發心學大乘的多是一般平民，曾深受印度教影響。(二) 婆羅門天法，重新抬頭，演成現今的印度教。多少傾向天乘的大乘法，應時應機發展，反障蔽大乘的真精神。[12]

(3) 大乘法中滲雜無意義的苦行

苦行思想，聲聞教中一分遁世者，如十二頭陀等，還不失為精嚴刻苦的正道。大乘法中無意義的苦行，又多少滲雜進來；如燒臂、燃香、捨身等。

總之，印度神教三大特徵——祭祀、咒術、苦行，大乘都顯著的融攝。[13]

5. 大乘是由初期的人菩薩行，轉向後期的依天乘行入大乘

大乘經中，彈斥出家聲聞僧為焦芽敗種、癡犬；如《維摩經》天女散花，說舍利弗的習氣沒有斷盡。故知，在大乘佛法發揚中，主要是依人菩薩行，而天菩薩行亦附帶發達；等到大乘隆盛，才發展回小向大、依聲聞行而趨入佛果。

大乘法的發揚，是從適應隱遁的天行的聲聞行，轉向入

---

12 印順導師，〈從依機設教來說明人間佛教〉，《佛在人間》，頁 68-70。
13 印順導師，〈從依機設教來說明人間佛教〉，《佛在人間》，頁 71。

世人行的菩薩道。雖適應一般民間而通俗化，攝受一分祭祀、咒術、苦行的天行；或加上隱遁、瑜伽，發展為後期佛教的依天乘行果而向佛道。但大乘初起的真義，確是為了適應人類，著重人行，發展為不礙人間正行的解脫。[14]

二、佛儒修學歷程的德行比較

印順導師在〈修身之道〉文中表示：佛法在中國，與儒學的文化背景、學理來源，及實現理想的究極目的，顯然不同；但在立身處世的基本觀念，及修學歷程上，大致相近。因此有詳細的比較說明，讓我們得以深入了解儒佛文化的同異，與佛法的特色所在。

(一) 儒佛之道大同

一、儒者有大人與小人之學

中國古代，大人與小人的對稱，原是指君侯與百姓；道學民間化後，漸演為君子與私利者。古代原有小學與大學的學制；初入小學，學習文字，灑掃應對；大學近於孔子的六藝教育，就是德化為本的政治學。

佛法也有小乘與大乘之別：(1) 小乘重律 (近儒家的禮)，大乘重法。(2) 小乘重己利，大乘重自利利他。

二、佛法大道有二階

---

14 印順導師，〈從依機設教來說明人間佛教〉，《佛在人間》，頁 71-73。

儒家，以修身為本，要從致知，誠意，正心中完成初階；齊家治國平天下是第二階。

學佛也有二階：般若道、方便道。(1) 自利的般若道，是在力量未充分時，隨緣利他；等到真得自利，就專重利他。(2) 大乘的利他，論對象，是一切眾生；論時間，是盡未來際；論空間，是為一切世界。

但儒家著重人類，現在，這小天地；反以小乘為佛法，以大乘智增上為自私；這實是不知深廣次第。因為在行不通時，也只能「獨善其身」啊！[15]

格物	致知	誠意	正心	修身	齊家	治國	平天下
	信成就	戒成就	定成就	慧成就			
				(般若道)	(方便道)		

(二) 道之宗要及其次第

一、儒家的三綱領與八條目

儒家『大學』的三綱領與八條目，是宗要與次第，都以「知」為必要。

(一) 三綱領，是「在明明德 (於天下)，在親民 (安百姓)，在止於至善 (良知)」；而以「知止於至善」為先，即心住於善，使善心擴充而達究極；這就是「致知」的功夫。

(二) 八條目，是修學次第：格物、致知、誠意、正心、

---

15 印順導師，〈修身之道〉，《我之宗教觀》，頁 55-65。

修身、齊家、治國、平天下。

二、大乘的三宗要與道次

(一) 大乘的三宗要是：菩提願 (近於明明德)，大悲心 (近於親民)，無我慧。依此三心而修，一切都是大乘行。

(二) 大乘的修道次第有二：

1. 二道五菩提：「般若道」的先發菩提願，再廣修十善的大悲心行，後徹證空無我性；這在「方便道」中名勝義菩提，後大悲廣度眾生，等到一切圓滿，名成佛。

2. 五乘共的人天乘，三乘共的二乘，大乘不共的佛乘。此中，依人乘直入大乘，才是佛法的真義；也是太虛大師所說的人生佛教。[16]

(三) 格物以致其知 (正見成就即信成就)

一、儒者的格物而達致知，要經止觀的修學

儒者所致的知，是人人都有的性善的良知；要學習到得而勿失，名「致知」。但因平日蔽於物，陷溺其心而喪失，故要一番修持功夫；『大學』指出要歷經「止定靜安慮得」六過程的止觀修法，即「格物」；物是一切事物——身、家、國、天下等。

「格物」，是在對境時，心得其正；正於物，可解說為修止。但在修觀時，應解說為「類推於物」，即能安住於明

---

16 印順導師，〈修身之道〉，《我之宗教觀》，頁 65-75。

淨的善心，作以己推人的審思而擴充到一切。即在平常日用間，能思擇 (明相應觸)，則不為物所引、所蔽，於觸境生情能中節，待人接物能守正，而得止於善。

佛教修止的「九住心」：(1) 內住、續住、安住、近住，相當於「知止而後能定」；(2) 從調伏、寂靜到最寂靜，相當於「定而後能靜」；(3) 專注一趣、等持而得輕安，相當於「靜而後能安」，這才算修「止成就」。(4) 安住於明淨的善心，作以己推人的審思，擴充到一切，名「安而後能慮」；(5) 等到止觀相應，觀心成就，就是「不違仁」，名「慮而後能得」；這才是致知的圓滿成就。

二、佛法的正見有三，正見成就即信成就

(一) **世間正見**：知善知惡、知業知報、知前生知後世、知凡夫知聖人。

(二) **出世正見**：自他，身心，眾生國土，現在將來，彼此間有密切因果關係，即「緣起」。顯現為前後的推移，沒有常恆性，稱「諸行無常」；顯現為彼此的關涉，沒有獨存性，稱「諸法無我」；雖現為時空中的萬化生滅，而「終歸於空」，稱「涅槃寂靜」。

(三) **大乘正見**：善惡、身心、依正——這一切，都是緣起的存在，稱「假名有」。假名的緣起有，當體就是空寂；空是無實自性。這即有即空的深見，使共三乘正見中，或離有說空，離生死說涅槃，離差別說平等的可能誤會一掃而

盡，開顯圓滿的中道正見。正見成就，即信成就。

三、大乘信心與儒者良知相近而淺深不同

緣起法依心而轉，心為一切法的樞紐；依心得正見，最為切要。心清淨性 (淨是空慧的別名)，就是眾生心的至善德性。成佛，是究竟圓滿清淨了心性；這在大乘修學中稱**發菩提心**，或起大乘信心。

大乘信心似與儒者的良知相近，其實淺深不同如下：

(一) 佛法成立於三世業果的緣起，而儒者卻不然。

(二) 儒者的良知，是人之所以為人的，是與禽獸差別的。佛法的本心淨性，是一切眾生所共同的。

(三) 儒者的良知，舉人人知道敬兄孝親等來說，是人人所現起過的。佛法的心本淨性，要脫落習成的分別，才能顯發。

(四) 儒者的致良知，如保持草木的根芽，使它長養。大乘菩提心，卻如污穢中的摩尼珠，地下的水源，要經極大的功力，才能掘發出來。

(五) 儒者的致良知，是有漏現量心，有漏無分別善心的等流相續。佛法勝義菩提心的顯發，卻是脫落塵習，無漏現量的覺性現前。[17]

---

17 印順導師，〈修身之道〉，《我之宗教觀》，頁 76-99。

(四) 誠意 (戒成就)

儒者，由格物而致良知，才能引發真誠的意欲；止惡行善的戒，就在平常中實踐出來。對於「誠意」的學習，『大學』揭示「慎獨」的功夫；即要做到表裡如一，居敬存誠。但是，憑瞞不了人的理由，來做慎獨誠意功夫；力量不強，也只能為少數人說。

佛法在正見後的「正思惟」，是審思決定而要求實踐，就有正語，正業，正命的戒行；這要由內心的正精進來策動。依佛法說，不是怕人知；而是我們的一舉一動，當下留下業力，因此不敢覆藏而要立刻懺悔。這樣隨犯隨懺，心地自然純淨；在宗教信仰上，強而有力，且是多數人可因此而止惡行善的。懺悔，不敢行惡；不是怕佛菩薩刑罰，而是如不懺悔，一定要受因果律墮落受苦，沒人代替。佛法的戒行清淨，是從身語的如法，推究到心意的清淨；這應比上帝知道更合理，比他人知道更直接！[18]

(五) 正心 (定成就)

正心，就是平等持心的「定」。

從內容說：(1) 要離瞋恚與貪愛，才能得定。(2) 心緣內境。

從種類說：(1) 重於坐中修的，會得深定。(2) 儒者，則

---

18 印順導師，〈修身之道〉，《我之宗教觀》，頁 99-103。

屬行住起臥中修。

　　孟子的不動心 (定)，從「養氣」得來。養氣方法是「直養」，即繫心一處，任其自然，勿造作。「氣」佛典稱「風」，即在人身上的血液循環，新陳代謝等；最特別的是「呼吸」。因口鼻等氣息的出入，如住心不散，一旦「風道開通」，會覺「息遍於身」；能湧出「身心的輕安、精進」而得「堪任性」，能養成堅定的勇氣，成為行動的來源。這從修驗中發現「至大至剛」的「浩然之氣」，近於佛法的「無量定」。故知，孟子不像後代儒者，止於說性說理而已。

　　孟子的「養氣」，是從心 (良知) 去長養；即由固有仁義，引發與道義相契應的氣，能至大至剛，表現最高勇氣。但因白天接物應事，不能格物而「為物所引」，良知梏亡，與道義相應的浩氣也消散。故夜晚的睡息，是休息長養的時機。[19]

(六) 修身 (慧成就)

一、儒者依仁復禮的修身要旨，近於佛法的慧學

　　儒者『大學』的修身，是要不受習成的私見、僻執所蒙蔽，如實了知一切，不太過、不及。因有了貪欲、瞋恚等 (中庸說：不能中節)，心就不能平衡寧定，叫心不正。有了固蔽僻執，心就不能如實了知；不能君君，臣臣，父父，子

---

19 印順導師，〈修身之道〉，《我之宗教觀》，頁 104-119。

子，叫身不修。

修身的內心是仁，行為是禮。『論語』說：「克己復禮為仁」；「禮」是維持社會關係於合理，節制人類情感於適中的制度。「復禮」，是由於孔子不滿春秋時代禮制崩潰，而要人視聽言動依西周古樸的禮法而行。但禮制一經流行，便形式化，教條化。不知善良的禮制，是本於仁心，表現為人情的中節，人類的和樂；故『論語』說：「禮之用，和為貴」。和，是喜、怒、哀、樂的中節，君臣、父子間的各盡其分；如做到視聽言動，一切合於禮制，就是「克己」──修身。

依於仁，復於禮，才能達「修身」的自利；其要旨在：沒有偏私固蔽，即不存成見；近於佛法「不落兩邊，善處中道」的慧學。依佛法說：必須通達無我，離去我見，才能成就自利。但後世儒者，偏於仁本而重人情；中庸之道，流為模稜兩可，或折扣主義。

二、儒者重外觀，小乘重內觀，大乘內外交徹

眾生無始來的「我見」，執取身心，為一切私欲的根源。

(一) 世學，儒學，總是向外觀察，見到自己與萬物的依存性；或在幻境定境中覺得「天地與我同根，萬物與我並生」等，推演出仁慈的道德。

(二) 一般小乘學者，內觀緣起的身心，通達空無我性。

但多不再理會身外一切的緣起性，不免忽視慈悲。

(三) 大乘是從內外，自他，身心的一切關涉中，觀一切為緣起性。從甚深智證中，湧現同體的大悲心。

三、菩薩的智證法性也一定住於慈悲，表現持律的生活

儒者的克己 (修身)，一定內依於仁，外復於禮。

大乘菩薩的自利究竟，雖是智證法性，也一定住於慈悲，表現為持律的生活。律是依法 (真理) 而制訂的，有軌範 (出家眾的) 身心，陶冶品德，正法住世等大用。

律的精義，與禮一樣，重在「和」；如「見和同解」、「戒和同行」、「利和同均」是實質上的和；表現在自他關係上，就能「身和共住」、「語和無諍」、「意和同悅」。大眾的和樂，表現於律行，而律是依法制訂的；所以凡真能於無我慧而有修證，一定符合律行的生活。

但儒者的禮法，重在差別，重在情感的中和；佛的律行，重在平等，重在事理的恰當。儒者重仁，是以情統理；佛法重智，是以智化情。[20]

(七) 成就利他的道次——齊家 治國 平天下

儒者經致知，誠意，正心的學程，完成修身的自立；學佛者經信，戒，定的學程，達成慧證的己利。

說到「利他」，儒者分齊家，治國，平天下。在古代，

---

20 印順導師，〈修身之道〉，《我之宗教觀》，頁 119-132。

此三階有一定次第；但依後代及現代意義，不一定如此。如唐太宗喋血玄武門，沒有能齊家；但唐代國威遠振，不能說他不能治國！

一、學佛者在利他方式與次第上，與儒者有數點不同：

(一) 儒者的修身，只是實現政治理想的應有私德；目的是達到明明德於天下。學佛者的利他方式與次第，不同於儒者主要是「非政治至上」。如：『華嚴經』的善財童子，遍訪大乘善知識；『維摩詰經』的維摩詰長者，適應不同場所，從事不同工作，總是引人趣向佛法。從現代意義來看，這樣的利人利世更確當。

(二) 儒者，重家本位的德化政治；後代拘泥齊家治國，由親而疏的次第；因此，對利他的不定性，佛教的出家制，不能理解同情。但依佛法說，人與人間，不僅是血統，更有種種複雜的關係；何況，過去生中有著或順或逆的複雜因緣！所以道德的擴展，利他的層次，不應拘泥於親疏次第。

(三) 儒者重家庭，不免為榮宗耀祖，愛護妻兒著想，而漠視國家與全人類利益。但事實上，由於志性、思想的不同，有特重也不能一筆抹煞；如以人類，眾生利益為目標的，為除家的牽累而過出家非家的生活；不但是佛教，還有天主教等；為哲學科學而獻身的也大有人在；焉能以逃避現實，「不孝有三，無後為大」的儒家思想去責難他？且學佛不一定要出家；出家僅是根性適宜，而願意專心修習佛法，

弘傳佛法的少數人。儒者囿於傳統，不能理解同情，是很遺憾的！

(四) 儒者的大學，著重政治。佛法，由於釋尊放棄王位，出家修行；每被誤會為學佛應棄絕政治。實則，佛法決不以出家制而輕視在家，漠視政治。因為菩薩多居政治領導地位，佛法看作福慧的殊勝因果；不僅是現生學識經驗，也是往昔生中的福慧熏習。所以，從事治國平天下的大任，佛法與儒家完全相合；只是不一定要從政！

(五) 儒者重視禮教的德化，輕視刑政的法治，說「導之以德，齊之以禮」。然在佛教『華嚴經』中，如當政者從慈悲心出發，德化也得，刑政也得，全依現實社會情況決定。輪王是以正法治世，武力的目的是為推行五戒、十善——正法的德政。

二、對於聖者，儒者囿於人格的盡善，佛法進而到達無漏慧的聖境

儒者的聖人，是擴展人性到最極完成；故『中庸』說：聖人可贊天地之化育。但從『孟子』看來，聖人也有種種不同，如「伯夷，聖之清者也；伊尹，聖之任者也；柳下惠，聖之和者也；孔子，聖之時者也」；風格差別，不一定盡善盡美。

佛法認為：如能依戒定慧，勘破生死根源，徹證無我性，才是聖人。小乘行者，最低是初果，到四果自利完成，

還有習氣。大乘行者，不但徹證無我法性，又有廣大悲願；為了嚴淨國土，成熟眾生，長劫修行，福慧圓滿而成佛；不再是有所不知，有所不能的聖人了。小乘是聖之清者，菩薩是聖之和者、任者；大地菩薩到佛位是聖之時者。又信願增上的近於和，智增上的近於清，悲增上的近於任；聖之時者最理想！

　　總之，儒佛聖者，都建立在修身 (自利) 成就的立場。不同在於：儒者囿於人格的盡善；佛法進而解開生死死結，到達無漏慧為本的聖境。所以，儒者是世間的，佛法是出世的 (小乘)，是世出世間無礙的 (大乘)。[21]

第二節　從印順導師核心思想
　　　　看「人間佛教」人菩薩行的提出

一、印順導師對印度佛教史的論判

　　印順導師在修學過程中發掘：佛法的漸失本真，在印度由來已久；故將心力放在「印度佛教」的探究上，而提出「人間佛教人菩薩行」的主張。

　　導師在〈契理契機的人間佛教〉中，對印度佛教作五期、四期、三期的分判，認為與我國古德教判相通；但這是

---

21 印順導師，〈修身之道〉，《我之宗教觀》，頁 132-145。

從歷史觀點論判的，而四期佛教與四悉檀 (每一階段聖典的特色) 也相當。[22]

(一) 印度五期佛法，對照大乘三系與三、四期之佛法[23]

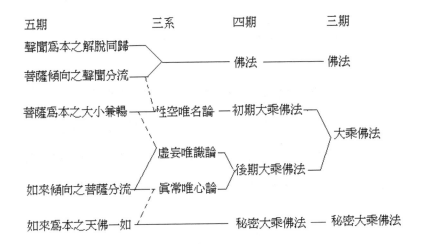

(二) 印度四期、三期佛法，對照四悉檀[24]

```
佛法……………………第一義悉檀………顯揚真義
        ┌初期……對治悉檀…………破斥猶豫
大乘佛法─┤
        └後期……各各為人悉檀……滿足希求
秘密大乘佛法…………世界悉檀…………吉祥悅意
```

---

22 印順導師，〈契理契機的人間佛教〉，《華雨集 (四)》，頁 6-17。

23 同上，頁 9。

24 同上，頁 30。

(三) 印度四期佛法，對照天台與賢首之判教[25]

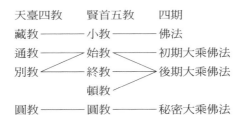

二、中國佛教屬「後期大乘」急求成佛的淨土行

(一) 印順導師與太虛大師，對印度三期佛教的分判不同

一、太虛大師從正法、像法、末法三期，看三類大乘：

(一) 佛滅後，初五百年的正法時代，是以聲聞行果趣入大乘。

(二) 像法時代一千年，是依天乘行果進趣大乘。以天法為方便，觀念佛菩薩，等於念天；處處以佛化的天國為理想境地。

(三) 佛滅一千五百年後的末法時代，是依人乘行趣入菩薩道。此時，在山林修聲聞行，會被時代譏為逃避自私；專修天乘菩薩行，著重飲食男女，要被斥為迷信荒謬。

二乘菩薩重智，天菩薩重信 (淨土、密宗)，人菩薩重慈悲；故唯有依人乘行學菩薩法，才是應機的。[26]

二、印順導師對印度佛教分初中後三期：

---

25 同上，頁 10。

26 印順導師，〈從依機設教來說明人間佛教〉，《佛在人間》，頁 36-38。

(一) 初期佛教，以出家聲聞僧為中心；內重禪慧，外重人事。外層是在家弟子，重布施、持戒，盡力於人應作的正事，也修定但重慈定。最外層是鬼神，特徵是貪求、忿怒，是世間悉檀，神教色彩極淺。

(二) 中期佛教，是佛滅後五百年，即大乘教興起時代，也約有五百年。處於佛教中心的佛與弟子，都現在家相 (人菩薩)；重六波羅蜜、四攝等法門。出家解脫相的聲聞僧，被移到上邊；天 (鬼畜) 地位抬高，處在下邊；這是適應崇奉天神的在家婆羅門而發揚的，天神地位顯著。這是佛教的人間化也是天化，影響後來傾向唯心及偉大個人的發展。

(三) 第三期佛教，處於中臺的佛菩薩，多現夜叉、羅剎的「忿怒」相，男女扭成堆的「具貪相」。在家菩薩移到外圍；出家解脫相在最外圍。這以天神 (天菩薩) 為中心，一切神教儀式、修法，化為方便，稱為「以天乘行果趣向佛乘」。[27]

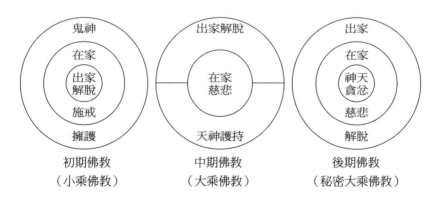

初期佛教　　中期佛教　　後期佛教
（小乘佛教）　（大乘佛教）　（秘密大乘佛教）

27 印順導師，〈從依機設教來說明人間佛教〉，《佛在人間》，頁 38-43。

(二) 中國佛教屬「像法期」，依天乘行入大乘的淨土行

印順導師在《成佛之道》中指出：「像法時代」一千年，是依天乘行果進趣大乘，這又分二類：1. 在中國是淨土行者；專心求生天淨土，在淨土漸修佛道。2. 在印度是秘密行者：著重修 (欲) 天色身，以金剛夜叉為本尊，修成持明仙人，久住世間，修行佛道。

依趣入大乘說，有二類：

1. **直入**，是直向菩薩道；即依佛出人間，教化人類，本意在即人乘而直向佛道的。

2. **迴入**，是先修別道後轉入大乘道；此含天乘行、二乘行入佛乘。

(1) 正法時期，或為厭苦根性，說依聲聞行而迴入大乘；這大都是智增上的，重於自力。

(2) 像法時期，或為欲樂根機，說依天行而入大乘；這大都是信願增上的，重於他力。

(3) 末法時期，依人乘行而入大乘；這大都是悲增上的。[28]

---

28 印順導師，《成佛之道》，頁 252-256。

(三) 中國佛教屬「後期大乘」特色是急求成佛

印順導師在〈談入世與佛學〉文中，對印度「初期大乘」的由來，及產生「後期大乘」之因與特色，有精彩的分析：

一、**戀世**：以自我愛染為中心，而營為一切活動；攝為「人天乘法」。

二、**出世**：稱為小乘，為佛教的早期型態。從無常、苦、無我的正觀中，勘破自我得解脫；以出家為理想，成為時代的風尚！

三、**入世 (初期大乘)**：佛法流傳人間後，面對不足以適應社會要求的佛教、聖者；想起釋迦佛過去修行的菩薩風範，以及成佛以來為法為人的慈悲精神；對出世佛法，予以重新的估價。對舊有型態的佛教，貶為小乘；自稱大乘。入世大乘最初要點是：不離世間而出世，慈悲為成佛的主行，不求急證。

四、**發展為後期大乘的主因與特色**：

(1) 出世解脫的佛法，在印度已有穩固的傳統。大乘理論雖掩蓋小乘，但沒有僧團，在家眾也沒有組織，不免相形見絀。為了大乘法的開展，有遷就、尊重、融貫固有的傾向。

(2) 菩薩的不求急證，要三大阿僧祇劫，在生死中利益眾生；這在一般人是受不了的。於是在大乘 (入世出世、悲

智無礙、自利利他、成佛度生) 姿態下,開展為更適應的;其最大特色是「自利急證精神的復活」(從前是求證阿羅漢,現在是急求成佛)。

傳統中國佛教屬這一型,在中國高僧的闡揚下達到更完善。這一體系的特色是:理論「至圓」(一即一切),方法「至簡」(參禪、念佛),修證「至頓」(一生取辦,即身成佛)。所以,太虛大師評中國佛教為「教理是大乘,行為是小乘」。[29]

三、從全體佛法觀點看淨土,不同於傳統淨土行

(一) 淨土是大小乘人共仰共趨的理想世界

面對中國佛教屬「後期大乘」,特色是急求成佛的淨土行;印順導師在〈淨土新論〉文中,從全體佛法觀點來看淨土,而有不同於傳統淨土宗之處。

導師認為:「淨」是佛法的核心,含有二義:眾生的清淨;世界的清淨。阿含說「心清淨故,眾生清淨」,大乘說「心淨則國土淨」;眾生是正報,國土是依報。聲聞乘,重眾生身心的清淨;重在離煩惱。大乘,不但求眾生清淨,還要剎土清淨;所以要修福德以感世界清淨,修智慧以得身心清淨。

---

29 印順導師,〈談入世與佛學〉,《無諍之辯》,頁 180-188。

太虛大師也說：「律為三乘共基，淨為三乘共庇」，即戒律是三乘共同的基礎，不論在家出家都不離戒律；淨土是大小乘人共仰共趨的理想世界，非一派人(淨土宗)的事。[30]

(二) 大乘經特讚西方淨土阿彌陀佛之因

(一) 阿彌陀，梵語 amita，譯為「無量」。阿彌陀佛的含義：通稱，指一切佛，即無量佛。但在弘傳中，專指西方極樂世界的阿彌陀佛；阿彌陀，首先得到名稱的優勢。

(二) 在梵語 amita 後，附加 abha－amitabha，譯義無量光，是阿彌陀佛的一名稱。印度婆羅門教有太陽崇拜，大乘法中也方便含攝到阿彌陀中；如：(1)『觀無量壽佛經』，即以落日為根本，觀阿彌陀佛的依正莊嚴。在印度，落日作為光明的歸宿、依處。(2)『無量壽佛經』說：禮敬阿彌陀佛應「向落日處」。

(三) 梵語 amita 後附加 ayus－amitayus，譯義無量壽。

所以，無量，無量光，無量壽，是阿彌陀佛的主要意義。(1) 阿彌陀(無量)，是根本的。(2) 無量光，光是橫遍十方的，如佛的智慧圓滿，無所不知。智慧光，含攝福德莊嚴的一切自在、安樂。(3) 無量壽，壽是生命的延續；眾生對生命有著永恒的願望；大乘佛法中攝取而表現為佛不入涅槃，即常住。

---

30 印順導師，〈淨土新論〉，《淨土與禪》，頁 1-5。

無限的光明、壽命，既代表一切諸佛的共德；又適應眾生無限光明與壽命的要求。因此，現代淨土行者，每著重極樂世界的金沙布地、七寶所成等；不免顯得過於庸俗了。[31]

(三) 中國的稱名念佛法門，是受西域譯經傳法者影響

佛教的淨土，不單是西方淨土，念佛也不單是稱念佛名。特重彌陀淨土，持名念佛，是因為漢及三國時，從月支、安息、康居 (印度西北方) 來的譯師，所譯經典都有念佛與稱名法門。

稱名，本不算是佛法的修行法門；但傳到安息等地，由於鄙地無識，不解大乘慈悲、般若的實相深法，只好屈被下根，廣弘稱名法門。中國人理解佛法，雖不是安息、康居可比；但受西域譯經傳法者影響，稱名念佛的易行道廣大流行。流行情況略述如下：

1.初傳說是廬山十八高賢，結白蓮社念佛；但這重於繫心念佛，如慧遠曾於定中見阿彌陀佛，正是『般舟三昧經』法門。

2.到北魏曇鸞，依世親『往生淨土論』，著重稱名念佛。

3.到唐代，淨宗大德光明寺善導，是有名的稱名念佛大師。其後，法照、少康，不但稱名，更以音聲作佛事 (五會念佛)，攝化淨土行者，連小孩也來參加。從此，稱名念佛

---

31 印順導師，〈淨土新論〉，《淨土與禪》，頁 21-25。

成為中國唯一的念佛法門，簡直與安息國差不多。

　　4.宋朝，王公大臣結白蓮社，每集數萬人念佛。

　　5.近代淨宗大德印光大師，以稱名念佛為唯一法門。

　　印公感嘆：易行道的稱念佛名，就教化普及說，確是值得讚歎！但大乘法的深義大行，也因此大大被忽略。[32]

(四) 從往生極樂的三部經典，看所被根機漸普遍，法門也漸低淺

　　往生極樂的三部重要經典要義如下：

　　一、『般舟三昧經』的念佛，著重自力的禪觀，為利根上機所修。一般淨土行者，捨而不用。

　　二、『無量壽經』中，初說阿彌陀佛攝取淨土，立四十八願；繼說極樂世界的依正莊嚴等事；後論三輩往生，即明示往生的條件與方法。一般持誦的『阿彌陀經』是『無量壽經』略本，敘述極樂國土的依正莊嚴，勸念佛往生。

　　三、『觀無量壽佛經』開宗明義即說：「欲生彼國者，當修三福：一者、孝養父母，奉事師長，慈心不殺，修十善業。二者、受持三皈，具足眾戒，不犯威儀。三者、發菩提心，深信因果，讀誦大乘，勸進行者」。這三者，初是共世間善行，次是共三乘善行，後是大乘善行；這才是正常的淨土生因。

　　本經就禪觀次第，觀阿彌陀佛的依正莊嚴，共十六觀。

---

32 印順導師，〈淨土新論〉，《淨土與禪》，頁 58-64。

十四、十五、十六，明三品往生；上品所修，即前三淨業中的第三者；中品所修，即前二者；下品往生，都是些惡人。

印公比較『觀無量壽佛經』與『無量壽經』有三點顯著不同：

(一)、『無量壽經』說：往生淨土，都要發菩提心。但『觀經』說：中品以下，都不曾發菩提心。

(二)、『無量壽經』說：「唯除誹謗深法，五逆十惡」可往生。但『觀經』說：惡人也得往生為下品。

(三)、關於惡人，『無量壽佛經』支本說：「前世作惡」。但『觀經』說：下品為現生作惡者。

這可見『觀經』攝機更廣，這即宗教的施設教化，在給人以不絕望的安慰。但這是就平生不曾聽聞佛法，或生在邪見家；或煩惱過強，環境太壞；雖作惡而善根不斷。臨命終時，得善知識教誨，心生慚愧，痛悔前非。如平時，或勸人平時修行念佛，不宜引此為滿足，自誤誤人！

而從『般舟三昧經』的定心念佛；到『無量壽經』的定心及散心念佛；再到『觀經』的定心散心念佛，甚至臨命終時的稱名念佛。所被根機逐漸普遍，法門也逐漸低淺。[33]

(五) 往生淨土與莊嚴淨土的省思

大乘經中處處都說：菩薩在因地修行時，修無量功德去

---

33 印順導師，〈淨土新論〉，《淨土與禪》，頁 43-56。

莊嚴國土 (建設淨土)。如『無量壽佛經』說：阿彌陀佛過去為法藏比丘時，有世自在王佛為他說二百一十億的淨土相。法藏聽了就發大願，要實現一最清淨圓滿的淨土。

『維摩詰經』「佛國品」也說：「眾生之類是菩薩淨土」，惟有利益眾生，才能實現淨土。「直心是菩薩淨土，……深心是菩薩淨土」；即發菩提心，修六度，四攝，一切功德行都是成就淨土因。

極樂世界是以佛為主導，以大菩薩為助伴共成的淨土；佛菩薩的悲願福德力最重要。眾生來生淨土必須有：1.佛的願力加持；2.眾生的三昧力；3.眾生的善根力成熟。這是菩薩因行時，攝化一分同行同願者所共創的，依此攝受一分眾生來淨土。這是淨土施教的真義，也是淨土的特色所在。

因此，往生淨土，是從佛與眾生展轉增上意義中，別開方便。莊嚴淨土，是集菩薩功德共同實現的，為大乘法的真義！故如不知莊嚴淨土，只知求生淨土，是把淨土看成神教的天國。了知淨土所來，發願莊嚴淨土，才是大乘正道。[34]

(六) 易行道與難行道的抉擇

稱名念佛是易行道，橫超三界，十念往生；淨宗大德大都作此結論。

但印順導師考究經論發現，大乘初學者有二方便：1.或

---

34 印順導師，〈淨土新論〉，《淨土與禪》，頁 36-41。

從念佛、禮佛等入門，是易行道。2.或從布施、持戒、忍辱等入門，是難行道。

依龍樹《十住毘婆沙論》說：念佛、懺悔、勸請，實為增長福力，調柔自心的方便；因此，才能於佛法的甚深第一義生信解心，於眾生苦痛生悲愍心，進修六度萬行的菩薩行。所以，易行道，實是難行道的前方便。

易行道是容易修行，但易行道難成佛，難行道易成佛，確是古聖經論的正說。如：釋迦過去所行的是難行苦行道，彌勒所行的是易行樂行道。彌勒發心，比釋迦早四十劫；結果釋迦比彌勒先成佛。

論修行的速率，穢土修行，比在淨土修行快得多。如《大阿彌陀經》說：「(在此娑婆濁世) 為德立善，慈心正意，齋戒清淨，如是一晝一夜，勝於阿彌陀佛剎百歲」。

以上，從經論事實證明：易行與難行，穢土與淨土，實各有長處。易行道，易得不退轉，但一生淨土，即進度遲緩。穢土修行，難得不退，但如打破難關，就可一往直前而成佛。修持淨土，首重淨土正因。要知，難行道，實是易成道；如自覺心性怯弱，業障深重，可兼修易行道：時時念佛，多多懺悔。如機教相投，想專修阿彌陀佛的淨土行，也要多集善根，多修淨業；這才是千穩萬當的！這樣，才能得

樂行道的妙用，不致辜負了佛菩薩的慈悲！[35]

(七) 回應淨土行者對淨土的四種讚揚

　　中國淨土行者，對淨土有四種讚揚——「橫出三界」，「帶業往生」，「隔陰之迷」，「四句料簡」。印順導師認為：這在弘揚淨土來說，確有接引初學堅定信願的作用價值；但依法義說，卻都含有似是而非的成分。

一、橫出三界

　　中國淨土行者，過分強調淨土的特勝，有「橫出三界」等說，以為：淨土法門是橫超的，其他的法門是豎出的。

　　印順導師說：能頓斷生死根本煩惱的，是無我的勝義慧，不是厭下欣上的世俗智。因此，相對於禪定的豎出 (如離欲界而得初禪，是豎出欲界)，可說是橫出。

　　淨土行者的欣厭心，是不能出離生死的；但因生在淨土，由於環境好 (諸上善人俱會一處)，蓮華化生，不會生老病死不已；「因中說果」故不妨說已解脫生死。且依經文說，在淨土進修是緩慢的，但不會退墮。穢土修行功德強，進步快，但障礙多，風險大些。所以，穢土與淨土，實各有長處，不要自誇「橫出三界」！[36]

---

35 印順導師，〈淨土新論〉，《淨土與禪》，頁 64-75。
36 印順導師，〈橫出三界〉，《華雨集 (四)》，頁 174-178。

二、帶業往生

眾生無始來,積了無邊能感生死的業力,這一生又造了不少。死後,生到別處去,就是「往生」。業,從來都是隨造業者而去的,故「帶業往生淨土」,不是淨土法門的特勝,不值得特別鼓吹!

徹底解決生死的方法,是智慧斷生死根源的煩惱;則無邊的善惡業,乾枯而不再受生死報;但這是深一點的自力法門。大乘的方便道,是以念佛、誦經等強有力功德,使罪業功能減弱,不能再感生死苦報,就是「消業」。[37]

三、隔陰之迷

印光大師『淨土決疑論』說:「羅漢猶有隔陰之迷」,意思是:不如往生極樂世界好。

印順導師說:「陰」是五陰 (五蘊);「隔陰」是指今生與後生,生死相續而不同。

「迷」,約迷事說,是前生的自己與事,都忘失了;而三果聖者,初生時雖不能正知,但很快能憶知前生的一切。

約迷理說,凡夫是迷理的;但初果聖者斷見惑,能見諦理,不會再退失;所以最多七番生死;決不會從覺入迷。不知念佛人為什麼怕聖者的「隔陰之迷」?可能印光大師悲心重,為弘揚淨土而故意這樣說吧![38]

---

37 印順導師,〈帶業往生〉,《華雨集 (四)》,頁 178-181。
38 印順導師,〈隔陰之迷〉,《華雨集 (四)》,頁 181-184。

四、四句料簡

佛教界流傳有「禪淨四句料簡」，據說是宋初永明延壽大師造的；但在他的著作中並沒這四句偈。

印順導師說：四句偈作者認為：1.「有禪有淨土，猶如帶角虎」是最理想。2.「有禪無淨土，十人九岔路」及3.「無禪有淨土，萬修萬人去」，是作者偏私論法。

至於 4.「無禪無淨土，銅床并鐵柱」，則是豈有此理！因為南傳佛教國家，沒有我國所弘的禪，也不知西方極樂淨土與阿彌陀佛；難道這樣信佛修行者，都要「銅床并鐵柱」的墮入地獄不可嗎？

因此導師認為：四句偈作者的立場，可能是在禪、淨流行時代，沒有輕視禪宗，卻以淨土行最殊勝；但又缺乏對佛教深廣的遠見，才作出這不合情理的料簡。[39]

四、印順導師從印度四期佛教中抉擇其核心思想

印順導師從印度四期佛教的歷史分判中，為純正、適應現代的要求，而抉擇其佛法信念 (核心思想) 是：「立本於根本佛教之淳樸，宏闡中期佛教 (指「初期大乘」) 之行解，(梵化之機應慎)，攝取後期佛教之確當者，庶足以復興佛教而暢佛之本懷也歟」！以下分別說明。

---

39 印順導師，〈四句料簡〉，《華雨集 (四)》，頁 184-187。

(一)「立本於根本佛教之淳樸」相當於第一義悉檀

早期集成的聖典（「阿含」與「律」）中，三寶是樸質而親切的：

一、「佛」，是印度迦毘羅衛的王子，經出家，修行而成佛，有印度的史跡可考。

二、「僧」(伽)，是從佛出家眾弟子的組合。僧伽所有物屬「四方僧」；「見和」，「利和」，「戒和」，才能和樂共住，達成正法久住的目的。

三、「法」的第一義是八正道，即聞、思、修慧的實踐；不似神教的重信、重定。

「法」的又一義是正見緣起；一切是相依相緣而存在，即是無常、苦、無我。依緣起正見而除無明，即不再執著常、樂、我我所，即解脫了。[40]

(二)「宏傳中期佛教之行解」相當於對治悉檀

中期佛教以「初期大乘」菩薩行為本。

一、在理解上，依涅槃而開展「一切法空」說，有「對治」性。因部派流傳中：1 四諦、三寶，異說紛紜；大乘從高層次立場，掃盪一切而又融攝一切。2 世間與涅槃的對立；大乘說「色即是空」。3 傳統僧伽重律；因而有重「法」的傾向。但「對治悉檀」偏頗發展也有副作用，如「世間即

---

40 印順導師，〈契理契機的人間佛教〉，《華雨集(四)》，頁 1-9。

涅槃」；龍樹依「三法印即一實相印」，貫通『阿含』及初期大乘經。

　　二、大乘的修行，主要是菩提願、大悲心與般若慧，三者不可缺。依三心修六度；但因根性不一而有差異。菩薩精神是：忘己為人，盡其在我，任重致遠。[41]

(三)「(梵化之機應慎)」是世界悉檀

　　梵化，應改為天化，就是低級天的鬼神化。因為「初期大乘」時代，由於「佛弟子對佛的永恆懷念」理想化、信仰的成分加深，與印度神教多一分共同性。如：1 重天神而輕人間，2 咒術他力護持在佛法中發展，3 念佛、念法法門，或往生他方淨土，能得現生利益。

　　對於「初期大乘」的神化部分，印公認為如看作「世界悉檀」則可；否則會迷失「佛出人間」的立場。[42]

(四)「攝取後期佛教之確當者」是各各為人生善悉檀

　　「後期大乘」的如來藏、佛性、我，還是修菩薩行的。如知這是「各各為人生善悉檀」，就是方便；如「開引計我諸外道故，說如來藏」，是為五事不具者作顯了說。如以為這才是究竟，會引起負作用！[43]

---

41 印順導師，〈契理契機的人間佛教〉，《華雨集 (四)》，頁 33-37。
42 印順導師，〈契理契機的人間佛教〉，《華雨集 (四)》，頁 37-40。
43 印順導師，〈契理契機的人間佛教〉，《華雨集 (四)》，頁 41-42。

五、印順導師「人間佛教」人菩薩行的提出

(一)「人間佛教」受太虛大師影響而有不同

一、太虛大師在民國 14、5 年提出「人生佛教」二義：

(一) 對治的：中國傳統宗教是「人死為鬼」；中國佛教末流，重視死，鬼，引出無邊流弊。為對治這「鬼本」的謬見，特提倡「人本」來糾正。

(二) 顯正的：虛大師從佛教根本，時代適應，認為應重視現實的人生。

二、印順導師在民國 40 年提倡「人間佛教」

(一) 約顯正說，大致相近。但在 (二) **對治**方面，有極重要理由：(1) 人在五趣中恰好位在中間。(2) 印度後期佛教以天為本，使佛法受到非常的變化，所以特提「人間」來對治。這不但對治中國偏於死亡與鬼，同時也對治印度後期佛教偏於神與永生。[44]

三、「人間佛教」受太虛大師影響而有些不同：

一、虛大師以為：末法時期應依人乘趣入大乘；但沒有經說的依據。故要從佛教思想的演化中，探求人間佛教的理論依據。

二、虛大師思想屬「後期大乘」──佛德本具論，是大乘思想的逆流。故斷然贊同「佛法」與「大乘佛法」的初期

---

[44] 印順導師，〈人間佛教緒言〉，《人間佛教》，頁 18-22。

行解。

三、大乘佛法由於理想的佛陀，而有「天 (鬼神) 菩薩」的出現；發展到印度群神與神教的行為、儀式，都與佛法融合；這是人間佛教的大障礙。

四、後期大乘 (中觀派，瑜伽行派)，有圓熟的嚴密思想體系，知識經驗豐富；「秘密大乘」因唯心思想的大發展，觀自身是佛，進而在身體上修風、修脈，要在大歡喜中即身成佛；這都契合老年心態。

五、初學佛法就感到與現實佛教界有距離，經虛大師思想的啟發，終於在「佛出人間，終不在天上成佛」得到新的啟發。從印度佛教思想的演變過程中，探求適應現代的佛法，也就脫落鬼化、神 (天) 化，回到佛法本義，現實人間的佛法。「人間佛教」，是以人間正行直達菩薩道，行菩薩而不礙人間正行的佛教。[45]

(二)「人間佛教要略」的含意

印順導師在民國 40 年，寫了多篇文章明確討論「人間佛教」；在此略述〈人間佛教要略〉的含義。

一、「論題核心」，是「人，菩薩，佛——從人而發心修菩薩行，由學菩薩行圓滿而成佛」。從人而發菩薩心，應該認清自己是「具煩惱身」(久修再來者例外)，不可裝腔作

---

45 印順導師，〈契理契機的人間佛教〉，《華雨集 (四)》，頁 44-47。

勢，眩惑神奇。要「悲心增上」，人而進修菩薩行的，正信正見以外，一定要力行十善利他事業，以護法利生。

二、「理論原則」：

1「法與律合一」。「導之以法，齊之以律」是「佛法」化世的根本原則。如果重法而輕律，即使心在入世利他，也只是個人自由主義者。

2「緣起與空性的統一」：這是「緣起甚深」與「涅槃甚深」的統一，是大乘法，尤其是龍樹論的特色。

3「自利與利他的統一」：發心利他，不應忽略自己身心的淨化，否則「未能自度，焉能度人」？所以為了要利益眾生，一定要廣學一切，淨化身心(如發願服務人群，而在學校中努力學習一樣)；廣學一切，只是為了利益眾生。不為自己利益著想，以悲心而學而行，所作世間的正業，就是菩薩行。

三、「時代傾向」：

1 現在是「青年時代」，少壯的青年，漸演化為社會中心，所以要重視青年的佛教。這不是說老人不能學菩薩行，而是說應該重視少壯的歸信。適應少壯的佛教，必然重於利他。人菩薩行的大乘法，是適應少壯唯一契機的法門。

2 現在是「處世時代」：佛教本是在人間的，佛與弟子經常的「遊化人間」。就是住在山林，為了乞食，每天都要進入村落城邑，與人相接觸而隨緣弘化。修菩薩行的，應該

作利益人類的事業，傳播法音；在不離世事，不離眾生的原則下，淨化自己，覺悟自己。

　　3 現在是「**集體（組織）時代**」：摩訶迦葉修頭陀行，釋尊曾勸他回僧伽中住；優波離想獨處修行，釋尊要他住在僧中；釋尊自己是「佛在僧數」的。所以，佛法是以集體生活來完成自己，正法久住的；與中國人所說的隱遁，是根本不同的。適應現代，不但出家的僧伽，要更合理（更合於佛意）化；在家弟子學修菩薩行的，也應以健全的組織來從事利他而自利（不是為個人謀取名位權利）。

　　四、「修持心要」：

　　菩薩行應以信、智、悲為心要，依此而修有利於他的，一切都是菩薩行。導師曾特地寫了一篇『學佛三要』，三要是**信願**（大乘是「願菩提心」），**慈悲**，（依緣起而勝解空性的）**智慧**。「有信無智長愚癡，有智無信長邪見」；如信與智增上而悲心不足，就是二乘；如信與慧不足，雖以慈悲心而廣作利生善業，不免是「敗壞菩薩」（修學菩薩而失敗了）。所以在人間而修菩薩行的，此三德是不可偏廢的！[46]

(三)「人間佛教」以釋尊時代的佛法為本，解脫心不礙利他行

　　人間佛教的人菩薩行，是以釋尊時代的佛法為本。這在以原始佛教為小乘的一般人，也許覺得離奇。

---

46 印順導師，〈契理契機的人間佛教〉，《華雨集（四）》，頁 47-50。

　　應知釋尊適應當時社會，以解脫為目標，八正道的「正命」，在家、出家不同；在家重財施，有悲田、敬田；出家重法施，以「知善惡，知因果，知業報，知凡聖」來隨緣教化，不許過隱遁的生活。故知，解脫心與利他行本不相礙，如佛的在家弟子須達多、摩訶男，出家弟子富樓那，都是菩薩典範。

　　只是在佛滅後的佛教發展中，遠離佛法本意；如三學中「戒」(尸羅)，是以慈心為本，如遍一切眾生而起，名「無量三昧」能得解脫；但部派佛教認為不能得解脫，故被稱「小乘」。

　　故「初期大乘」的菩薩道，不離解脫道的般若；只是悲心強些，多為眾生著想，不急求速證而已。[47]

(四) 人菩薩行的真實形象

　　一、初修菩薩行，依三心 (菩提心、大悲心、空性見) 而行十善。「利他」是崇高理想，實行要從切近處做起；即在自身進修中「隨分隨力」利他；自身福智漸大，利他力量越大。

　　二、如維摩詰長者、善財參訪的善知識，都以自己所知所行教人，形成「同願同行」的一群。『阿含經』已說修行十善，要「自作」，「教他作」，「讚歎作」，「見作隨喜」，

---

47 印順導師，〈契理契機的人間佛教〉，《華雨集 (四)》，頁 50-57。

這是弘揚佛法的善巧方便！

三、人菩薩行的具体形相：

1 在家庭中，能善盡家庭義務，並誘導成佛化家庭。在社會上，能成為優良工作者，更關懷他人引向佛道。

2 菩薩行，不出慧福；慧行，是使人理解佛法，得到內心的淨化；福行，是使人從事行中得到利益。但應先自身在佛法中的充實。[48]

(五) 向正確的目標邁進

一、原始佛法的寬容有原則，但印度大乘的無限寬容，發展到天佛不二；雖有利大乘的流通，但種種「方便」漸融攝進來。

二、現在臺灣，本質上還是「天佛一如」，「三教同源」的現代化。真正的人菩薩行，要「適應今時今地今人的實際需要」。

三、菩薩道要經多久才能成佛？人心是矛盾的，說容易覺不夠偉大，說久劫又覺太難。其實真發大心的，只知耕耘，功到自然成就。虛大師的「無求即時成佛之貪心」是人菩薩行的最佳指南。

四、菩薩長在生死中廣利眾生的本領，除菩提心，慈悲心外，主要是**空勝解力**，能漸伏煩惱。發願常見佛，聞法，

---

48 印順導師，〈契理契機的人間佛教〉，《華雨集 (四)》，頁 57-63。

世世常行菩薩道,是初期大乘、中觀瑜伽的共義。

　　導師繼承太虛大師的思想 (非「鬼化」的人生佛教),而進一步 (非「天化」的) 給以理論的證明。故從印度佛教思想的演變過程中,探求契理契機的法門;而讚揚印度佛教的少壯時代 (即「立本於根本佛教之淳樸,宏闡初期大乘之行解」),認為這是適應現代,更能適應未來進步時代的佛法!並發願生生世世在這苦難的人間,為人間的正覺之音而獻身![49]

六、《成佛之道》是「人間佛教」思想的精要展現

(一)《成佛之道》的由來

　　印順導師在《成佛之道》自序中表示:佛法是理智的宗教,因此義理的開導或修持的指示,都通過理性而有豐富正確的內容;所以弘傳中的佛法是多彩多姿的。但一般人不能完整把握,而使中國佛教走上空疏貧乏的末運。

　　對於佛法的統貫條理,在過去的臺賢大師們,有組成淺深的進修歷程,顯出彼此間的差別關聯;但因其重心定位在圓教,所以仍不免偏取。因此,太虛大師提出以「五乘共法」,「三乘共法」,「大乘不共法」,統攝一切佛法,開顯由人而成佛的正道。這與西藏宗喀巴大師,宗承印度的中觀

---

49 印順導師,〈契理契機的人間佛教〉,《華雨集 (四)》,頁 64-70。

與瑜伽，以「共下士道」，「共中士道」，「上士道」，綜貫成佛的菩提道次第，恰好相合。

回顧如來在《阿含經》中，總是先說『端正法』──布施，持戒，離欲生天 (定)；然後對有出世可能的才授以出世法門。但由於佛法的重心在出世解脫，所以古代的經典結集者，對於佛的「端正法」，總是略而不詳。

如早期的論典，還以五戒為首，但後起的論典就不見了。這種以解脫為本的傾向，宗喀巴大師也不能免；所以他的共下士法，把「念死」作為入道的要門；這雖順於厭離的解脫，但不一定順於悲濟的大乘道。因此，虛大師獨具慧眼，揭示如來出世真意是：教導人類由人生而直趣佛道。

《成佛之道》即是依虛大師的開示，參考宗喀巴的菩提道次，綜合在法藏中的管窺，歷時六年於民國 49 年完成；此書的宗旨是：綜貫一切佛法而向於佛道。[50]

(二)《成佛之道》內容簡介

《成佛之道》是印順導師為華人所撰寫的一本體系性的著作；內容涵蓋『大藏經』中有關法義與修持的精要，是當代佛弟子必讀的普世經典之作。全書共五章，涵蓋正常道與方便道。

第一章「歸敬三寶」，說明生命需要尋求依靠，三寶 (佛

---

50 印順導師，《成佛之道》自序，頁 a1-a5。

法僧) 有何殊勝，值得我們歸敬？歸依的真義是什麼？

　　第二章「聞法趣入」，說明歸依後應「多聞正法」才能趣向佛道；聞法有何殊勝？趣入佛道的條件、因緣與目標是什麼？

　　第三章「五乘共法」，是求生人天的共世間法。在理解上應具備「世間正見」(知善惡、業報、前後世、凡聖)，在行為上應修「三福業」(施、戒、定)。

　　第四章「三乘共法」，以解脫道為主，說明動機、根機，修學內涵是三學、八正道，以證悟四諦與緣起，依所斷煩惱證入果位。

　　第五章「大乘不共法」，說明大乘的根機，菩薩的要行，經三大劫的修學六度 (布施、持戒、忍辱、精進、禪定、般若)，歷經十信，十住，十行，十迴向，十地的階位，就圓滿成佛。此中沒有咒語。

法門			發心	目標	修學內涵
五乘共法	共下士道	人天乘	增上生心	生人天	三福業 (施、戒、定)
三乘共法	共中士道	聲緣乘	出離心	解脫生死	三學 (戒、定、慧)
大乘不共法	上士道	菩薩乘	菩提心	成佛	六度 (施、戒、忍、定、進、慧)

正常道──依人乘行而入佛道（發菩提心，修十善行）

方便道 ⎰ 依二乘行而入（聲聞、緣覺乘，迴入大乘）根性偏狹
　　　 ⎱ 依天乘行而入（淨土、秘密行，迴入大乘）根性怯弱

（三）《成佛之道》的推廣

　　《成佛之道》是一本論典，文簡義豐，富宗教精神，不落古人窠臼的統貫一切佛法。

　　筆者民國 80 年自中華佛學研究所畢業後，開始在佛學院從事教學；集多年的教學經驗於 98 年 5 月出版《成佛之道 教材彙編》。為讓更多人能夠深入佛法、淨化身心，進而促進家庭和諧、社會安樂，開始舉辦「成佛之道研習營」，禮請多位法師、學者，為大眾演說。

　　民國 98 年 11 月於「佛教弘誓學院」舉辦第一屆，為期三天；99 年 6 月在深坑「華藏教學園區」舉辦第二屆，為期五天；這都是「住宿式」的研習。第三屆起改為「通勤式」由六天減為二天；並與大學或道場合辦，場地偏及北、中、南、東部，每屆人數 60 至 600 人不等；至今已辦了 18 屆，深受好評。

　　為讓同學能把佛法運用在日常生活中，筆者參考「了凡四訓」的功過格，及惠敏法師的健康五善習，於 111 年制作一份「每日行持表」，學員反應良好。

111 年紹印精舍『成佛之道』

每日行持表

姓名：

日期	健康生活 五善習					法義薰習（內容、時間）	修定行門（內容、時間）	作一件利他的事	想一件感恩的人事	想一件懺悔的人事
	清淨的飲食	適當的運動	充足的睡眠	潔淨的牙齒	親切的微笑					
╱										
╱										
╱										
╱										
╱										
╱										
╱										
╱										
╱										
╱										

貳、研律對比篇

第三章 印順導師的律藏研究
及其與平川彰的異義

第一節 印順導師對《律藏》集成的探究

一、大乘「重法輕律」是佛法發展中的一大損失

(一)「法與律」本是同一內容的兩面

印順導師說：印度人心目中的「法」(達磨)，除真理外，本注重合理的行為(戒)。所以，「法」是人生的正道，究竟的涅槃；也是律法制度，就是契合於人生正道的規制；即「法」包涵「律」。[1]

又說：釋尊的成正覺，轉法輪，只是「法」的現證與開示。隨佛出家的人多了，釋尊「依法攝僧」而有的僧伽制度，稱為「律」；「依法攝僧」是說組合僧眾的一切制度，是依於法的；而有助於法的修證與佛法的弘揚。

所以，法與律，起初是同一內容的兩面。因為「法」(聖道的修證)，一定是離罪惡，離縛著而身心調伏的(「斷煩惱毘尼」是毘尼本義)。導師比喻：法如光明的顯發，毘尼如陰暗的消除，二者本是不相離的。[2]

---

1 印順導師，《佛法概論》，頁8。
2 印順導師，《初期大乘佛教之起源與發展》，頁175-176。

(二)「法與律」因僧伽發展而分化對立

釋尊在世時，因僧伽日漸發展，這些規制 (律) 與「法」有同等重要性。法與律的分化對舉，有明顯不同的特性：1 法是教說的，律是制立的；2 法重於個人的修證，律重於大眾的和樂清淨；3 法重於內心的德性，律重於身語的軌範；4 法是自律的、德化的，律是他律的、法治的。

從修行解脫來說，律是不必要的；然從佛法的久住人間來說，律有其特殊的必要性。傳說：釋尊告訴舍利弗：過去有三佛梵行不久住，三佛梵行久住。原因在：如為弟子廣說經法，為弟子們制立學處，立說波羅提木叉；那末佛與大弟子去世了，不同族姓的弟子們，還能梵行長久存在；這是傳說制戒的因緣。

律中說：有**十事利益**，故諸佛如來為諸弟子制戒。印順導師歸納為六項：和合、安樂、清淨、外化、內證、正法久住；即唯有和樂清淨的僧團，才能外化而信仰普遍，內證而賢聖不絕，才能在人間實現「正法久住」的大理想。這是制律的意義所在，毘奈耶的價值所在，顯出了佛的大悲願與大智慧！[3]

部派分化後，優波離所代表的重律系，發展為**上座部**，對戒律是「輕重等持」；重法的發展為**大眾部**，將一切衣、

3　印順導師，《初期大乘佛教之起源與發展》，頁 177-179。

食、住等制度，一切隨宜，不重小小戒而達到漠視「依法攝僧」的精神。初期大乘佛教者，即繼承這一學風而達到頂點！[4]

印順導師又說在佛法的流傳中：

一、一分青年大眾——出家者，與白衣弟子們，重視理和同證的僧伽；忽略六和僧團的作用，忽略發揮集團的力量，完成正法久住的重任，因此而輕視嚴密的僧制。結果，號稱入世的佛教，反而離開大眾，成為個人的佛教。

二、另一分耆年的老上座，重視事相的僧伽。但忽略釋尊制律的原則不變，根本不變，而條制、枝末的適應性，不能隨時隨地的適應，反而推衍、增飾 (還是為了適應)，律制成為繁瑣、枝末的教條。

從僧伽中心的立場說，這是各走極端，不能圓滿承受釋尊律制的真精神。[5]

(三) 大乘「重法輕律」是佛法發展中的一大損失

導師認為：佛法流傳中顯然重法而輕律，如聲聞乘的經 (阿含) 與律，約為四與一之比。在大乘法中，大乘經有幾千卷 (傳來中國的)，律典卻等於沒有；即有小部的，也還是附屬於經中。

4　印順導師，《初期大乘佛教之起源與發展》，頁 182-183。
5　印順導師，《佛法概論》，頁 25。

　　一分重律的，拘於古制，不知通變；而一分學者，索性
輕律而不談。有些人，但知發心，而不知僧團用集團力量來
規範自己的行為，淨化內心的煩惱，是根本佛教的特色。

　　後代學者而尊律的，但知過午不食，手不捉持金錢，而
大都漠視僧團的真義。一分重禪的──近於隱遁瑜伽的，或
以佛法為思辨的論師，都輕視律制。不知佛法的流行於世
間，與世間悉檀的律制，有著最密切的關係。律的不得人重
視，為佛法發達中的一大損失。所以「人間佛教」即必須本
著佛教的古義，重視法與律的合一。[6]

　　印順導師又說：佛法傳來中國，最沒有成就的，就是
律。早在宋代，離律寺別有禪寺、講寺；等到只有「傳戒訓
練班」式的律寺，持律只是個人的奉行，無關於僧伽大眾
了。[7]

　　筆者認為：導師對「律」雖無專書的著作，但實有廣範
的探究，從此後的三章即可知。

二、印順導師對《律藏》集成的探究

(一)《原始佛教聖典之集成》的寫作動機

　　由於近代的佛學研究，特別是在印度佛教、原始佛教方
面，受西方學者影響，多重視巴利語，甚至視為原始佛教的

6　印順導師，〈人間佛教要略〉，《佛在人間》，頁 105-106。
7　印順導師，《華雨集 (四)》，頁 155-156。

唯一用語。但印順導師認為：現存一切聖典都具部派色彩，而華文聖典富有代表不同部派的經律，這要比單一的巴利聖典，更具比較價值。且唯有超越部派立場，從種種華文經律與巴利聖典的比較研究中，才能窺見原始聖典集成的實際情形，及巴利與華文聖典的真正意義。[8]

《律藏》是現存印度佛教僧團制度的原始文獻，內容包含「廣律」、「戒經」、「羯磨法」、「律論」。日本學者平川彰的《律藏之研究》，雖比較各部廣律，各種語本，也論到律藏各部分成立的新古；但結論大致仍以《巴利律》為較古。但印順導師認為：從原始聖典次第集成現存的各部律，是錯綜複雜的，有材料內容與結構組織的新古；在材料內容中又有主體與附屬部分的新古；還有語文的新古；應從一一部類分別觀察，不可一概而論。[9]

筆者認為《原始佛教聖典之集成》的一至六章是最佳的「研律指南」，從中可讓我們掌握佛陀制戒律的精神特色。但不易讀，故特整理重點如下，以利後學。

(二)《律藏》的集成次第

第一結集時的「律」：1. 主要是『戒經』；因「學處」當時是用簡短文句，被稱為「經」(修多羅)。2. 此外還有稱

8　印順導師，《原始佛教聖典之集成》，頁 a1。

9　印順導師，《原始佛教聖典之集成》，頁 6，頁 57，頁 58，頁 203。

為「**隨順法偈**」(不違反戒法的偈頌)；這是僧團內所有規制而實行於日常僧團內的「不成文法」。結集時，古人隨事類而標立項目(包括僧事名稱的定義)，編成偈頌；這一切僧伽制度的綱目，稱為「**摩得勒伽**」。

第二結集到部派分化時，1.『戒經』已有了「分別」(「經分別」)：對一條條的戒，說明制戒的因緣，戒經的文句，犯與不犯。2.「法隨順偈」已有了部分的類集；後來的重律部派，更進一步類集、整編，成為各種「**犍度**」。[10]

第一結集	第二結集到部派分化
戒經	經分別(戒經的解釋)
隨順法偈(僧團規制)	部分類集，進而成各種「**犍度**」

所以，「波羅提木叉」原意指「學處」，後來將「學處」集為部類的戒經，半月半月宣說，名〈波羅提木叉經〉(戒經)。最早是比丘、比丘尼〈波羅提木叉經〉被稱為「毘尼」；後來依〈戒經〉的分別廣說，集成的〈波羅提木叉分別〉也稱毘尼；進而一切僧伽行法，統名毘尼。所以「毘尼」主要是為出家眾而建立。以下分別簡介之。

---

10 印順導師，《初期大乘佛教之起源與開展》，頁 180-182。

三、《波羅提木叉經》(戒經)

《戒經》是律藏的主體，其內容主要有關出家眾的道德軌範、經濟準則、團體紀律等。佛應當時事實的需要 (或為制止罪惡，或為避免社會譏嫌)，隨犯而制立「學處」。「波羅提木叉」原意指「學處」，後來為了便於憶持，律師們依犯罪輕重，次第組合集成部類，半月半月宣說，名「波羅提木叉」。《律藏》中唯有「波羅提木叉」被稱為「經」，《波羅提木叉經》簡稱《戒經》。

(一)「布薩」是說戒的制度

1.在家出家起初可能共同集會做「偈布薩」

布薩制源於印度古老的《吠陀》，原意是「遠離不善，使內心淨法增長」。最初，佛陀適應時代而成立的布薩制，是以印度從古傳來的過午不食，加上部分的出家行，合為八支，作為在家弟子的布薩。對信眾來說，這是重於禁欲的，淨化身心的精神生活。且起初在家出家可能共同集會做「偈布薩」；後來布薩制分化了，在家眾來聽法、布施，不再參加出家者的布薩誦戒。[11]

2.「僧伽布薩」經三階段演化

印順導師從佛法開展中的二大階段及傳說，推論「僧伽布薩」的演化可分三階段：

---

11 印順導師，《原始佛教聖典之集成》，頁 116。

一、佛初成道十二年內沒有制立學處，只是宣說「偈布薩」；覺音論師稱之為「教授波羅提木叉」。

二、此後佛制立學處，向大眾公布，要大眾憶持、理解；此時稱為「說(學處)波羅提木叉」。

三、等到學處制立多了，比丘有所違犯而不知真誠發露，這才編集成一條條的學處，由僧伽和合推一上座宣說，發揮僧伽的集體力量，使有違犯者非悔罪不可，以維護僧伽的和合清淨；這就是覺音論師所說的「威德波羅提木叉」。

會有此階段性演化的原因，是由於隨佛出家的弟子，起初道心都很真切，所以布薩時，佛只說「教授波羅提木叉」(偈布薩)；這是道德的，策勵的，激發比丘們為道的精進，清淨身心以趣向解脫。等到佛法廣大弘傳，出家眾愈來愈多，不免品流雜濫；於是制立學處，發揮集體的約束力，所以「威德波羅提木叉」是法律的，強制的；以團體、法律的約束，誘導比丘們趣向解脫。這由佛的攝導，演進為僧伽教團的領導，可說是佛法開展中的自然歷程。

但由於律藏的實義，在使比丘樂於為善不敢為惡。因此，印公說：「布薩說波羅提木叉，表現了組織的、法治的精神；但在佛法中，還是充滿道義的、善意的，互相安慰勉勵的特性」。這是從僧伽布薩制度的演化過程中，抉發「教授波羅提木叉」的德治精神，與「威德波羅提木叉」的法治

精神應相統一，才能表彰佛陀化世的精神。[12]

3. 布薩說戒，成為教育僧眾，淨化僧眾的好方法

　　發展完成的僧伽布薩：(一) 在誦說波羅提木叉之前，如果不參加的要「與清淨」，向僧伽表示自己的清淨無犯。(二) 來參加集會的，在說波羅提木叉戒之前，要三問清淨。(三) 在正說波羅提木叉的進行中，每誦完一類戒就向大眾三問「是中清淨不」？

　　如此，不斷的警策大眾，要大眾反省，發露自己的過失。因為佛法中，唯有無私無隱的發露自己的過失，才能出離罪惡，還復清淨，不受罪過的障礙，而修行聖道，趣入解脫。所以，佛陀指導下的「僧伽布薩」更具深義。因「布薩」的真義，在實現比丘們的清淨；布薩「說波羅提木叉」，成為教育僧眾，淨化僧眾的好方法；對於個人的修行，僧伽的和合清淨，有著重大的意義。[13]

(二)《戒經》的組織

1.《戒經》初集為五部，後增為八部

　　佛制立學處是「隨犯隨制」的，為使弟子們容易憶持，依罪犯輕重形成部類，最初集為「五部」，依「五修多羅」

---

12 印順導師，《原始佛教聖典之集成》，頁 108-111。

13 印順導師，《原始佛教聖典之集成》，頁 116，《初期大乘佛教之起源與開展》，頁 217-218。

而作罪的分類，名「五罪聚」：

一、**波羅夷**，是最嚴重的罪行。罪是「不共住」，要驅出僧伽外，失去比丘資格。

二、**僧伽婆尸沙**，譯義「僧殘」。罪是要暫時「別住」於僧伽邊緣，受六夜「摩那埵」處分。即短期流放，褫奪應有的權利；等到期滿，要在二十清淨比丘僧中舉行「出罪」。

三、**波逸提**，譯義「墮」。罪是應於僧伽中「作白」(報告)，得僧伽同意，到「眼見耳不聞處」，向一位清淨比丘發露出罪。

四、**波羅提提舍尼**，譯義「對說」。罪是只要對一比丘，承認自己的過失就可以。

五、**眾學法**，「學」是應當學的，內容極廣：一部分出家眾的威儀——穿衣、飯食、行來出入、說法、大小便等。在「戒經」集成時，被組為第五部，但這是五部戒中最初制定的。

〈戒經〉類集成五部後，學處還在不斷增加中。如：

一、「**尼薩耆波逸提**」，是由於佛法開展後，信眾多了供養也厚；對於資生物，比丘們有求多求精的現象，因此不能不多方限制。罪是凡超過水準、不合規定的，物應捨而罪應悔。

二、「**不定法**」，是由於犯是確定了，但犯甚麼罪還沒

確定。原因是為取得「可信賴優婆夷」的護助，以維護僧伽的清淨。這是「波羅夷」等前三部成立後，適應特殊情形而制訂的補充條款。對此，印公更進一步補充說：

> 可信優婆夷，是成立這一制度的當時情形，可信優婆塞當然也是這樣的。而且，這是與淫事有關的，如殺、盜、大妄語，可信的在家弟子發現了，難道就不可以舉發嗎？[14]

三、「滅諍法」，是處理僧伽四種諍事的七項法規。這是由於布薩說戒前，要先處理諍事，大眾清淨才進行說戒。因此七項法規，被附於戒經儀規後面，傳誦久了也成為〈戒經〉的一部分；〈戒經〉共有八法了。[15]

3. 古有「百五十餘學處」應包含「眾學法」

關於〈戒經〉的條數，古有「百五十餘學處」之說。

1 平川彰及 B.C.Law 認為：這是〈戒經〉八法中除去「眾學法」。

2 巴宙則認為：「眾學法」中所立說的一般行儀之作法或說法，與《阿含經》一致，故「眾學法」非後世才成立(此點與印順法師觀點相似)。但巴宙把「百五十餘學處」的「餘」，解釋為「百五十學處」以外的「眾學法」。這卻是印

---

14 印順導師，《初期大乘佛教之起源與開展》，頁 188。
15 印順導師，《原始佛教聖典之集成》，頁 145-148。

順法師不能贊同的,因〈戒經〉最初編為五部時,已有「學法」;故「眾學法」應在「百五十學處」內。[16]

4. 現今各部派「眾學法」的威儀大綱大致一致,但條數有異

對於各部派〈戒經〉條數與次第的異同,印順導師參考平川彰《律藏之研究》中的逐項比對,發覺〈戒經〉八法的條目總數中,只有「波逸提」與「學」法的條數有異。

此中,「波逸提」主要是因各部派的意解不同,引起的開合不一。而「眾學法」,雖在制立學處前,早已成為比丘的威儀法式;但因起初就無明確條數,故出入最大。今各部派的「眾學法」雖所重不同,但衣、食、行等威儀大綱終歸一致;內容除《四分律》的塔婆、佛像事與他律不同外,所差僅「上樹」一則。[17]

5〈戒經〉條數的集成過程

一、佛陀在世時〈戒經〉已集為五部,此時「學處」還在制立過程中,故有「百五十餘學處」的古說。

二、僧伽和合一味時代,〈戒經〉仍為五部(內含「尼薩耆波逸提」),並附「不定法」、「滅諍法」共一九二條;後改為八部,二〇二條。

三、部派分立後的阿育王時代,是二二〇條,後以二五〇戒為準。

---

16 印順導師,《原始佛教聖典之集成》,頁 173-174。
17 印順導師,《原始佛教聖典之集成》,頁 151-157。

從部派分立後，戒條數目雖增加，但實質內容變化很少；也可見古德們對於〈戒經〉的尊重，及憶持力的堅強。[18]

四、〈經分別〉的探究

(一)〈經分別〉的意義、內容與集成

1.〈經分別〉的意義與重要性

印順導師認為：〈經分別〉是對〈戒經〉學處的分別廣釋。因佛所制的「學處」，是應用當時流行極簡練的「修多羅」文體；為理解此簡練文句，有分別解說的必要，律師們就從事這些文句的逐項解說。經長期論究，發展分化，而形成各部不同的廣律。此種〈戒經〉的分別廣釋，各律稱為〈波羅提木叉分別〉，巴利《銅鍱律》簡稱〈經分別〉。

〈經分別〉是依〈戒經〉的前七篇，一篇篇、一條條分別廣說的。是為人師長以攝受弟子，或被差教誡比丘尼的名德上座，或裁決一切諍事的斷事人等，所不可不知的。[19]

2.〈經分別〉的主要內容

〈經分別〉的主要內容有三：

一、「制立學處的因緣」，傳說中的因緣多是共同的；但有關學處因緣的人名與地名，不免有眾惡歸焉的形跡。

---

18 印順導師，《原始佛教聖典之集成》，頁 182。
19 印順導師，《原始佛教聖典之集成》，頁 194-195，頁 212。

二、「**學處文句的解說**」，當文句解說有差別，不但因緣隨著變化，判罪輕重也不同。《僧祇律》與《銅鍱律》接近原形，而《五分律》與《根有律》出入較大。

三、「**犯相的分別**」，是對每一學處判別犯與不犯，犯輕與犯重；這是〈經分別〉的主要重點。

由於罪聚中，除波羅提木叉的五篇 (八篇) 外，還有每一比丘所應受持的律行。大眾部與說一切有部，維持固有的「五罪聚」說，將第五聚的「越毘尼」或「突吉羅」，給予彈性的解說，以容納其餘四部所不能容納的過失。但重律學派則對不同類的犯罪，作嚴密的整理成立「七罪聚」說 (參見下表一)。[20]

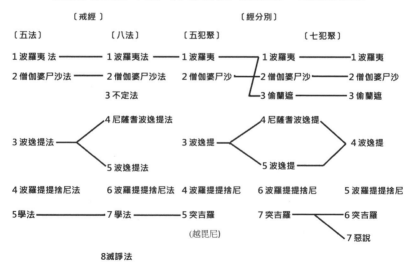

《戒經》的五法、八法·與《經分別》的五犯聚、七犯聚之比較。

20 印順導師，《原始佛教聖典之集成》，頁 222。

3. 附屬部分 (本生與譬喻)，上座與大眾部態度不同

〈經分別〉的附屬部分，包含「本生」與「譬喻」。由於上座部有究理派的阿毘達磨論師，故對「本生」與「譬喻」採審慎的抉擇態度。反之，重修證、重通俗、重經法的大眾《僧祇律》，則有豐富的「本生」與「譬喻」。

律中「本生」的有無與多少，與部派學風有關，如《僧祇律》的「本生」，是針對一般的比丘、比丘尼，而沒有如上座部系集中在少數惡行者身上；所以「本生」在《僧祇律》中保存最多。而《銅鍱律》僅保留上座部系所特重的，有關提婆達多與偷羅難陀的「本生」。

至於律師所傳的「譬喻」，發展先後應是：說一切有部的《十誦律》尤其《根有律》，詳於業報「譬喻」，是最後起的；次為《僧祇律》、《五分律》、《四分律》；《銅鍱律》最古。[21]

(二) 印順導師與平川彰對〈經分別〉的不同看法

1.〈經分別〉不含〈戒經〉儀軌

平川彰《律藏之研究》中以〈經分別〉為現存 (附有布薩儀軌)〈戒經〉的分別廣說。

印順法師則認為：現存不同部派誦本的〈戒經〉都有三部分：(一) 序說 (波羅提木叉序)；(二) 正說 (波羅夷等八

---

21 印順導師，《原始佛教聖典之集成》，頁 246-250。

法，每法又分為三：「標名起說」、「別說學處」、「詰問清淨」）；(三) 結說。此中除「正說」中的「別說學處」外，其餘為「說波羅提木叉」的布薩儀軌。

根據僧伽布薩的演化，起初「說波羅提木叉」是分別開示，當然不附儀軌。等到發展為上座宣誦，大眾一心聽；說戒就等於闇誦，〈波羅提木叉經〉就與「布薩儀軌」相結合，形成現存形態的〈戒經〉。但是〈經分別〉實只是純為「學處」等條文的解說，不含〈戒經〉儀軌部分；如漢譯的《四分律》、《五分律》、《十誦律》等。

至於平川彰的見解，是由於在〈經分別〉的形成與流傳中，有些持律者將「布薩儀規」也附於〈經分別〉中，如《銅鍱律》、《根有律》等。但事實上，附錄的儀軌不是〈經分別〉所要解說的，也就不受重視而形成現存各律存缺不一的現象了。[22]

印順導師並根據〈戒經〉儀軌內容的差別，歸納七種戒經成立的先後為三類：

(一)〈銅鍱戒經〉儀軌最簡，為部派未分以前的古型。

(二)〈僧祇戒本〉、〈五分戒本〉、〈十誦戒本〉約成立於部派分立不久。

(三)〈根有戒經〉、〈解脫戒經〉、〈四分戒本〉為最後

---

22 印順導師，《原始佛教聖典之集成》，頁 117-118，頁 127-128。

出的。[23]

2.《律藏》序分新舊的判定準則

平川彰《律藏之研究》中，討論《律藏》序分的新古以為：《銅鍱律》與《五分律》最古，其次是《四分律》，再次為《僧祇律》；說一切有部律削除序分，是新的。

印順導師持相反意見。因古德從〈波羅提木叉分別〉的探究中，窺見佛陀制立「學處」與「說波羅提木叉」的真正意義是：一大理想 (梵行久住、正法久住) 與十種利益。佛以「十事利益」制立學處，是一切部派所公認的。但因：

1「究極理想」存於「十事利益」終了，這在說一切有部系沒有說到，表示古型的〈經分別〉還沒有這一部分。2《僧祇律》與分別說部的廣律，有揭示制立學處的究極理想，應是後出的。3 與三月食馬麥的傳說相結合，暗示出家學道要能恬澹精苦，則是分別說部的新編。[24]

五、摩得勒伽與犍度的探究

(一) 律的「摩得勒伽」是犍度的母體

1. 律的「摩得勒伽」是僧伽內部的「不成文法」

傳統中國律師以〈戒經〉及〈經分別〉為「止持」；〈犍

---

23 印順導師，《原始佛教聖典之集成》，頁 118-123。
24 印順導師，《原始佛教聖典之集成》，頁 203-205。

度〉部分為「作持」。「作持」的內容為：受具足、布薩、安居，以及衣食等有關僧團與個人的規制。這在不同部派的廣律中，不一定稱為〈犍度〉，但其主要項目內容大致相同。

平川彰《律藏之研究》中，雖推論犍度部組織，成立於原始佛教時代；但因不知原始的組織是甚麼，故見《銅鍱律》、《四分律》的同為二十二單元，同名〈犍度〉，即論斷為古形。

印順導師則認為：漢譯律典中的「摩得勒伽」，就是〈犍度〉的母體，可了解〈犍度〉的發展與成立過程。律的摩得勒伽，是有關僧伽規制的實行項目；如出家受具足、布薩、安居，以及衣食住等。

由於僧伽規制是以「波羅提木叉」為審決標準，也就是隨順於「法」(二部毘尼)；如《僧祇律》戒經分為「十修多羅」：戒序、波羅夷等八法、隨順法。此「隨順法」，起初只標舉項目，後為便於憶持而集為偈頌；這些在原始結集時雖還沒有集出，卻是推行於僧伽內部的「不成文法」；因體例與成文法的「波羅提木叉」不合，所以附於「波羅提木叉」後，勸學眾應學。[25]

---

25 印順導師，《原始佛教聖典之集成》，頁 288-290。

2. 僧伽規制初為三分，後集成一類類的犍度

佛教開展中，僧伽規制是以其中重要項目為主，類集有關項目與當時慣行的規制，漸成一聚聚的部類。如上座部系的《毘尼摩得勒伽》稱為「受戒聚、相應聚、威儀聚」，《十誦律》作「具足戒、法部、行法部」。此中，第一分不是僧伽規制，而是規制中所有術語的定義及分類；這是僧伽制度發展中最先集出的，也意味著僧伽規制早已存在。接著是規制的集出，這又依僧伽規制、個人正行的偏重，分為「法」與「行法」，而成為三分。

大眾《僧祇律》將前二分綜合，簡編為「雜誦跋渠法」和「威儀法」，這代表「摩得勒伽」在部派將分與初分的形態。循此學風作更嚴密的類集而成為一類類的犍度，是上座部重律學派的成果！[26]

(二)「受戒犍度」的集成與內涵

1. 日本及西方學者以為：犍度篇的核心被包裝在「佛傳」內

對於〈犍度〉的集成，由於日本及西方學者不知「摩得勒伽」與〈犍度〉的關係，故多難掌握。如：

Erich Frauwallner 所著 The Earliest Vinaya and the Beginnings of Buddhist Literature 認為：〈犍度篇〉原型的編集，約為佛滅後一百年，當時佛教已有若干經律典籍集成，其中律包含

---

26 印順導師，《原始佛教聖典之集成》，頁 270，頁 294-297，頁 330。

〈波羅提木叉戒經〉、〈經分別〉之事緣，及僧團規範。「犍度篇」作者即以此資料為基礎而創作，蒐集全部僧團規範，配置於一完整的「佛傳」骨架中；即「犍度篇」的核心部分，被包裝在佛傳內。此一大而完整的構思，其結構藝術化高於系統化，在當時為佛教的第一部皇皇鉅構。但隨時代變遷，今除《四分律》、《五分律》有較完整的佛傳外，已漸獨立而失去附於〈犍度〉的實益；如說一切有部及巴利律，即將一部分佛傳割裂出來，而大眾部的佛傳完全消失，但根本說一切有部卻將所有佛傳彙總於篇末。

平川彰《律藏之研究》也以「佛傳」為考察重心，認為 1《銅鍱律》的「大犍度」是古形；2 其次是《五分律》的「受戒法」，《四分律》的「受戒犍度」；3《僧祇律》省略佛傳，是較新的；而 4《十誦律》的「受具足法」、《根有律》的「出家事」，是最後完成的。[27]

2.「受戒犍度」實應從內容的主體、相關、事緣等分別考察

「受戒犍度」是第一〈犍度〉，是成立僧伽的根本；因出家要受沙彌戒、具足戒，才能完成僧格。

印順導師依「摩得勒伽」開展為〈犍度〉來看，認為「受戒犍度」在組織方面《十誦律》與《根有律》較古；但在內容方面，要從主體部分、相關部分、事緣部分及附屬部

---

27 平川彰，《律藏之研究》，頁 573-574，頁 588。

分，一一分別去考察，才不致陷於以偏概全的錯誤。[28]如：

(1) 佛傳只屬「受具事緣」，有無、詳略是學派學風

1 由於《僧祇律》保有「摩得勒伽」形式，故只有四種受具足的事緣，而沒有佛傳。

2 但分別說部系則以「摩得勒伽」對「受具足」的解說次第 (成佛、說法、善來受具、三皈受具、十眾受具等) 編成「佛傳」形式，闡明僧伽的形成與僧制的發展過程；且在成佛以前，又結合誕生、出家、修行等事跡，成一較完整的佛傳。

3 至於說一切有部，不是沒有佛陀事跡的傳說，而是除必要的敘述外，讓它成為傳說而沒有錄入三藏內；這是學風的不同。而分別說部中《銅鍱律》簡略近古；說一切有系中《十誦律》早於《根有律》。[29]

(2)「受具主體」中和尚在不在十眾中，是學派學風不同

在上座部系的共同學風中，說一切有系與分別說系，雖核心問題大致相同，而組織與內容不免有詳略、增減的差異；這是因推行於僧伽中的受具制度，是不斷增訂而成的；在集成犍度以前，已不免有所出入。而從遮難內容與和尚任務的探究中，也可略見受具制度的演化。

---

28 印順導師，《原始佛教聖典之集成》，頁 350。
29 印順導師，《原始佛教聖典之集成》，頁 361，頁 363，頁 353-354。

如受具時，和尚、羯磨師、教授師與七尊證的「十眾現前」，和合作「白四羯磨」受具；和尚為十眾主體，所以戒從和尚得，這是上座部系各律所一致的。但大眾部《僧祇律》以和尚不在十眾中，所以戒從大眾得；這應合於《僧祇律》的獨到精神。此乃由於和尚在不在十眾內，起初並無嚴格規定，所以在部派分化中，形成不同的受具規範。[30]

(3) 受具的「相關部分」是受具前後師資間的相互關係

與「十眾受具」沒有必要關係的，如受具前的度沙彌，受具後的受依止，以及師資間的相互關係等，是受具的相關部分。

在《銅鍱律》的「大犍度」中，如不將事緣的「佛傳」部分計算在內，相關部分就佔了十分之四；而說一切有部《十誦律》與《根有律》的「受具足法」與「出家事」的簡略，正因相關部分沒有編入，故更近於受戒犍度的原形。

但「受具」與和尚有關，和尚又與教導弟子、阿闍黎受依止、度沙彌有關，將這一切類集在「受戒犍度」，是重律的分別說系。故知「受戒犍度」的新與古，是不可一概而論的。[31]

---

30 印順導師，《原始佛教聖典之集成》，頁 385-389。
31 印順導師，《原始佛教聖典之集成》，頁 366-370。

(三)〈犍度〉的成立

1.〈犍度〉的成立分三階段

〈犍度〉是以僧伽的和樂清淨為理想，而制定有關僧團及個人的所有規制。印順導師詳細說明並比較各犍度的內容，進而論究〈犍度〉部成立的過程；從各部律的比較中，認為約可分為三階段：

第一階段，是「受具足」、「布薩」、「自恣」、「安居」、「皮革」、「醫藥」、「衣」、「迦絺那衣」等八法，並以「迦絺那衣」為末，是上座系所共認的。

第二階段，再集出的是「俱舍彌」、「瞻波」、「般荼盧伽」、「僧殘悔」、「遮」、「臥具」、「諍事」、或加「調達」為八法，這是有關僧事處理的是否如法，及有所違犯的處理法規；是說一切有部與分別說部，將分初分的階段。

第三階段，屬分別說部的再整理。即在「雜誦」中將「比丘尼法」別出，重整舊有「雜誦」的剩餘與「威儀」部分，而編成「雜」與「威儀」；加上早已集成的附錄(五百結集與七百結集)。[32]

2. 第三階段是分別說部的再整理而分離出來的

平川彰在《律藏之研究》中，對說一切有部《十誦律》的「雜誦」、《根有律》的「雜事」中，同時含有幾部分，

---

32 印順導師，《原始佛教聖典之集成》，頁 324-327，頁 334。

解說為「犍度的併合」。

印順導師認為：「雜誦」與「雜事」並非合併其他犍度，反而是逐漸分離出來的。因《十誦律》除「七法」、「八法」外，其餘總名「雜誦」，此中含有「比丘尼法」、「威儀法」、「雜法」，並附二種結集。將「雜誦」稱為「律雜事」的是《根有律》；等到分別說系的《銅鍱律》、《四分律》、《五分律》，再將「比丘尼法」與「威儀法」獨立，剩下的瑣細事項，成為名符其實的「雜事」。

故知《僧祇律》的「雜誦」，包含僧伽規制的大部分；但在上座部犍度的分離別立過程中，「雜誦」愈來愈小了。[33]

3. 印順導師對第一階段八法的補充說明

對於第一階段的八法，印順導師說：

> 此八法中，「受具足」為出家而成為僧伽成員的儀式；「布薩」為半月一次的誦戒；「安居」為一年一度的三月定住；安居的結束要「自恣」，然後受「迦絺那衣」；這五法為佛教內的宗教大典。而「衣」、「藥」、「皮革」則為日常生活中有關僧伽及個人的重要事項。[34]

此中所謂「迦絺那衣犍度」，是安居終了的一個月內，

---

33 印順導師，《原始佛教聖典之集成》，頁 328-329，頁 342，頁 453-454。
34 印順導師，《原始佛教聖典之集成》，頁 325。

舉行受「迦絺那衣」的儀式。受了「迦絺那衣」的比丘們，在五個月內 (十二月十五日期滿) 可以行「畜長衣」、「離衣宿」、「別眾食」、「展轉食」、「食前食後不囑比丘入聚落」等五事；也就是在衣食方面，受到種種的優待。筆者特請教印公關於「迦絺那衣」及「安居」，印公的開示彌足珍貴，他說：

> 佛陀時代，安居結束後大家又要分散了，於是等於放幾天假一樣，許多小戒可以放寬；這也因事實上有此需要。因安居後，村中的信眾要求布施供養，或請到家中供養；這家要請，那家要請，而戒律上有「一坐食」的規定，即吃了不能再吃；此時為了與信眾結緣而開 (戒)。在儀式上是做一件衣，其實是一塊布 (當時可能還沒有福田相的袈裟)，每位結夏者在此衣上縫一、二針；這是一地只有一件的，等於學校放假的標幟，把它掛起來，是為宗教大典。詳細情形因沒有見過，不太清楚；不知現在泰國是否還有此儀式。此中「離衣宿」是因年齡大者，往來帶三衣太重了，故在此段時日內，三衣可以暫離；而最初也不限於五個月。

> 又「安居」緣起於印度的雨季不適合遊化；佛陀為使大眾專心修行也設此制。本來安居後即應開始遊化，但當寺院財產多了，需有執事僧來管理，安居期因此漸長，甚至達六到八個月，接下來又要開始安居了。所以安居

制度本身是有變化的；以托缽為主的印度，到那蘭陀寺時代已形成寺院中心制，而非都外出托缽了。故知一切都在變──諸行無常，照著戒律的成規有時根本難行，而今之出家眾實已天天在寺中安居了。[35]

六、比丘尼律與律藏組織的探究

(一) 比丘尼律的探究

1. 從上座部「波逸提」條數的增加，可知尼律不被重視

在佛教的僧伽體制中，由於《律藏》的結集是以比丘律為主；比丘尼部分形成附屬，所以尼律中有「共戒」、「不共戒」，而只略舉「不共戒」。

印順導師在比較各部比丘尼律的「不共戒」時發覺：《僧祇律》的 107 條不共戒中「波逸提」佔 71 條；《五分律》的 175 條不共戒中「波逸提」佔 141 條；而此二律條數的差異，主要就是「波逸提」條數的差數。

再透過分析整理，發覺上座部律師增訂的「波逸提」，主要是將僧伽中的慣行規制，如「八敬法」與「雜跋渠」條文化，這是上座部律師的學風。但在《僧祇律》的「波逸提」中，並無「八敬法」學處，這可說是古形。而有些在《僧祇律》中是「僧殘」與「捨墮」的，在上座律中也轉化

為「波逸提」。

因此推論說：「佛滅以來，比丘僧 (比丘尼律的集成者)對比丘尼的管教，起初非常嚴厲；但在部派一再分化過程中(西元前 200～100 年)，顯然已大為寬容了」[36]。

這是由於各部派對尼眾態度的自由取捨，繁簡也就不同。在比丘尼律的編集中，瑣細的規章愈來愈多，而使得「波逸提」條數不斷增加。這也可看出比丘尼律，在持律比丘的編集中沒被重視，故沒有嚴格公認的傳說；等到部派一再分裂而各自為政，對比丘尼戒的集成，更無標準可言。[37]

2. 從尼戒條數與「尼犍度」內容廣略，可知尼律集成先後

《律藏》中有關比丘尼的「不共」規制，在上座部中是分別說系的「比丘尼犍度」，或說一切有部的「雜誦」或「雜事」中的「比丘尼法」。

印順導師認為：在組織上，《僧祇律》分散在二處 (雜跋渠、比丘尼法) 是古形；次為說一切有部律；分別說系結為「比丘尼犍度」是最齊整也最後出的。

從尼戒條數的多少，與「比丘尼犍度」內容的廣略，比較得知比丘尼律集成的先後為：1《僧祇律》、2《銅鍱律》、3《四分律》與《十誦律》、4《五分律》與《根有律》。[38]

---

36 印順導師，《原始佛教聖典之集成》，頁 426。

37 印順導師，《原始佛教聖典之集成》，頁 428-429。

38 印順導師，《原始佛教聖典之集成》，頁 398-399，頁 429。

(二) 律藏組織的探究

1. 從《銅鍱律》的三大分類，探究律藏組織古形及後來演化

「廣律」也稱《律藏》，在現存的六部廣律中，除大眾部的《僧祇律》外，均屬上座部律，且具部派色彩。這是源於同一古說，在不同區域，不同語文，不同宗派的傳誦中，形成差異而流傳下來的。

印順導師以《銅鍱律》組織的三大分類：〈經分別〉、〈犍度〉、〈附隨〉，來探討上座五部律的內容及其次第異同，以探究律藏組織的古形及後來的演化。

	〈經分別〉	〈犍度〉	〈附隨〉
《五分律》	1. 比丘 2. 比丘尼	3. 二十一法	
《銅鍱律》	1. 比丘 2. 比丘尼	3. 二十二犍度	4. 十九章
《四分律》	1. 比丘 2. 比丘尼	3. 二十犍度 4. 二結集	5. 增一 6. 調部
《十誦律》	1. 比丘 5. 比丘尼	2. 七法 3. 八法 4. 雜誦	6. 增一等多種
《根有律》	1. 比丘 2. 比丘尼	3. (十七) 律事 4. 律雜事	5. 增一等多種

他發覺《十誦律》組織次第是：比丘與比丘尼的〈波羅

提木叉分別〉沒有相連；這類似《僧祇律》的組織[39]，也表示《律藏》古形是以比丘律為主體，末後略敘比丘尼戒的共與不共戒；而《僧祇律》的組織為原始佛教時代的原形。

由於上座部是重律的，經「持律者」的精密論究，《律藏》組織逐漸演變；主要是僧伽規制的〈雜跋渠法〉與〈威儀法〉，逐漸分類而編集為〈犍度〉；《律藏》就成為：比丘的〈波羅提木叉分別〉、〈犍度〉、比丘尼的〈波羅提木叉分別〉。《十誦律》即代表上座部律藏的原形。

但在各部派紛紛成立，並完成自宗的《律藏》時，佛教界有一共同傾向，即比丘與比丘尼的〈波羅提木叉分別〉前後相連。這不但是分別說系的《銅鍱律》、《四分律》、《五分律》，就連說一切有部的《根有律》也這樣了。[40]

至於〈附隨〉部分，在各部律中或有或無，或多或少，極不一致。此中《銅鍱律》自成一系共十九章，為通達〈經分別〉與〈犍度〉的補充讀物。《十誦律》與《根有律》大致相同；與《四分律》相比只多「優波離問」而已。《四分律》的「調部」，在《五分律》稱為「調伏法」，已加入〈犍度〉的二十一法中；故《五分律》無〈附隨〉，這在《律藏》

---

39 《僧祇律》的組織：(一) 比丘毘尼：波羅提木叉分別、雜跋渠、威儀法。
　　(二) 比丘尼毘尼：波羅提木叉分別、雜跋渠、威儀法。
40 印順導師，《原始佛教聖典之集成》，頁 456-460。

組織上，代表分別說部的早期形態。[41]

2. 綜觀《律藏》內容的新舊，不同意《銅鍱律》為最古

〔附表二：律藏內涵的成立次第〕

戒經儀規	1. 銅鍱律， 2. 僧祇律、五分律、十誦律， 3. 根有律、解脫戒經、四分律
律藏序分	1. 說一切有部律，2. 大眾僧祇律， 3. 分別說系律
「經分別」文句分別	1. 僧祇律、銅鍱律， 2. 五分律、根有律犯相分別
就事分別	1. 僧祇律，2. 十誦律、根有律， 3. 四分律、五分律、銅鍱律
約義分別	1. 僧祇律，2. 五分律，3. 銅鍱律， 4. 四分律
本生	1. 僧祇律，2. 銅鍱律， 3. 十誦律、根有律
譬喻	1. 銅鍱律， 2. 僧祇律、四分律、五分律， 3. 十誦律
「摩得勒伽」標舉項目	1. 僧祇律，2. 毘尼母經， 3. 毘尼摩得勒伽，4. 十誦律
「受戒犍度」事緣部分	1. 十誦律，2. 根有律， 3. 銅鍱律、四分律、五分律，
相關部分	1. 十誦律、根有律， 2. 銅鍱律、四分律、五分律
比丘尼律	1. 僧祇律，2. 銅鍱律， 3. 四分律、十誦律， 4. 五分律、根有律

41 印順導師，《原始佛教聖典之集成》，頁 454-455。

第二節　印順導師對平川彰「大乘教團起源」 三種立論的反思

日本學者平川彰在《初期大乘佛教之研究》中，對大乘教團的起源，根據三種立論：一、佛塔非僧伽所有，二、部派間不能交往共住，三、十善只屬在家戒；推想大乘與出家的部派佛教無關。如此則大乘教團起源於非僧非俗的寺塔集團。

印順導師在《初期大乘佛教之起源與開展》中，對此三種立論提出反對意見，歸納如下：

一、佛塔應為僧伽所有

(一) 在部派造塔運動中，塔與僧坊相連，造塔也由僧眾負責

平川彰根據早期佛教的塔物由在家人經營，認為佛塔非僧伽所有，而是屬於經營塔寺的在家人。

印順導師則認為：根據史實，佛陀舍利的供養，最初雖由八王平分，在「四衢道中」造塔；因造塔需要物質與經費，所以是在家信眾的事。但因三寶為佛教的全體，所以造舍利塔並非與僧眾無關而對立；如在阿育王時已有「起八萬四千大寺，起塔八萬四千」的傳說有僧眾住處，就有舍利塔了。

且從部派佛教時代的歷史事實來看：一、塔地與僧地原是聯在一起的；二、塔在僧坊旁邊 (或中央)，僧伽及僧中的

「知僧事」，有供養與為塔服務的義務；三、塔與塔的守護，是出家僧眾的責任。這都足以說明佛塔從屬於僧伽。

故知，造塔最初雖是在家信眾事；但在造塔運動中，塔與僧坊相連，造塔也由僧眾負責；自己勞作或勸化信眾來建造，這是各部派所共同的。如《四分律》告受戒比丘：「應當勸化作福治塔。」所以，大乘佛法從部派佛教發展出來，要從阿育王以後的部派佛教發展去理解；不宜依據早期情形(塔物由在家人經營)，而誤解比丘不得在塔中住宿，想像大乘教團是從僧伽以外，非僧非俗的佛塔集團中來。[42]

(二) 大乘比丘，初稱所住為「塔」，後稱「僧伽藍」(寺)

平川彰又在《初期大乘佛教之研究》中，經詳密考辨認為：「寺」就是「塔」。對此，印順導師提出二點說明：

一、在中國，早期的「寺」是供佛 (佛塔與佛像)、弘法、安住僧眾的道場；所以寺可以是塔，而卻不一定是塔。

但在印度，部派佛教通稱寺院為「僧伽藍」，裏面也有佛塔。故漢譯經典中，寺、佛寺、寺塔、塔寺、寺廟、寺舍等複合語，是大乘佛法主要的活動場所。

二、大乘初興時，由於出家菩薩極少，沒有獨立寺院，故依於傳統僧伽藍出家受戒；但「以佛為依」而自覺不屬於僧，故自稱所住為「塔」。這是因大乘主流的智證行者，多

---

42 印順導師，《初期大乘佛教之起源與開展》，頁9，頁68-74。

住阿蘭若，不須團體組織。

　　但等到大乘出家者多了，為弘揚大乘，攝化信眾，要在近聚落及聚落中住；有了自己的寺院，就不能沒有共住的制度，大乘律制因而漸興，大乘比丘住處又稱「僧伽藍」了。這從「塔」而又稱為「僧伽藍」，表示三、四世紀時的大乘發展，出家的大乘比丘又進入僧伽律制的時代。[43]

二、部派間是可交往共住

　　平川彰《初期大乘佛教之研究》中，以「異住」為別部派之意；而認為部派與部派間，不能交往共住。如此則初期大乘菩薩，不能與部派教團來往共住，大乘就不可能從部派佛教中發展出來；而構想大乘教團是以經營寺塔而生活的在家人(不僧不俗的第三佛教者)發展出來的可能性。

(一) 平川彰將「不共住」的後二項，誤為部派不相往來

　　印順導師探究律藏中「共住」的意義是：比丘受具足戒成為僧伽一員過著共同生活，有同一布薩、同一說戒、同一羯磨的權利和義務。

　　「不共住」的情形有三種：

　　一、犯「波羅夷」失去比丘身份，不能再過僧伽生活；則任何部派都不能接受此人共住。

---

43 印順導師，《初期大乘佛教之起源與開展》，頁 1055-1069。

二、犯「破僧」的比丘，雖褫奪終生共住權，但仍不失比丘身份。

三、「不見罪舉罪」(不見擯)、「不懺罪舉罪」(不作擯)、「惡邪見不捨舉罪」(邪惡不除擯) 等三種比丘，被僧伽羯磨後，則無定期褫奪共住權；但因仍具比丘身份，只要僧伽同意解除羯磨，則可恢復共住權。

此中，後二類因不失比丘資格，如能如法而說，年歲 (戒臘) 又長；為了重法，清淨比丘乃可向他頂禮。平川彰顯然將後二項，誤解為部派的不相往來。而此也可能是因《十誦律》、《五分律》把「異住」比丘，譯為「不共住」故。[44]

(二) 部派分部而住是為減少無謂諍論，不會拒絕客比丘共住

又由於部派的分部而住，只是為了減少無謂的諍論，並不失比丘資格，故《五分律》有：「往鬥諍比丘處布薩，往破僧比丘處布薩」。這是說：當遇僧事、急事時，也可往破僧比丘或鬥諍比丘處參加布薩。

故知，無論是共同布薩說戒，或物質的分配；部派時代的寺院，是不會拒絕客比丘的。布薩與安居等，客比丘要順從舊比丘，這不能說是違犯戒律。物質的待遇，客比丘要差一些；這如臨時來會者不能均分安居施一樣，因那是短期來住；這也是事實所必然。

---

44 印順導師，《初期大乘佛教之起源與開展》，頁 380-385。

因此，依早期的律制、後期的僧制，及部派的少數事實來看；平川彰對部派時代的佛教界，推想為彼此間不可往來；無疑是嚴重的誤解。[45]

三、十善戒不單屬在家戒

(一)「十善」是一切善戒根本，通於僧俗男女、無漏聖法

平川彰認為：「十善」是初期大乘菩薩戒，其中「離欲邪行」是在家的「不邪淫」，故十善僅屬在家戒；初期大乘菩薩是過在家生活。

印順導師則認為：一、十善為印度舊有的道德項目，佛引用為世間與出世間、在家與出家，一切善戒的根本；故說「十善為總相戒」。此十善為戒 (尸羅) 的正體，其他一切戒善都依此而施設，故通於僧俗男女。

二、初期大乘的興起，是由於重法學派不滿論師的繁瑣名相制度，而上追釋尊早期修證「四種清淨」的出家生活。此「四種清淨」菩薩，在《阿含經》中處處說到，而《阿含經》是以出家聲聞為主，故十善不應僅限於在家戒。

三、《阿毘達摩集異門足論》對十善中的「離淫欲」，有「離欲邪行」與「離非梵行」二說，可見「十善」通於出家。

---

45 印順導師，《初期大乘佛教之起源與開展》，頁 382-395。

四、《雜阿含經》說:十善是「出法」、(度)「彼岸法」、「真實法」;《增支部》說:十善是「聖法」、「無漏法」、「聖道」、「應現證」。故十善通於無漏聖法。[46]

(二)早期出家比丘沒有二百五十戒,但仍是「受具足」比丘

平川彰又認為:早期出家菩薩,沒受二百五十戒,所以不是比丘。

印順導師則認為:「出家受具足」只是准予加入僧團的意思。而從「受具足」的演變發展來看:(一) 佛初准許五比丘在佛法中出家修學,說「善來」就是出家受具足;(二) 後來弟子們分散到各方度人出家,授「三皈依」也就是出家受具足;(三) 到出家眾達千二百五十人以上時,佛才制「白四羯磨」為受具足。這其間都還沒有二百五十戒,但仍是「受具足」比丘。[47]

故知,大乘佛教興起的重要因素,是因不滿論師的繁瑣名相、制度,上追釋尊的修證與早期的生活典範。如忽略這一意義,而強調在家者在初期大乘的主導地位,是與初期大乘經不合的!

---

46 印順導師,《初期大乘佛教之起源與開展》,頁 292-299,頁 1190-1194。
47 印順導師,《初期大乘佛教之起源與開展》,頁 1192。

四、部派間已漸傾向大乘

印順導師在〈大乘是佛說論〉中解說大乘的由來：

1 最初努力傳弘大乘法的是東方的「大眾系」聖者們。

2 這一傾向飛快展開，在佛元二世紀的迦王時代，原屬西方上座系的中印「分別說系」，也傾向大乘。

3 西方上座系又分為犢子與說一切有系；「犢子系」分化進入大眾系故鄉，也傾向大乘。

4「說一切有系」中流出重經的譬喻師，思想傾向大眾分別說系；重禪的瑜伽師，好談自證，思想也自由得多。

故知，除說一切有系「重論的阿毗達磨論師」外，部派間都漸傾向大乘。[48]所以，大乘與出家的部派佛教是有關的。

---

48 印順導師，〈大乘是佛說論〉，《以佛法研究佛法》，頁 175-189。

第四章　印順導師與傳統研律者的比較

第一節　研律方法的比較

一、印順導師的研究方法

(一) 史地考證法

　　關於印順導師的研究方法，在其〈遊心法海六十年〉提到：出家以來多少感覺到：現實佛教界的問題，根本是思想問題；故願多多理解教理，而對佛教思想起一點澄清作用。三年的閱藏時間，知道法門廣大。讀到『阿含經』與各部廣『律』，有現實人間的親切感，真實感；而不如部分大乘經，表現於信仰與理想之中。民國 26 年讀到日本學者的幾部書，對「史地考證法」有新的啟發；即從現實世間的一定時空中，去理解佛法的本源與流變，漸成為他探求佛法的方針。覺得惟有這樣，才能使佛法與中國現實佛教界間的距離，正確的明白出來。[1]

　　導師在〈談入世與佛學〉文中也提到：中國佛教的衰落，不僅是空疏簡陋，懶於思維，而且高談玄理，漠視事實；輕視知識，厭惡論理 (因明)，陷於籠統混沌的境界。但是在佛學歷史考證中，不但可治「懶」，也可治「混」；這

1　印順導師，〈遊心法海六十年〉，《華雨集 (五)》，頁 4-39。

對促成現代佛學的復興來說，是一條光明之道！但以信仰者的立場，來作歷史考據的佛學研究，有三點意見：

一、要重視其**宗教性**。不能以現代人的想法，以無信仰的態度去研究。

二、從事史的研究考證，應重於「**求真實**」。不只要了解各時代、區域、宗派……種種事理的真相；更要探求佛法的本質，及新適應的正確方針！

三、從學佛說，應引為個人信解的準繩。對現代佛學來說，應有**以古為鑑**的實際意義；即要知過去究竟如何，是為了指導現在應怎樣！所以，固有佛學的研究，隨之而來的應是現代佛學的調整與復興。

而現代佛學者，更應有廣大的心胸，樹立超地區、超宗派的崇高信仰——「惟佛法的真實是求，惟現代的適應是尚」。對固有的佛法，作善意的探討，使佛法有利於人類，永為眾生作依怙！[2]

(二) 依三法印研究佛法

印順導師在〈以佛法研究佛法〉中說：所研究的佛法，是佛教所有的一切內容 (教，理，行，果)；能研究的方法，是佛法的根本法則：三法印、一實相印。

一、佛法一旦巧妙用言語說出，構成名言章句的教典，

發為思惟分別的理論，就成為世諦流布，必照著「**諸行無常**」的法則不斷變化。以**佛教制度**為例：

在印度，釋尊 1 最初在鹿苑度五比丘出家，人數少，根性利，只簡單的提示師友間的生活標準。2 等到出家眾一多，不論從人事的和樂，修學的策導，環境的適應，都要有團體間共守的規約不可。所以十二年後制戒，組織也一天天嚴密；僧團的規律，因種種關係，制了又開，開了又制。3 佛滅後，弟子間因思想與環境的不同，分化為大有出入的僧制：有從嚴謹而走上瑣碎的，如上座部；有從自由而走上隨宜的，如大眾部。

佛教到**中國**，1 起初也還依律而共住。2 後來，律寺中別立禪院，發展到創設禪院的叢林，逐漸產生祖師的清規；這清規也還是因時因地而不同。3 到現在，漸有不同於過去戒律中心，禪那中心，而出現義學中心的僧團。

總之，佛法的思想、制度，流行在世間，必受**無常法則**所支配。若把它看成一成不變的；或以為佛世可以變異，後人唯有老實遵守；或以為祖師才能酌量取捨，我們只有照著做；這就違反諸行無常法則。

二、研究佛法應有「**人無我**」的精神，就是不固執自我的成見。從「法無我」的見地研究，即一切只是相依相成，眾緣和合的存在。

三、研究佛法是想從修學中去把握真理，以解脫自

他。[3]

二、中國律宗的由來與開展

(一) 律典傳入中國的流傳情形

印順導師對傳入中國的律典所屬的部派有所介紹。[4]

對律典譯出的先後、譯者及在中國流傳的情形,印順導師也作如下的說明:

一、弗若多羅等譯的《十誦律》,屬於舊有部,齊梁時曾盛行江淮一帶,為中國律學初期的大宗。

二、佛陀跋陀羅與法顯譯的《摩訶僧祇律》屬大眾部;

三、佛陀什譯的《五分律》屬化地部;都沒什麼流通。

四、佛陀耶舍譯的《四分律》屬法藏部,起初也不大流行;到北魏,慧光門下人才濟濟,才大大弘盛;到唐代,中國律學已為《四分律》所統一。因為道宣說:《四分律》有

---

3 印順導師,〈以佛法研究佛法〉,《以佛法研究佛法》,頁 1-14。

4 印順導師,〈華譯聖典在世界佛教中的地位〉,《以佛法研究佛法》,頁 264。

五義通於大乘，所以特別受到中國佛教界所信從。

五、唐義淨在武后時 (西元 700—710) 所譯的《根本說一切有部毘奈耶》等是有部的新律，與西藏所傳的一致。但因四分律宗已形成，故當時已很少人注意它。

此外，六、魏瞿曇般若流支譯的《解脫戒經》，為飲光部的戒本。

七、真諦譯的《律二十二明了論》，是正量部的律論。

故知，傳入中國的律典包含各部派極豐富，最便於研究者的比較。[5]

(二) 中國律宗的成立與開展

對於律宗的成立與開展，印順導師在〈中國佛教史略〉中清楚說明如下：

《四分律》出自小乘上座分別說系法藏部，昔姚秦佛陀耶舍譯出後，未流行。在印度，由於法藏部初即不排斥大乘；到中國，又因北土慧光稱它是大乘而弘傳。傳至唐初，分三派：一、宗《成實》之相部，二、宗《俱舍》之東塔，均以義偏小乘 (唐法礪等判為小乘，不為此土根機所尚；前此之青眼律師《十誦律》已弘而不永，與後此之義淨新有部律之備譯而不傳，亦與判為小乘有關)。

5　印順導師，〈中國佛教與印度佛教之關係〉，《以佛法研究佛法》，頁 239-240。

三、南山道宣折衷之，謂教本小乘，義通大乘，立五義分通之說，後世遵為定論。道宣以賴耶種子為戒體，導《四分律》以回小入大，具宗派規模，乃得契機而專弘於世 (道宣曾參加奘師譯場，宜南山律之附唯識以立宗)；後世以四分律宗初祖視之。

北宋佛教復興，唯台、賢、律、淨四宗，禪宗則本自流行。當時佛教，隱以南方為中心，五宗競化，又隱分二流：(一) 以禪之篤行為主而助以賢首之教；(二) 以台之教學為主而助以律、淨之行。亦即：南方真空妙有 (天台) 與真常唯心 (禪宗) 之兩大流。

宋仁宗時，有允堪智圓於南山律宗諸作，皆為之注，以《行事鈔》、《會正記》為著。略後，靈芝元照繼之，注南山三大部，以《行事鈔資持記》見稱；元照多引天台教義以釋律；其翻刻《慈愍三藏文集》明禪與教、律一致；亦與台宗學者之弘通念佛同。北宋律宗之應運中興，蓋助台而抑禪之狂放者也。

明代二百年中，諸宗並起；雖不如北宋之隆，亦自有特色。台、賢、律、淨學者，多曾為禪之參究；實已成禪教一致之局。

昔之賢助禪而淨、律助台者；今則寶華律匠，並有取華嚴教意；遍融、蓮池之念佛，並宗賢首；則當時佛教已進為諸宗之融合。蕅益謂「禪為佛心，教為佛語，律為佛行」，

可謂能道出時代之公論矣。又當時佛教，不僅內為諸宗之融合；蕅益、憨山，以佛義釋孔、孟、老、莊，則又為**三教調和論矣**。

明末古心律師，復興於金陵之古林；傳之寶華山三昧光 (卒於順治十年) 及見月體 (卒於康熙十八年)，力事振興，創為今之傳戒制度。[6]

三、戒體觀的比較

(一) 印順導師的戒體觀

在本書的「第一章、第二節，一、從戒的字義看『戒體』的由來」，說明「戒」的字義有三：尸羅、學處 (戒法)、律儀。

1「尸羅」是善的習性，是人類生而就有 (過去數習所成)；又因不斷的為善而力量增強，具有止惡行善的作用。所以，「尸羅」是內在的，更需要外緣的助力；釋尊「依法攝僧」，制立學處、律儀，正是外緣的助力。

2 佛制的戒法，是從深切的了解 (三寶四諦) 而起「淨信」，誓願作在家出家佛弟子，就得「別解脫律儀」；這是逐條受持，就能別別得到解脫過失的。從此淨信中，發生止惡行善的力量，就是『戒體』。

6　印順導師，〈中國佛教史略〉，《佛教史地考論》，頁 50-91。

　　性善的「尸羅」，是在沒有佛法時代，或有法而不知的人，都可以生起。但如有佛法正見的攝導，表現在止惡行善上，更為正確有力而不致偏失！而由於生活方式，社會關係，團體軌則不同，佛法應機而有在家出家等種種戒法。

　　受持淨戒而又毀犯，不是環境的誘惑力太大，就是煩惱的衝動力太強；但主要是自己淨戒力太弱。如持戒而時有微小的違犯，不知警覺，不知懺悔使淨戒清淨；積小成大，就隨時有犯重戒的危險，所以戒經有如護浮囊的比喻。[7]

　　「性善」的戒德，就是佛法所說的「戒體」。性善力在不斷增減中；如小小違犯，性善力還存在；犯多了，性善力會減退 (戒羸)；如犯了重大惡行，性善力消失，就是「破戒」了。[8]

　　重戒，不問有沒有受戒，犯了都是罪惡。實際上，外依三寶的加持，內發深切的誓願而受戒，是更能做到清淨不犯的。從犯戒的過失來說，主要是墮落三惡趣，及受貧困的果報。從持戒的功德來說：1 以增上生心持戒，能得生人天而得富樂的果報。2 以出離心持戒，能證聖果，不再退墮生死。3 以菩提心持戒就入於大乘，為成佛因。[9]

　　但後代律師們，忽視了戒通於「有佛無佛」，忽視了性

7　印順導師，《成佛之道》，頁 283-284。

8　印順導師，〈道在平常日用中〉，《華雨集 (四)》，頁 277。

9　印順導師，《成佛之道》，頁 281-283。

善的得緣力而熏發；偏重戒的從「受」而得，重於學處及制度的約束，終於形式化而忽視性善的尸羅。實則，「受戒」除了團體制度外，著重於激發與增強性善的力量，這非受戒者有為法的真誠不可。否則，受戒的不一定能發戒，不一定能持，比丘們的戒功德，從那裡去生起增長呢！[10]

(二) 傳統律宗的戒體觀

日本學者鎌田茂雄說：中國傳統律宗特別重視「戒體」，而將其教理分為：戒法、戒體、戒行、戒相四科。戒法，指佛所制定的不可殺、盜等一切不善法，為修行者的規範與禁戒，有大小乘戒之別。戒體，指行者領受戒法後，於身心產生之防非止惡之作用。戒行，指發得戒體後，身、口、意三業不違法。戒相，持戒的相狀，即指持戒或犯戒的情形。

南山律認為：戒體是非色非心的不相應行法；相部宗認為：戒體是非色非心法；東塔宗認為：戒體是色法 (無表色)；道宣律師則認為：戒體在阿賴耶識中。[11]

對此，昭慧法師認為：事實上，印度佛教論及是色是心、非色非心，都是本「業力論」的範疇，而不以「戒體」解說；且《四分律》及同屬法藏部的漢譯《長阿含經》都無

---

10 印順導師，《初期大乘佛教之起源與開展》，頁 295 -296。
11 鎌田茂雄，《簡明中國佛教史》，頁 241。

「戒體」的名目。故從中國諸家戒體論的紛歧觀之，近乎玄學的辯證，可說是整體佛法空有與真妄之諍的縮影。[12]

(三)「僧種斷絕」之慮

民國 24 年，有人勸太虛大師於雪竇寺開戒壇。太虛大師作〈論傳戒〉謝之，並說：「今戒種斷而僧命亡矣。續命之方，其唯有集有志住持三寶之曾受苾芻戒者三二十人，清淨和合，閱十年持淨苾芻戒律，然後再開壇為人受苾芻戒。」[13]弘一大師也曾說：「從南宋逾今六、七百年來，或可謂僧種斷絕」[14]。似乎都以為：「戒體」是來自受持淨戒的三師七證。

昭慧法師跟據印順導師理念，進而補充說：從中國諸家的「戒體論」觀之，無論主張戒體是色是心，非色非心，都不曾說此防非止惡的力量，來自外在三師七證的受戒羯磨；因「受戒羯磨」只是一種資格的考核。至於所謂「僧種斷絕」，這只可解釋為宗派的沒落，而非代表整體教團的喪失清淨。且戒體也非來自受戒時的觀想；因若無禪定力，觀想是不易成就的。[15]

筆者認為：從以上印順導師對「尸羅」的詮譯，是一種

---

12 昭慧法師，《如是我思 (二)》，頁 174。
13 印順導師，《太虛大師年譜》，頁 377。
14 蔡念生編，《弘一大師法集 (三)》，頁 1346-1347。
15 昭慧法師，《如是我思 (二)》，頁 174。

本具的止惡向善力，受戒只是強化此力量而已；也可澄清
「僧種斷絕」的誤解。

四、印順導師對傳統律宗的評議

　　歸納印順導師對傳統律宗的評議有如下數點：

　　一、傳統中國佛教對戒律的研究方式，大都以《四分
律》為主；即先作部派認同，再以所屬部派廣律為標準本，
分門別類展開解義、注疏的工作；依此研究結論，形成行為
依據。但導師認為：戒律不能獨立成宗，因這是三乘共同的
基礎；不論在家出家的學佛者，都離不開戒。[16]

　　筆者發掘：在印順導師的《佛教讀經示要》中，建議專
究者博覽參考的是《五分律》。[17]

　　筆者不解的請教何以故？印公表示：《五分律》簡要。
原來，《四分律》有六十卷，《五分律》只有三十卷。《五分
律》的簡要，即在條文的解釋上，如前已述則省略重複而以
「皆如上說」代之；文字簡潔，段落清晰。[18]

　　時至今日，除教內持律派的長老與比丘 (尼)，乃沿用
《四分律》南山宗義解釋律外；佛教學術界之研律者，已不
採這種獨尊一宗的方法論了。

---

16 印順導師，〈淨土新論〉，《淨土與禪》，頁 1-2。
17 傳頤法師編，《佛教讀經示要》，頁 71。
18 印順導師，《原始佛教聖典之集成》，頁 310。

　　二、傳統中國研律者認為：佛陀最後遺教是「以戒為師」，故重於個人的行持。但導師認為：無論就行者個人、道場僧團、整體教團，都應「法與律」並重。

　　三、印順導師對傳統律宗更有如下評論：「中國之言律者，於精嚴自律有可取，於實現和樂清淨之僧制，則殊少成就。且以融通諸部，亦幾乎以義學視之矣」[19]。

第二節　和樂清淨僧制的探究

　　印順導師評傳統律宗「於實現和樂清淨之僧制，則殊少成就」。那印公對實現和樂清淨之僧制，提出怎樣的看法？

一、出家戒法的演變與內涵

(一) 從《阿含》發掘出家真義

　　印順導師說：在家的雖同樣可以得解脫，釋尊時代，出家是比較適宜些。

　　對於「家」的可厭，阿含經說：由於人類財產私有，男女繫屬，引發淫、盜、殺、妄等社會糾紛。為避免人間的混亂而成立的國家，建立在家庭私欲佔有基礎上；國家權力的擴張，也不斷引起國族間的殘殺。

　　「出家」的真義，即放棄財產私有，眷屬繫著，投身新

---

19 印順導師，〈中國佛教史略〉，《佛教史地考論》，頁 50-51。

的社會——僧伽。真實的出家者，應是為了「生老病死，憂悲苦惱」的解脫。這需內心清淨，也與自他和樂的人際相關；真實的出家者，也一定不受狹隘的民族、國家主義所拘蔽。[20]

(二) 早期出家戒法的演變

印順導師根據『中、長、增一阿含』說明：早期出家戒法的三階段演變。

一、**四清淨**：十善與命清淨，是戒學 (尸羅) 的根本，是從釋尊出家、修行、成佛到轉法輪前的戒法。十善原是固有的，釋尊更重視「命清淨」。反對欲行與苦行，而表示中道的生活態度，也包括 (通於在家的) 如法的經濟生活。

二、**戒具足**：正語、正業、正命，是釋尊初攝化弟子，還沒有制立學處前，佛弟子奉行的戒法；也是在家所共行的。上二類，律家稱為「化教」。

三、**戒成就**：由於一分出家者行為不清淨，釋尊特地制立學處，稱為「制教」。內容不外：守護波羅提木叉、受學學處；這是先受而後持行的。到此，出家與在家戒，才嚴格的區分出來。

此中，「四種清淨」與「戒具足」的正語、正業、正命，是一貫相通的；因為「四種清淨」中的「意清淨」，在

---

20 印順導師，《佛法概論》，頁 217-219。

八正道中就是正見、正思維、正念、正定等。但後來，大概
因律師們以為「意清淨」不屬戒法而刪除了。

又「四種清淨」可通於一般 (在家) 的十善行；「戒具足」
可通於一般沙門的正行，「戒成就」則是佛教有了自己的制
度、規約。

而由於「戒具足」原是沒制學處以前，比丘所奉行的戒
法；後來佛制立學處、波羅提木叉，於是聖者們初期所行的
「戒具足」，漸演化為出家而還沒有受具足的「沙彌戒法」。

又由於起初，隨佛出家的弟子道心都很真切，所以布薩
時佛只說「教授波羅提木叉」；這是道德的，策勵的，激發
比丘們為道的精進，清淨身心以趣向解脫；相當於「戒具
足」。等到佛法廣大弘傳，出家眾愈來愈多，不免品流雜
濫；於是制立學處，發揮集體的約束力；所以「威德波羅提
木叉」是法律的，強制的，以團體、法律的約束，誘導比丘
們趣向解脫；相當於「戒成就」。[21]

(三) 發展完成的三類出家戒法

對發展完成的出家三類戒法，印順導師在《成佛之道》
有詳細的述說。

一、沙彌、沙彌尼，同受「十戒」，即「八支齋戒」加
「不捉生像金銀寶物戒」。

---

21 印順導師，《初期大乘佛教之起源與開展》，頁 296-297。

因佛制的出家生活，以少欲知足為原則；衣食住藥四資生具，都從乞化得來；衣與食，不得多蓄積，以免引起無限貪欲，何況手持金銀寶物！又因常行乞食，所以奉行過午不食戒。後二戒，與不淫戒，顯示出家的特性：捨離夫婦關係，捨棄經濟私有。

二、比丘、比丘尼所受的「具足戒」。比丘，是過乞化生活的修道人；比丘二百五十戒，比丘尼五百戒。

發展完成的僧制，一般出家後先受沙彌戒，再受比丘戒。但依佛本制是不須先受沙彌戒的；如佛世時，自動發心出家的，或說「善來比丘，於我法中修梵行」，或自誓「三皈依」便算得戒，成為比丘了。

但後來為了信徒的兒女，因父母死了孤零無依，佛才慈悲攝受七歲以上的，出家作沙彌 (沙彌尼)，修學一分出家法，等到年滿二十再受具足戒。但如二十歲以上出家，因緣不具而未受比丘戒的，仍稱 (老) 沙彌。故如年滿二十出家，不受沙彌戒而直接受比丘戒，也還是得戒；不過從發展完成的僧制來說，不太理想而已。

三、「式叉摩那戒」，是女眾受沙彌尼戒後，進受二年的「六學法」戒，如不違犯才許進受比丘尼戒。這起初是為檢試有沒有胎孕，後來成為嚴格考驗階段。

印順導師比較各律後發現：這式叉摩那戒，我國也許從沒有實行，也許印度也不重視。

因為沙彌 (尼) 戒，各部派大致還算一致；唯獨這二年的六法戒，各部說法不同。如舊有部的十誦律，法藏部的四分律，都說六法，而不完全一樣；新有部苾芻尼毘奈耶的「二年六法六隨行」，是二種六法；大眾部僧祇律的「二歲隨行十八事」，是三種六法。從「二年六法」的古說雖一致，而六法的內容不同；可以想見這一古制，早就不曾嚴格遵行，這才眾說紛紜了。[22]

(四) 具足戒法的條件內涵

對出家最重要的「具足戒」，導師有如下的說明：

比丘、比丘尼所受的具足戒，是戒法中最殊勝的。因論年齡，要滿二十歲；論受戒師長，要有三師 (和尚，羯磨阿闍黎，教授阿闍黎)；還要有七師作證明。在佛法不興盛的邊地，也非三師、二證不可。

發心受具足戒，要求三衣，要求師，要得僧團的許可；以殷重懇切心，經眾多因緣和合，才能受得具足戒。得來不易，應特別珍惜、護持，切莫疏忽放逸，在環境誘惑下，煩惱衝動下，身著袈裟下失卻人身！

一、極重戒有四，犯者失出家資格

具足戒中，比丘戒約二百五十戒左右；其中極重戒有四 (尼戒有八)。比丘具足戒中，以淫行、殺人、偷盜、大妄語

為極重戒，違犯者失出家資格。

(一)「淫行」，是佛為比丘所制的第一條戒法，也是出家遠離男女互相佔有的特質所在。故凡發生性行為的，即使極短的時間也犯重戒。但佛法並非理學家那樣重視皮肉的貞操，而主要在於心有欲意，心生快感；所以如遇被迫行淫而心無欲樂者，不犯。

(二)「不與取」，因當時的摩竭陀國法，凡竊取五錢以上的，就宣判死刑；所以佛就參照當時的國法，制定竊取五錢以上的犯重戒。(筆者按：當今社會，竊盜已不會判死刑，因生命權大於財產權)

(三)「殺人」，是殺生的極重罪，與五戒、十戒同。

(四)「大妄語」，是妄語中最嚴重的。如沒有證悟而自稱證悟，沒有神通而自說有神通，或妄說見神見鬼，誘惑信眾，或互相標榜是聖是賢，或故意表示神祕，使人發生神聖的幻覺；這都是破壞佛教正法，毫無修學誠意的最嚴重惡行。

犯這四重戒，就壞失沙門體性，失去沙門 (出家人) 資格。但如犯淫而當下發覺，生極大慚愧，懇求不離僧團；仍許作沙彌，受持比丘戒。但，現生是不會得道成聖了！

二、其餘輕重戒，應如法懺悔勿覆藏

懺悔，是乞求原諒，再將自己所有的過失發露出來。

除不准懺悔的極重戒外，犯其餘或輕或重的戒，都應如

法懺悔。最輕的只要自生慚愧心，自責一番就得了。有的要面對一比丘，陳說自己錯失。嚴重的要在二十位清淨比丘前懺悔，才得出罪。依法懺悔，名「出罪」；出了罪，就還復戒體清淨。同道們不得再舊案重翻，譏諷或抨擊；假使這樣是犯戒的。

犯戒者，切勿覆藏自己的罪過。因犯戒又覆藏，過失會越來越重；故要給予加重處分。凡有慚愧心，慈悲心的比丘，見同學、師長、弟子們犯罪，應好好勸他懺悔。如不聽，就公開舉發 (但也要在適當時候)。這才是助人為善，才能保持僧團清淨。

懺悔得清淨，有二義。(一) 凡違犯僧團一般規章的，大抵是輕戒，只要直心發露，承認錯誤，就沒事了。(二) 如屬殺、盜、淫、妄的嚴重罪行，不但影響未來，招感後果；對現生，能障礙為善力量。發露懺悔，能消除罪業對今生的影響；不再障礙行善，障礙定慧的熏修，就可證悟解脫。

三、受持淨戒的範圍

在家出家七眾弟子，凡能持淨戒，身口意三業都能清淨，才能生、能證世出世間的一切功德。所以，日常生活中如貪求飲食，貪樂睡眠，不能守護根門，不能自知所行，對物慾不滿足，對人事不遠離，那一定會煩惱多而犯戒作惡。

故出家戒律，不但要嚴持性戒，並涉及日常生活、團體軌則、舉止威儀等。如能將一切生活納入如法的規範，犯戒

因緣自然少了；即使犯戒因緣現前，也能立刻警覺防護，這樣自能做到戒行清淨。[23]

(五) 出家對資具、眷屬、男女欲的處理

導師在〈欲與離欲〉文中說：佛教根本立場，是以智化情，離煩惱欲 (自我愛)；對於「事欲」(我所愛——資具、眷屬，男女欲)，出家眾的處理方式不同。如：

一、對於衣食住等資財，出家是完全放棄了。但屬於佛教公有的、公開於大眾前的「淨施」物，出家人也容許保有。

二、出家遠離父母眷屬。但在僧團中，同參道友，親教近住，和合如一大家庭。

三、男女和合的欲事，出家是絕對不許。因欲界諸欲中，淫欲力最強的，縛人最深的，所以「淫欲是障道法」。因此，有比丘為了淫欲太強，將自己淫具割去；佛嚴厲呵責他：該斷的 (煩惱) 不斷，不應該斷的倒斷了。黃門與不男不女的，由於性生理的變態，性欲卻特別強，離欲是不可能的；所以，佛制黃門等不許出家。[24]

---

23 印順導師，《成佛之道》，頁 179-185。
24 印順導師，〈欲與離欲〉，《以佛法研究佛法》，頁 381-384。

二、和樂清淨僧制的探究

(一) 僧制由來與特色

印順導師早年在《印度之佛教》中，對於僧制的由來與特色，有如下二段述說：

一、泯階級，齊貴賤；融法治、德化於一爐

初期出家弟子，多耆年久學，厭離心切，釋尊僅提示「法味同受」、「財利共享」之原則，即能淡泊知足，和諧共存，固無須制戒律以繩墨之。

後以比丘日眾，僧事日繁：或放逸而作罪行，或愚昧而受譏嫌，或共住相紛爭；比丘之衣、食、住、行，在在與社會經濟有關；時代俗尚之無礙於正法者，亦不必矯情立異與世共諍。釋尊乃適應時眾之要求，一一為之制；其遮止性罪及足以引生性罪之方便，易受世人疑慮譏毀者，制為戒條，半月半月誦習之，曰「波羅提木叉」。餘如參加僧團及退出之規定，安居，誦戒之規則等，大抵經佛之指導而經常行之，此則結集後成「犍度」。

比丘之出家，在求解脫自由；然群眾相處，不能無法制，否則自相凌奪，不能身心安寧以和樂為道。遊化人間，必求時地之適應，否則受譏毀摧殘而無以圖存。求正法之久住，端賴此「攝僧」之制耳。

佛教之僧制，泯階級，均貧富，齊貴賤、老少；融法

治、德化於一爐，實兼自由與團結而有之。[25]

二、無權力統一之組織，僅有文化道德，即精神之聯繫

佛教僧團之制，以小區域為獨立之單位 (界)。於此中住者，事事依法，事事從眾，來不拒 (犯罪者例外) 而去不留，無彼此之分。治之以眾，化之以德，齊之以法，均之以利，自他共處之制，蔑以復加矣！釋沙門融世界僧伽為一體，而無權力統一之組織，僅有文化、道德，即精神之聯繫。

此崇高之僧制，適宜於學德崇高之理智生活，中人以下似不及。如諍論而稍涉感情；或雙方並有僧眾為之支持；或一方利用軍政者之權力，輒無法使其合一。佛教常有諍論數年而不得和合說戒者，亦由於此。兼之，佛教重自由、德化，不願勉為之合。其傳統精神，判是非不如得諒解，苦合不如樂離。「此僧也，彼僧也，如析金杖而分分皆金」。學派思想之分化，乃至以一頌之微而分為四部，實與此制有關。此今之言僧制者，不可不知也。[26]

(二) 早期僧團生活的演變

印順導師晚年發覺：釋尊時代僧團的生活方式，是由最初的「四聖種」，而頭陀的「四依法」，而「依法攝僧」的

---

25 印順導師，《印度之佛教》，頁 32-33。
26 印順導師，《印度之佛教》，頁 144-145。

律制。

　　一、釋尊出家修行，以及初期的弟子，是過「**四聖種**」的生活。所謂「四聖種」是隨所得衣服喜足，隨所得飲食喜足，隨所得房舍喜足，欲斷樂斷、欲修樂修；依此四項去實行，則能成為聖者的種姓。此四項也是出家者對維持生存的物質，及實現解脫的修斷，所應有的根本觀念。

　　二、後因適應事實需要，除去第四聖種，改為隨所得醫藥喜足的「陳棄藥」，作為出家者不能再簡樸的生活標準；而為律制受具足時所受的「**四依**」(糞掃衣、常乞食、樹下住、陳棄藥)。此「四依」即為當時一般沙門的生活方式，也被稱為「頭陀行」。

　　至於「十二頭陀」之說，在原始經律中並沒有，直到後起的《增一阿含經》才說到，這可分三類：(一)「衣」：糞掃衣、但三衣。(二)「食」：常乞食、次第乞、一坐食、節量食、中後不飲漿。(三)「住」：阿蘭若處住、塚間住、樹下住、露地坐、但坐不臥。

　　三、後來為適應時代環境需要，釋尊「**依法攝僧**」組成僧團；在衣食住等生活方式上與「頭陀行」有了差異。即：(一) 在衣服來源方面，除糞掃衣外，許檀越施衣；數量除「三衣」外，許「長衣」。(二) 飲食方面，戒經中雖有十一條有關飲食的「波逸提」，但也有開緣。如平時沒吃飽可作「殘食法」再吃；日中一食前可受用早餐；「迦絺那衣」未

捨期間，可應信眾之請，吃了再吃，也可受別眾請 (但過午
不食及不隔宿食，是印度始終奉行的)。(三) 住處方面，也
漸演化為以寺院為中心。

此中所謂的「**長衣**」，印公解釋說：由於人類私欲的根
深蒂固，不能不設法逐漸調伏，故容許有過量的衣物；但須
「淨施」，即公開奉獻大眾後，由大眾交還他管理使用。此
種制度「捨」而並沒有捨掉，「施」也沒有施出去，似乎有
點虛偽。但依律制的意義，超過標準以上的，在法理上沒有
所有權，只有保管使用權。而事實上凡是「長衣」，必須公
開的讓別人知道，不准偷偷私蓄。運用此一制度，在「少欲
知足」的僧團裏，不得已而保有「長衣」，也不好意思多蓄
積了！

「**住處**」，漸演化為寺院中心 (應與社會經濟繁榮，出家
眾增多有關)；形成「阿蘭若比丘」、「聚落比丘」，可說各
有所長所短；但在大乘興起中形成對立。為實現「正法久
住」理想，寺院為佛教中心，是更契合釋尊精神；但多數人
住在一起，制度也越來越重要了。[27]

(三) 印公歸納釋尊制戒的動機為六義

釋尊制戒攝僧的動機目的，律藏中說有十種因緣：「一
者攝僧故；二者極攝僧故；三者令僧安樂故；四者折伏無羞

---

27 印順導師，《初期大乘佛教之起源與開展》，頁 200-208。

人故；五者有慚愧人得安隱住故；六者不信者令得信故；七者已信者增益信故；八者於現法中得漏盡故；九者未生諸漏令不生故；十者正法得久住」(摩訶僧祇律卷一)。

印順導師把釋尊制戒攝僧的十種動機，規納為六義：

一、僧團的組合，釋尊是把他建築在律制的基礎上；嚴格的紀律，成為攝受僧眾的向心力。「攝僧」與「極攝僧」，是集團的「**和合義**」。

二、和合的僧眾們，有了法律可守，才能各安其分，不致有意無意的毀法亂紀，引起僧團的動亂糾紛。彼此融洽的為道，自然能做到「令僧安樂」，是「**安樂義**」。

三、有了律治的和樂僧團，可使僧眾本身更健全。因無慚無愧的犯戒者，在大眾威力下，不能不接受制裁，否則就不能寄生在佛教中。有慚愧而真心為道的，在集團法律的保障下，也能安心的為法護法，不會因人事的糾紛而退心。這樣「折伏無羞人」，「有慚愧人得安隱住」，做到了分子健全與風紀嚴肅，是「**清淨義**」。和合、安樂、清淨，為律治僧團的三大美德。

四、佛法的久住世間，不能離社會而獨立。社會的信解佛法，作學理的研究者少，依佛弟子的行為而決定者多；因此，佛教本身要有和樂清淨的僧團，才能實現佛法，做到「不信者令得信」，「已信者增益信」，這是「**外化義**」。

五、在完善的僧團中，人人都容易健全、如法，達到內

心的淨化。不但現在不起煩惱，未來也使他不生；最後，「於現法得漏盡」，「未生諸漏令不生」；淨化身心完成而得到解脫，這是「**內證義**」。

　　六、和樂清淨的僧團，能適應環境而獲得社會大眾的信仰，能淨化身心而得自身的解脫；佛法也就達到了「久住」的目的，這是「**正法久住義**」。[28]

(四)「六和敬」的僧團生活

　　正法的久住，要有解脫的實證者，廣大的信仰者，這都要依和樂清淨的僧團而實現。依律制而住的和合僧的生活綱領是「六和敬」。

　　此中，「見和同解」、「戒和同行」、「利和同均」，是和合的本質。因從廣義說，律包含實際生活的一切；但釋尊特別重視思想與經濟，使它與戒律並立。這指出大眾和合的根本，除律制外，還要注重思想的共同，經濟待遇的均衡；三者建立在共同原則上，才有和樂清淨的僧團。

　　有了和合的本質，表現在僧團中，必能「意和同悅」、「身和同住」、「語和無諍」；即彼此間，在精神上是志同道合的；行動上是有紀律而合作的；語言文字上是誠實、正確，充滿和諧友誼的。所以，集體生活的真義，是因人事的融洽，能促進身心的解脫。這樣的僧團，才是釋尊理想中的

---

28 印順導師，《佛法概論》，頁 19-21。

僧團。[29]

1. 見和、戒和、利和是和合的本質

對於僧團和合的本質，導師進一步說明如下：

一、「見和同解」，是出家者有不可缺少的五年依止修學的嚴格義務，以養成正確而一致的正見。如有自立佛法的邪說，應先由師友再三勸告；如還是固執，就要運用大眾力量來制裁他。

二、「戒和同行」，是基於任何人都得奉行的平等原則；大眾的事情，由完具僧格的大眾集議來決定。這又依事情輕重，有一白三羯磨 (一次報告，三讀通過)；一白一羯磨 (一次報告，一讀通過)；單白羯磨 (就是無關大體的小事，也得一白，即向人說明)。議事的表決，常採用全體通過制；也有行黑白籌而取決多數的。

如違反淨化身心、和樂大眾的戒律，都要懺悔，向大眾承認自己的錯失。如犯重的，要接受大眾的懲罰，令他為公眾作苦工，或一切人不與他交談，不與他來往，使他成為孤獨者。如犯不可懺悔的重罪，即不能容他存留在僧團，這才能保持僧團的清淨；所以說：「佛法大海，不宿死尸」。

僧團中沒有領袖，沒有主教，依受戒的先後為次第；互相教誡，互相慰勉，結成一和合平等的僧團。尊上座，重大

---

29 印順導師，《佛法概論》，頁 21-23。

眾，主德化，這是僧團的精神。

三、「利和同均」，出家眾過著乞士的生活，一切資生物 (衣食住藥)，都從乞化、布施而來。這或有屬於團體公有的，或有屬於私人的；釋尊依當時的社會經濟狀況，制定生活的標準。但由於人類私欲的根深蒂固，不能不設法逐漸調伏，也容許有過量的衣物，但必須「淨施」，即公開奉獻於大眾、別人，然後由大眾交還他管理使用。

出家者在這樣民主、自由、平等的僧團中，度著少欲知足的淡泊生活，遊行教化，專心定慧，趨向清淨的解脫。[30]

2.互相教授教誡、慰勉、警策是僧團生活的特色

印順導師又說：學佛的主要目的，在自利利他；照毘奈耶所指示，要生活在團體中，才能真實的自利利他。就是自利的斷煩惱，了生死，依團體的力量，更為容易。因為佛教的集體生活，有著三項特色：互相教授教誡，互相慰勉，互相警策。

佛弟子住在一起，關於法義，是互相切磋，問難；你會的講給我聽，我會的講給你聽。當然，精通三藏的上座們，更是負起住持正法，引導修學的義務。如有意見不合，或有不合佛法的見解，就由大眾集會來議定，將錯誤的見解糾正過來。初學或心起煩惱，想退失道心，就用柔軟語安慰他，

---

30 印順導師，《佛法概論》，頁 219-220。

勉勵他，幫助他信心堅定起來，努力向上。如有性情放逸，不專心佛法的，就用痛切語警策他。犯了戒，一定要親向大眾求懺悔。知道他犯罪，大家有警策他，教他懺悔的義務。這種集體生活，充滿大眾教育的意味。所以佛在世時，雖有發心不純正的，但一經出家，在團體中鍛鍊一番，也能引發真心，用功辦道，了脫生死。

僧團與學校不一樣，學校只是老師教學生，僧團是進一步的互相教授教誡。教授，教誡，慰勉，警策，是佛教集團的真精神。這樣的相互教育，可實現團體中的自由；而每人的真自由，即佛法所說的解脫。

依律說：在僧團中一切是公開的，真能做到「無事不可對人言」。做錯了，有大眾檢舉，自己也就非懺悔不可。這樣的集團生活，做到「知過必改」，人人向上，和樂共處，養成光風霽月的胸襟，清淨莊嚴的品格。淨化自己，健全佛教，發揚正法，一切都從此中實現出來。因為，大眾和樂，僧品清淨，在有組織的集團中，不會因內部的矛盾衝突而對消自己的力量。在和諧一致的情形下，信心與熱忱增強，大家能分工合作，充分發展為教的力量。[31]

3. 唯有如法懺悔，才能持律清淨

導師又說：發心出家，必對生死有厭離心，對自己有懺

---

31 印順導師，〈人間佛教要略〉，《佛在人間》，頁 106，頁 119-121。

悔心，才能生活於出家僧團而得佛化的新生。所以在受戒時，應舉行真誠的懺悔。

依**釋尊以法攝僧**的意義說，依僧團律制的陶冶，能使學者逐漸的入律。因即便是發心純正的出家者，有時也會煩惱衝動，不能節制自己而犯戒；這對佛法的修習是極大障礙。故已經犯戒的，責令懺悔，使他回復清淨。經說：「有罪當懺悔，懺悔即清淨」，因一度的煩惱衝動，鑄成大錯，即印下深刻的創痕，成為進修德行的大障礙，不能得定，不能發慧；如引發定慧，必是邪定，惡慧。

佛法的懺悔制，是於大眾前，坦白披露自己的過失，接受僧團規定的處罰。經一番真誠的痛切懺悔，即回復清淨。所以，惟有如法的懺悔，才能持律清淨，才能使動機不純的逐漸合律。而戒律的軌則，不在個人，在大眾；不在不犯(事實上不能不犯)，在犯者能懺悔清淨。[32]

(五) 和樂清淨的僧團是佛陀慧命的擴展與延續

印順導師認為：緣起法性，是宇宙人生的最高真理；有組織的僧團，是緣起法性的具體顯現。「我不攝受眾」，不願以統攝者自居，是佛陀正覺緣起正法完滿的實踐。經說「能供養僧，則供養我已」，有僧就有佛。佛陀存在於佛教的大眾集團中，僧團是佛陀慧命的延續。

---

32 印順導師，《佛法概論》，頁 229-231。

因此，佛法的存在，並不以殿宇、塑像、經典來決定，而在有無吻合佛陀本懷與法性的僧團。「佛法弘揚本在僧」的僧，不是偉大的個人，是一個推動佛教的和樂共存的自由集團，不是深山中一個一個的隱者。家庭化、商業化的道場，更是「出佛身血」，與佛無緣。[33]

導師又說：釋尊證覺緣起而成佛，緣起法性，是佛陀的法身，引出「見法即見佛」的精義。釋尊是創覺者，弟子是後覺，先覺覺後覺，覺覺不已的住持這覺世的大法，唯有組織覺者集團的僧伽。和樂僧團的創立，是佛陀慧命所寄。

佛陀在自覺正法上，存在於法的體現中；在覺他世間上，存在於覺者的群眾中。釋尊說：「施比丘眾已，便供養我，亦供養眾」。這「佛在僧數」的論題，表示僧團是佛陀慧命的擴展與延續。

毘奈耶中說：有如法的和合僧，這世間就有佛法。可見，不但「僧在即佛在」，而且「僧在即法在」。這證實釋尊的重視大眾，更了解佛法的解脫，不是個人的隱遁，反而在集團中。連自稱「辟支佛」式的頭陀行者──隱遁而苦行的，也不許他獨住，非半月集合一次不可。所以，釋尊以律法攝受僧眾，把**住持佛法**的責任鄭重交託僧團；和合的僧團為佛法久住的唯一要素，而與佛陀、達磨，鼎立而稱為三

---

33 印順導師，〈佛在人間〉，《佛在人間》，頁 4-6，頁 11。

寶。[34]

第三節　現代研律範例

　　印順導師將民國 58 年以前作品的編輯為《妙雲集》，但並未將民國 53 年底至 54 年中，一連發表的五篇有關印度佛教早期史實的文稿編入。因為他原預備收錄或改寫在「佛陀及其弟子」與「部派佛教之開展」中 (但今已收入《華雨集》第三冊)。此五篇是〈論提婆達多之破僧〉、〈阿難過在何處〉、〈佛陀最後之教誡〉、〈王舍城結集之研究〉、〈論毘舍離七百結集〉。

　　筆者認為：此五篇主題獨立，論述方式都是透過各部派經律的比較，而有不同於傳統研律者之見，可謂「現代研律範例」；故將該五篇與「女眾出家」有關的「八敬法」，共分七子題，探究其對戒律的新詮釋。

一、關於「女眾出家」

　　佛陀成道後，佛的姨母摩訶波闍波提與眾多釋種女，曾到處追隨佛陀「請求出家」而不被允許。後經阿難代為請求，終於答應女眾出家。

　　印順導師認為：女眾出家，得到修道解脫的平等機會；

---

34 印順導師，《佛法概論》，頁 16-17，頁 21。

故釋尊在世時，出家女眾也是人才濟濟；如持律第一的鉢吒左囉，說法第一的達摩提那等；而達摩提那的論究法義，還被編入《中阿含經》中，成為原始佛教的聖典之一。[35]

(一) 對「釋尊預記」的質疑

導師在〈阿難過在何處〉文中提及：在釋尊涅槃不久的王舍城結集上，大迦葉指責阿難，求佛度女眾出家。因釋尊預記女眾出家，會使佛法早衰，正法減少五百年。對於大迦葉所謂的「釋尊預記」，印順導師提出二點質疑：

一、「**女眾出家會使佛法早衰**」，這是各部廣律一致的傳說。例如《四分律》說：「譬如阿難！有長者家男少女多，則知其家衰微……如好稻田而被霜雹，即時破壞。如是阿難！女人在佛法中出家受大戒，即令佛法不久。」

印順導師認為：第一譬喻，如中國所說的陰盛陽衰。女眾出家多於男眾，也許不是好事，但這不能成為女眾不應出家的理由；因為請求出家，並不就會多於男眾。而就第二譬喻來說，以男眾喻稻麥，女眾喻霜雹 (《銅鍱律》作病菌)；但男眾真的是健全的稻苗，女眾就是霜雹病菌嗎？例如為比丘而制的四波羅夷、十三僧殘等重罪，都與出家女眾無關，但一樣犯了。故如認為釋尊起初不許女眾出家，即因女眾似病菌；佛會明知而仍移植病菌到稻田嗎？

---

35 印順導師，《初期大乘佛教之起源與開展》，頁 194。

所以上述二喻，只可說是古代社會重男輕女，以女子為小人、禍水的想法。

二、「**女眾出家，正法減少五百年**」。印順導師發現這有三項不同的敘述：

(一) 阿難一再請求，佛才允許；阿難即轉告瞿曇彌。女眾出家已成定局時，佛才預記正法將減損五百年；阿難聽了沒有任何反應。這是南傳《銅鍱律》與《中部》的〈瞿曇彌經〉所說。

(二) 如上所說，但末後阿難聽了悲恨流淚向佛言：「世尊！我先不聞不知此法，求聽女人出家受具足戒；若我先知，豈當三請？」這是《五分律》所說。

但印公認為：若實如此，阿難在結集法會上，早該痛哭認罪了，為甚麼不見罪？

(三) 阿難請佛允許女眾出家，佛就告訴他，女眾出家正法不久，並為說二喻；但阿難不管，繼續請求，佛才准許。這是《四分律》、《中阿含》〈瞿曇彌經〉所說的。

但印公認為：以常情論，敬佛敬法多聞敏悟的阿難，會明知如此還強請求嗎？

這無非是「釋尊預記」的傳說不合情理，但律師們又非把它放進去不可，於是產生將「預記」放在那一階段都不合

的矛盾！[36]

(二) 推斷「釋尊預記」的原因

至於律典中會有「釋尊預記」的原因，導師認為：實由於佛陀晚年，比丘們沒有早期的清淨；大有制戒越多，比丘道念越低落的現象。

這或因佛法發展，名聞利養易得，動機不純的出家多了，造成僧多品雜的現象；或因女眾出家與男眾不免有所接觸，而增加僧團內部不少問題。因此，頭陀與持律的長老們，將這一切歸咎於女眾的出家，推究責任而責備阿難。

然而女眾出家雖是阿難的請求，卻也是佛所慈允的。大迦葉當時為甚麼不說，等到佛涅槃了才算舊帳？

導師認為：此或由於出身富豪名族的大迦葉，生性不喜女性，出家後與尼眾關係也一向不好，而被尼眾們稱為「外道」、「小小比丘」；故在結集法會上，不免將多年的不平，一齊向阿難責怪一番。[37]

筆者在《太虛大師年譜》中看到：民國 29 年的抗戰期間，太虛大師說其所期望於佛教者為：僧團今後必應停止剃度女尼 20 年。[38]

筆者非常不解而請教印順導師，導師回答：從前大陸不

---

36 印順導師，《華雨集 (三)》，頁 99-102。
37 印順導師，《初期大乘佛教之起源與開展》，頁 320-322。
38 印順導師，《太虛大師年譜》，頁 476。

似現在臺灣；大陸女眾少，對佛教也無影響力。但為免於男女僧眾往來引起社會非議，故虛大師有此主張吧！[39]

二、「八敬法」的由來與影響

(一)「八敬法」與釋尊律制因事而制的原則相背

　　筆者根據資料顯示，聖嚴法師可能看了印順導師當年(民國 54 年 2 月) 發表的〈阿難過在何處〉，覺得「八敬法」若從佛陀不許女人出家的觀點看，是有道理的；但從佛法的根本精神看，似乎不太相符；因而去函請教導師。

　　導師於民國 54 年 3 月 22 日答覆如下：

> 座下為今後建僧計，提及八敬法，印以為不必過分重視。從好處說，八敬法為對女眾之嚴加管教；從壞處說，反使真心為道之女眾，自慚行穢而雌伏。佛世多有善說法要、神通之女眾，佛後殆不聞於印度，得非此耶？……考釋尊律制，因事而制，從不預擬規章，而八敬法則與此原則相背。依經律說：初由佛自教誡尼，後乃令僧差次教誡，乃有半月請僧教授之制。有比丘尼出家生子，乃有二年學法女之制。試思當女眾將出家時，釋尊如何能預定半月求教授，及二年學法女於比丘僧中受戒之制耶？……此等事，印固不欲深論，為日後計，

---

39 民國 79 年 8 月 4 日筆者訪問於南投「永光別苑」。

當重視平等性。[40]

後來，導師透過現存文獻的比對，詳加探究「八敬法」的由來、內涵、轉化與影響，以下分別述說之。

(二)「八敬法」的內涵實由三類所組合

一、各律所一致規定的**四項「尊法」**：1、於兩眾中受具足；2、半月從比丘僧請教誡、問布薩；3、不得無比丘住處住 (安居)；4、安居已，於兩眾行自恣。

二、若違此四尊法，即須於兩眾中行**半月摩那埵**的嚴重處分。

三、有關**禮貌上的尊敬**，有三項：1、受具百歲，應迎禮新受具比丘；2、不得呵罵比丘；3、不得舉比丘罪。而《十誦律》的不得輒問，是法義的謙讓；《僧祇律》的「不先受」是財利的謙讓。[41]

故知，比丘尼在僧伽體制中的真相是：出家「受具足」、半月半月「布薩」、每年的三月「安居」、安居終了的「自恣」，這些重要法事，都不能離開比丘而進行。平日，比丘尼禮敬比丘；不能說比丘罪；如犯了粗重罪，非得二十比丘僧的同意，不能出罪；論法，不准隨意問難；論財，要

---

40 聖嚴法師，〈今後佛教的女眾問題〉，《學佛知津》頁 216-217。

41 印順導師，《初期大乘佛教之起源與開展》，頁 192-193，《原始佛教聖典之集成》，頁 401-407。

讓比丘眾先受。

(三) 由「四尊法」集成「八敬法」之因

　　第一類的四項「尊法」是各律所一致的，可知是釋尊制定的。釋尊為何要制訂「尊法」？

　　印順導師認為：這是因在當時男女地位懸殊的社會中，一般比丘尼不免知識低、感情重、組織力差。要他們遵行律制，過著如法清淨的集團生活，有點困難；所以佛制定「尊法」，尊重比丘僧，接受比丘僧的教育與監護。在比丘僧來說，這是為了比丘尼僧的和樂清淨，而負起道義上的監護義務。

　　至於由「四尊法」集成「八敬法」，則是因釋尊涅槃後，大迦葉等上座比丘，對女眾出家產生厭惡情緒，而使得「尊法」已不是對比丘尼的啟發與誘導向上，而是輕視與壓制；也因而造成比丘僧的權威。[42]

　　印順導師在探導中又發掘：「八敬法」原出於「比丘尼犍度」，也就是本於「摩得勒伽」的僧伽規制，後來才被集錄成為佛教界所公認的。雖然，分別說部與一切有部，傳說以「八敬法」為女眾出家的根本法；但大眾《僧祇律》無此傳說；故知，這只是部分學派的傳說而已。而且女眾還沒有出家，就制定「八敬法」，制立二年學六法，這與「隨緣成

---

42 印順導師，《初期大乘佛教之起源與開展》，頁 193-194。

制」的毘尼原則也顯然不合。

　　至於違犯「四尊法」的處分，是「於兩眾中行半月摩那埵」。但事實上，這顯然太嚴重了，因此漸轉變為「僧殘 (僧伽婆尸沙)」的處分；而「八敬法」則漸化為學處，編入尼戒的「波逸提」中；這是上座部律師的學風。

　　由此可知，佛滅以來，比丘僧對比丘尼的管教，起初非常嚴厲；但在部派一再分化過程中，已大為寬容了。[43]

(四)「八敬法」的影響

　　一、「八敬法」成立後，比丘尼因受比丘僧的嚴格管制而逐漸消沉；直到大乘佛法，才有以女人身分與上座比丘們論究男女平等的勝義；這可說是世尊時代精神的復活。但影響所及，今日流傳於錫蘭、緬甸、泰國等上座部佛教，比丘尼早已絕跡了。

　　二、由於經律都是比丘僧所結集的，故對於有關淫欲的過失，每極力醜化女人。這在一般女眾心理，會引起深刻的自卑，而自願處於低下地位。所以初期大乘經，每發願來生脫離女身，或現生轉女成男；就是不滿女眾的遭遇。[44]

　　對此，早在民國 38 年完成的《佛法概論》中，印公即揭示佛陀男女平等的修道解脫觀：

---

43 印順導師，《原始佛教聖典之集成》，頁 407-410，頁 424-426。
44 印順導師，《初期大乘佛教之起源與開展》，頁 193-195，頁 475。

佛法多為比丘說，所以對男女的性欲，偏重於呵責女色，如說「女人梵行垢，女則累世間」。其實如為女眾說法，不就是「男人梵行垢，男則累世間」嗎？二千多年的佛法，一直在男眾手裏，不能發揚佛法的男女平等精神，不能扶助女眾，提高女眾，反而多少傾向重男輕女，甚至鄙棄、厭惡女眾，以為女眾不可教；這實在是對於佛法的歪曲。[45]

三、小小戒的取捨

印順導師在〈阿難過在何處〉文中提及：「五百結集」大會上，阿難被責主要起因於：向大眾傳達釋尊遺命「小小戒可捨」；但甚麼是「小小戒」，阿難沒有問佛。

頭陀第一的大迦葉，與持律第一的優波離等，恐因捨小小戒而破壞戒法，便於各人的為非作惡；故違反佛陀遺命，作出「若佛所不制，不應妄制；若已制，不得有違」的硬性規定。

(一)「小小戒可捨」的二種不同說法

「小小戒」的取捨，實為戒律上的重要問題；古今中外律師，多遵從大迦葉的指示。但印順導師比較各家廣律，有關阿難傳達佛意的敘說，發現有二種不同的說法：

---

45 印順導師，《佛法概論》，頁 171-172。

一、《僧祇律》說：「我當為諸比丘捨細微戒」。《四分律》說：「自今已去，為諸比丘捨雜碎戒」。這似說：比丘們為了得安樂住，無條件的放棄小小戒。

二、《十誦律》說：「我涅槃後，若僧一心和合等量，放棄細微戒」。其他如南傳《銅鍱律》及《長部》、《大般涅槃經》、《毘尼母經》等，都不是隨便說捨就捨，而是要僧伽共同議決，對於某些戒在適應時地的情況下可放捨。

印公贊同第二種，而認為第一種實是大迦葉與律師們，根本不同意小小戒可捨，所故意刻劃出捨小小戒的醜惡。[46]

(二) 世尊放捨小小戒的目的

印公認為：由於戒律中，多數是有關衣、食、住、行、醫藥等制度，是因時、因地、因人，為了僧伽的和樂清淨，社會的敬信而制立的。如時代不同，環境不同，有些戒條就必須修改。如佛住世時，對於親自制定的學處，或一制、再制，或制了又開，開了又制；因不如此則將窒礙難行。

「毘尼是世間中實」，即戒律是世間法；除「道德軌範」外，出家眾的「經濟生活」與「團體規制」，有因時因地的適應性，這才是世尊放捨小小戒的目的所在。

對於《五分律》舉富蘭那長老對大迦葉的異議說：「我親從佛聞：內宿，內熟，自熟，自持食從人受，自取其果，

---

46 印順導師，〈阿難過在何處〉，《華雨集 (三)》，頁 91-94。

就池水受，無淨人淨果除核食之。」此中，「內宿」是寺院內藏宿飲食，「內熟」是在寺院內煮飲食，「自熟」是比丘們自己煮，「自持食從人受」是自己伸手受食，「自取果食」、「就池水受」都是自己動手受食；這些有關**飲食**規制，正是小小戒可捨。

且七百結集的「十事非法」之諍，除金銀戒外，盡是些飲食小節；東方跋耆比丘容許這些，也正是「小小戒可捨」的立場。[47]

(三)「小小戒可捨」的矛盾與影響

印公認為：緣起的世間有相對性，但由於大迦葉的規定，使得原本通變活潑的制戒原則，從此成為固定、僵化的規制，成為未來佛教最大的困擾。

如現今各家律典中，都有「輕呵毘尼 (學處) 戒」；此之制戒因緣，雖由於闡陀等六群比丘宣稱「用是雜碎戒為」，而經如來制立學處，結為「波逸提」罪，不准比丘說小小戒可捨。但阿難卻傳佛遺囑「小小戒可捨」。此中矛盾，實是重法的阿難所傳，與重律的優波離所傳互有出入。

但在王舍城結集中，阿難所傳被否決了，優波離所傳被集入〈戒經〉的「波逸提」中；現存的律部都以優波離所傳

---

47 印順導師，《初期大乘佛教之起源與開展》，頁 323-326。

為正宗！[48]

此事影響所及，印順導師說：

> 從此不曾聽說僧伽對戒可以放捨，可以制立 (如有制立，
> 也祇可稱清規等，而一直受到律師們的厭惡)，二千多年
> 來的佛教界，只容許以述為作，私為改寫 (否則各家律
> 典，從何而來差別)，不能集思廣益，成為僧伽的公
> 議。[49]

因此對大迦葉頗有微詞。

(四) 昭慧法師與弘一大師對「小小戒」的看法

昭慧法師根據導師的理念，有深一層的發揮。她認為：

早期僧團中，佛陀是戒律與規制的制訂者 (立法者)，這是本著法義的根本精神，參酌當時當地的民情風俗，基於自利利他的理想而成立的；至於行政、司法上的執行權，則交由大眾。但在佛陀有生之年，許多學處是一制再制，而又酌情開緣；直到最後才囑阿難「聽除小小戒」，此即有限度的把立法權交給僧眾。

至於「小小戒」的內容究竟為何？事實上，就是問了世尊，也不太可能得到確定不變的答案。因捨與不捨，只能從每一戒法的制立過程、制立目的、與可能奉行的方式，做審

---

48 印順導師，《原始佛教聖典之集成》，頁 146。
49 印順導師，〈阿難過在何處〉，《華雨集 (三)》，頁 95。

慎的研判，然後透過羯磨而正式實行於僧團中；不能籠統地
判斷那一類可捨不可捨。故與其僵化為教條，不如在原有基
礎上，作必要的補充修正，及推陳出新的解釋，以維繫戒律
精神於不墜，及達佛陀制戒的目的。

此種憑宗教良知的酌情去取，實刻不容緩，談不上藐視
律法或業障深重。因事實上古德的清規，也無非是一種推陳
出新的律法。只是清規是由領導者制定的，而現代理想的僧
團規約卻不好如此。因僧伽畢竟有很強的民主特質，縱使規
約是由少數有德學的上座制定，最好也要經由僧眾通過 (如
不能全數通過，起碼也要過半數)，然後實施在這一僧團
間。至於全國性的僧團規制，雖然無法由全國僧尼共同制
定，但起碼要由具備相當程度的區域代表性，又精通律制的
僧侶，集會共同研討。[50]

聖嚴法師則發掘：傳統律宗的承襲者弘一大師，對小小
戒也有難得的開明態度。弘一大師認為：佛涅槃時云捨微細
戒者，或即指三篇以下的威儀戒；且約最低標準而言，止持
中的四棄、十三殘、二不定法，悉應精持；作持中的結僧
界、受戒、懺罪、說戒、安居、自恣等也應遵行；威儀戒中
的性罪，如故殺畜生、故妄語等戒，仍須守持。又此土最易
受人譏嫌的，如飲酒、非時食，以及關係尼眾諸戒等皆應持

---

50 昭慧法師，《如是我思》，頁 173，頁 242-243，頁 247，頁 416。

之，其餘則可隨力而為。[51]

四、金銀戒的受取

(一) 七百結集的起因

七百結集起因於「乞求金銀」的爭議。東方跋耆比丘以為：既可受取就可乞求，故演化為清淨的乞求；即公開為眾乞求後，將所得均分給比丘。

印公認為：此實為適應東方日漸繁榮的經濟，貨幣流通愈來愈重要且普遍的情況下，而有的新作法；實無可厚非。但西方比丘卻不容許乞求；這可能適應西方社會的要求，卻不免忽略佛教的適應性。

(二) 從僧團、個人、戒條看，比丘許持有金銀

原始「出家」的特性是，捨離夫妻等家庭關係，捨棄私有的財物，而過者乞化的生活。所以佛制，除生活必需品外，比丘不得受取金銀等珍寶貨幣；既不得受取，當然不可乞求了。

但筆者發覺印順導師從僧團、個人、戒條看比丘是許持有金銀：

一、就個人言，不得受取金銀，在實施上已有困難。因我們的生活所需，最簡單的飲食，只要當天乞食即可；就是

---

51 聖嚴法師，《學佛知津》，頁 255。

乞不到，餓一天也無所謂；其餘的衣、藥、旅費等，如到時才乞化恐有困難。且有的信眾可能因事務繁忙，故所施的是金錢，這對僧眾來說，也可買到更適合的，實有其便利性！[52]

二、就僧團言，在佛教發展中，舍利塔的建造、修治、供養，已漸由在家眾移歸出家眾。愈來愈莊嚴的舍利塔，供養也愈來愈豐富；無論是金銀珍寶，以及作為貨幣流通的金錢，僧眾早已為塔為僧而接受了。[53]

三、〈戒經〉中與金錢有關且屬「尼薩耆波逸提」的有三戒，即：不得受取，不得出納求利，不得販賣。可見比丘是容許持有金銀，否則即不會販賣、出納求利。[54]

(三) 比丘持有金銀的二種情形──淨受、不淨受

印公發掘現實生活中，比丘執持金銀貨幣，有二類：

一、「不淨受」，是不如法的受取；如犯「尼薩耆波逸提」的，物應捨而罪應悔。

至於如何「捨」，各律有異。《僧祇律》、《五分律》、《銅鍱律》較嚴，《有部律》態度較寬。《僧祇律》的嚴格應更近古制，因其不作形式的丟棄，而是「僧中捨已，不得還比丘，僧亦不得分；若多者應入無盡藏」；而《五分律》是捨

---

52 印順導師，〈論毘舍離七百結集〉，《華雨集 (三)》，頁 78-79。

53 印順導師，《初期大乘佛教之起源與開展》，頁 74。

54 印順導師，〈論毘舍離七百結集〉，《華雨集 (三)》，頁 75。

給大眾而不再為本人所有；至於《四分律》等則是捨給知心的淨人，而實際還屬本人。

二、「淨受」，是如法的由淨人受取金錢，這略分二類：(一) 完全由淨人保藏；(二) 由淨人拿來放在比丘房。

但事實上，此淨人制也是問題多多。1 如放在淨人處，論理金錢不是比丘私有的，故不許強索；沒有法律的保障，不免助長淨人吞沒金錢的風氣。2 如放在比丘房，因原則上不能說是自己的錢，若想作自己的而尋找就違犯了。[55]

(四) 因有部化區「淨人制」不普遍，而有「可自受金銀」的變通

至於「應使人持，不應自捉」，《根本說一切有部毘奈耶》有一非常方便的辦法，使比丘可自受金銀。即只要受金銀後，持對一比丘說：「長壽 (即長老) 存念！我苾芻某甲，得此不淨物，我當持此不淨物換取淨財。」如是三說，即可隨情受用。此即自己不妨先拿，再向別比丘聲明，就算「淨受」了。

印公認為：這實由於有部化區「淨人制」不普遍，而有的變通辦法。且北方的有部，對於持有鐵錢、銅錢，不犯捨墮而犯突吉羅；故即使是金銀也可自取保存，只要不作私有想，而向別比丘聲明，就稱為淨了。

由於有部有此制度，而其律師來我國的最多；大概受其

---

55 印順導師，〈論毘舍離七百結集〉，《華雨集 (三)》，頁 80-81。

影響，中國僧眾沒有淨人制，也很少手不捉金銀。故四分律師懷素、漢益等，也推崇此法以為清淨。

故知，律制的根本意趣，是不得私有，當然也不得乞求。而事實上，不得私有，已經過「淨受」而成為可以持有。[56]

五、提婆達多的五法破僧

(一) 提婆達多破僧的經過

在釋尊晚年的僧團中，提婆達多因得三大力量 (王家尊敬、釋種擁戴、苦行風尚) 的支持，而向釋尊提出以「五法」為比丘必學之戒法，並向釋尊索眾 (要求領導權)。

雖遭到釋尊呵斥，仍與其伴黨不斷宣傳此為易解脫之法。由於當時恰逢饑饉，提婆達多因受王家的護持，隨從他的部分比丘生活較好，故藉機率同贊成他的五百新學比丘，在同一界內自行布薩說戒。對佛說的經教，比丘僧的制度服裝，也多少修改而成立新的僧團。這等於在僧團中搞小組織爭取領導權，稱為「破法輪僧」；以現代話說即「叛教」。[57]

(二)「五法」不合佛法之因

對於「五法」各律記載略異，印公綜合之為：盡形壽在

---

56 印順導師，〈論毘舍離七百結集〉，《華雨集 (三)》，頁 79-80。

57 印順導師，〈論提婆達多之破僧〉，《華雨集 (三)》，頁 2-6。

1. 衣服方面，著糞掃衣，不受施主施衣；2. 住處方面，住
阿蘭若、露地坐、樹下坐，不受住房屋；3. 飲食方面，只乞
食而不受請食，特別主張不食酥、鹽、魚、肉等。

　　透過釋尊時代，僧團生活演變的研究，印公認為：出家
雖受「四依法」，但並非苦行不可。頭陀苦行也非壞事，只
是不要以為非如此不可；因這僅能適應少數人，若習以成
風，將有礙於攝理僧事及遊行教化。而「五法」雖與頭陀行
相近，且與比丘戒的「四依法」相近，但卻不合佛法；因那
是盡形壽奉行，而毫無變通的絕對苦行主義。[58]

(三) 爭取領導權，影響後來佛教分化

　　對於提婆達多的爭取「領導權」，印公認為：佛教是無
教權的。佛對大眾的教化，只是義務而不是權力。佛只是以
「法」來感召大眾，策勵大眾為真理與自由的現證而精進。
提婆達多的爭取領導權，實違反出家為法教化的意義；故釋
種比丘 (尼) 初雖擁護他，但其破僧後未必支持他。[59]

　　此事影響所及，由於提婆達多是釋種，伴黨也是釋種；
提婆的失敗，使得釋種比丘不免受到十方比丘的嫉忌誹毀。
如六群比丘被看作毀犯的象徵而眾惡歸之，甚至釋種新求出
家者，也不免受到留難或拒絕。提婆達多的破僧，造成釋族

---

58 印順導師，〈論提婆達多之破僧〉，《華雨集 (三)》，頁 24-26。
59 印順導師，《初期大乘佛教之起源與開展》，頁 317-318。

比丘與十方比丘間的不和諧,成為後來佛教分化的一大因
素。[60]

六、兩次結集對教團的影響

(一) 兩次結集含有消除僧團內部歧見的意義

　　印順導師表示:佛教的結集傳說非常多,其中第一結集
(王舍結集、五百結集) 與第二結集 (毘舍離結集、七百結集)
是教界所公認的。

　　但有學者對第一結集的史實性表示懷疑,或認為是托古
的傳說,而產生於第二結集時代;或因《大般涅槃經》沒有
說到「王舍結集」,而懷疑其真實性。

　　印公從經律自身去研究認為:傳說的兩大結集,與經律
集成的兩大階段相合,故應屬實。且此兩大結集,含有消除
僧團內部歧見的意義。[61]

(二) 第一結集的影響

　　導師認為:大迦葉發起結集,為的是毘尼;大迦葉責難
阿難的,也是關於毘尼;這在重律學派來說是成功的,而有
著深遠的影響。如:一、對戒法,否決佛命小小戒可捨,而
確定輕重等持的原則,逐漸完成嚴格而瑣碎的規制;二、對

---

60 印順導師,〈論提婆達多之破僧〉,《華雨集 (三)》,頁 32。
61 印順導師,《原始佛教聖典之集成》,頁 25-31。

尼眾採取嚴厲管教的態度，樹立尼眾絕對尊敬男眾的制度；
三、提高上座的權威，成立正統上座部的佛教。[62]

　　但也因對於釋尊的言行，不能盡量搜集，僅偏於苦行集
團的少數人意見，結果促成小乘的畸形發展。[63]

(三) 第二結集的經過與影響

　　佛滅百年的「毗舍離結集」，起因於西方比丘耶舍，在
毗舍離見到東方跋耆族比丘，以銅缽向信眾乞取金錢，而有
「十事非法」之諍。

　　這在以上座為重的當時，論諍要取得勝利，要有聲望卓
著的上座大德的支持。西方比丘就因得到當時有影響力上座
的支持，故論諍結果東方系失敗了。[64]但印順導師說：

> 從史的發展來看，釋迦族、東方各族比丘為重心的佛
> 教，雖一再被壓制 (如提婆達多的失敗，阿難的被責罰，
> 跋耆比丘的被判為非法)；但始終在發展中。以阿難為代
> 表的東方系來說，這是尊重大眾的，重法的，律重根本
> 的，尊重女性的，少欲知足而非頭陀苦行的，慈悲心重
> 而廣為人間教化的。這一學風，東方系自覺得是吻合佛
> 意的。毗舍離七百結集，代表大迦葉、優波離等重律傳

---

62 印順導師，〈王舍城結集之研究〉，《華雨集 (三)》，頁 55。
63 印順導師，〈喋囀文集序〉，《華雨香雲》，頁 244。
64 印順導師，〈論毗舍離七百結集〉，《華雨集 (三)》，頁 73-74。

統的西方系，獲得又一次的勝利，而不斷的向西 (南、
北) 發展。但東方比丘們，不久將再度起來，表示其佛法
的立場。[65]

　　這是指東方比丘力量愈來愈強，不久終於獨立成「大眾
部」，後更開展出大乘佛教。

七、佛陀最後的教誡

(一) 現存有二種不同的教典

　　佛陀入涅槃前，為比丘所作的最後遺教，特別值得佛弟
子們珍重。印順導師發掘在佛法流傳中，現存有二種不同的
教典：

　　一、《遺教經》，主要內容是針對佛弟子因佛入滅，在
修學上的徬徨與情感上的困擾，所作的開示。關於修學依
止，可統攝為戒、定、慧、解脫，而本經略分為：「戒律行
儀」與「定慧修證」。此中「戒律行儀」又分為五項：依持
淨戒、密護根門、飲食知量、覺寤瑜伽、忍謙質直。

　　二、聲聞乘《大般涅槃經》，是以如來入滅為主題，敘
述佛的沿路遊化，最後到拘尸那，度須跋陀羅，作了最後的
教誡。此經現存有六部文典，若依其中《遊行經》的十二項
論題次第來看，「依止經戒」、「審決無疑」、「念無常」三

---

65 印順導師，《初期大乘佛教之起源與開展》，頁 326。

項，為二大遺教所共通，應是佛為比丘們所作的最後教誡。[66]

(二) 二教典對「學眾依止」的觀點不同

1 聲聞乘《大般涅槃經》認為「法與律」都是比丘所依止

關於如來入滅後的「學眾依止」，聲聞乘《大般涅槃經》系的各經，只是簡要的開示。如：(一) 姚秦佛陀耶舍等譯的《長阿含經》第二《遊行經》說：「我成佛來所說經戒，即是汝護，是汝所恃」。(二) 東晉法顯譯本作：「制戒波羅提木叉，及餘所說種種妙法，此即便是汝等大師」。(三) 巴利藏《長部》十六《大般涅槃經》第六誦品作：「我所說之法律，為汝等師」。(四) 晉失譯的《般涅洹經》說：「常用半月望誨講戒，六齋之日高座誦經；歸心於經，令如佛在」。(五) 西晉白法祖譯的《佛般泥洹經》作「當恬經戒」、「翫經奉行」；此中「經戒」即是法與律，都是比丘們所應依止的大師。

但 (六) 傳誦到北方的《根本說一切有部毘奈耶雜事 (三八)》，是先說到法 (十二分教)，次說：「我令汝等，每於半月說波羅提木叉，當知此則是汝大師，是汝依處」。這雖說到法與律，但對比丘的依處、大師，局限於「波羅提木

---

66 印順導師，〈佛陀最後之教誡〉，《華雨集 (三)》，頁 115-137。

叉」，與其餘五本不合。[67]

2《遺教經》受有部影響強調「以戒為師」

但在中國，《遺教經》流傳很普遍，《遺教經》的「波羅提木叉是汝大師」，正是由於流行在西北印有部的經典，強調戒律的重要。所以，在中國常聽到「以戒為師」；但圓正、根本的遺教「法律是汝大師」或「以法為師」，反而非常生疏了！

印順導師認為：本來「法」是一切佛法的總稱，所以不妨說「法為依止」，如佛說：「自依止，法依止，不異依止」。但佛法分為法與律後，二者實都是比丘們所依止，為比丘所師；故如只說戒為依止，戒為大師，所說即不圓滿；因戒不能代表一切。[68]

---

67 印順導師，〈佛陀最後之教誡〉，《華雨集 (三)》，頁 132-134。
68 印順導師，〈佛陀最後之教誡〉，《華雨集 (三)》，頁 133-134。

參、興革傳承篇

第五章　印順導師
論中國佛教制度的興革之道

第一節　泛論中國佛教制度

　　印順導師的學佛出家動機，是感於佛法與中國現實佛教界有距離。出家後，深受太虛大師「人生佛教」思想啟發，雖贊成大師所提倡的佛教改革運動，但覺得不易成功。因覺現實佛教界根本是思想問題，故願意多多理解教理，對佛教思想起一點澄清作用。[1]

　　對於近代中國佛教的現況，印順導師作了如下的略述：

　　　乾、嘉以來，佛法在激變中。初以雍正之抑三峰，禪宗乃又以一棒為了當；廢度牒而僧制大濫。佛教精華在南方，太平天國之亂，損失獨多。自行新政、興學校，僧寺教產多被提佔。傳統佛教以禪宗為骨髓，而禪者已面目盡失。台、賢沈寂，律制久廢，乃唯以禮懺、念佛、持咒為佛法。昔日文化之為友為敵，唯儒與道；今則文化之新友新敵，將加入西方之宗教、哲學、科學。處非常之變，而晚唐來之傳統佛教者，一仍舊貫，無動於心，真難乎為繼矣！幸諸方長老，猶有能苦心孤詣維繫

---

[1]　印順導師，〈遊心法海六十年〉，《華雨集 (五)》，頁 7。

一時者；而大心長者，多有流通佛典，弘闡內學，實行
慈濟，護持寺產者：中國佛教深入社會之潛力，未可侮
也。太虛大師唱「教理革命」、「教制革命」、「教產
革命」以整(理)僧(制)，「今菩薩行」以入世，為新佛
教運動開其先導。[2]

一、僧制取法當時的政治，但肯定人類平等，保持民主特質

對於印度僧制的由來與特色，導師曾作如下述說：

古代印度進入父家長的宗法社會時，漸形成家族、部
族、種族的集團。部族以及種族內的事件，由各部族首長，
或全族成員會議來決定；國王(或推選，或世襲)權力有
限。這種「共和民主制」，與狹隘的種族偏見相結合，所以
貴族的民主腳下，踏著奴隸層的首陀羅族。等到時代演進，
奴隸層開始反抗，代以「王權的專制政治」，推翻貴族，寬
待奴隸階層。

釋尊時代的東方印度，恆河東北的後進民族，如跋耆、
摩羅，還過著古代的民主生活；恆河南岸的摩竭陀，已傾向
王權的集中。當時東方新宗教勃興，也反抗婆羅門教而鼓吹
種族平等；其教團組織，如耆那教稱為伽那，佛教稱為僧
伽，都是參照政制而使合於宗教目的。所以，僧制與政制，

2　印順導師，〈中國佛教史略〉，《佛教史地考論》，頁92。

同源異流；本質上同是人類的共處之道，不過對象不同而已。

佛教僧制，雖取法當時的政治與其他宗教的組織制度；但在佛的正覺中，體悟到事事物物的依存關係；體悟到緣起諸法的「無常性」、「無我性」、「寂滅性」，從這正覺的大悲中，建設的僧伽制度，有其卓越的特色：肯定人類平等，否認貴族與賤族，主人與奴隸的階別，主張男女平等；並不模倣帝國形態，而保持民主自由的制度。[3]

二、中國僧制的演化

(一) 初仿印度「依律而住」，後演化為二

由於佛教傳來中國時，印度佛教早已不大重視毘尼。所以中國的僧制，起初雖仿效印度「依律而住」，而實不曾有過像樣的僧制。印順導師說：在佛教成長階段 (會昌以前)，僧伽的混濫穢雜，每與佛教的擴展成正比例；等到發覺形式勛襲的僧制不能完成任務，中國僧制就向兩方面演化：

一、國家的管轄制：由於佛教發達，僧眾跟著雜濫，影響社會國家；因此國家出來干涉。古代的政治干涉，大體出於善意，如淘汰僧眾，禁止私立寺院，經考試得度等等 (如惡意即滅法)。姚興立僧正是這一「以僧治僧」制度的開始。

二、禪僧的叢林制：全盤印度化，或中國本位化，在東

---

3 印順導師，〈泛論中國佛教制度〉，《教制教典與教學》，頁 3-4。

晉末年已引起爭論。強毅實行的北方卻有新的制度，如禪僧的「別立禪院」。到唐代，適應山林農村環境，參照佛陀的僧制，創設叢林制度；「一日不作，一日不食」，「闢土開荒」講求經濟自足。這制度，配合對法的真參實悟的信心與精進，相當成功。

這兩種中國化的教制，一是每一寺院的組織，一是全國佛教的組織，並行而不相悖，一直維持到清末。[4]

(二) 受儒家文化影響，寺院漸子孫化，叢林產生傳法制

但因中國是家庭本位的宗法社會，政治又缺少民主代議制，所以寺院逐漸子孫化，叢林也產生「傳法制」傾向各自為政；不能從僧官制的統一中，造成民主代議制的嚴密組合。

印順導師感慨「家庭意識」使佛法變質：(大陸) 一方面寺院不傳賢而傳 (法) 子，住持資格不再是德學，而是應酬與攀緣。一方面由於豐富的寺院經濟，反成為內部傾軋因素，無暇顧及弘法利生的職責，終不免成為社會覬覦的目標。[5]

而 (臺灣) 一般當住持的，把寺院看作私有財產；屬於在家組合的財團，僧尼卻被視為僱傭。這都不合佛法而危害

---

4 印順導師，〈泛論中國佛教制度〉，《教制教典與教學，》頁 5-7。

5 印順導師，〈中國佛教前途與當前要務〉，《教制教典與教學》，頁 13。

真正的佛教。[6]

　　對此，聖嚴法師認為：本來祖師相傳的宗旨，在授衣表信物，傳法印其心。但後世的傳法，除住持職權與寺廟財產的傳承外，已無心法可傳。出世法眷竟同俗世父子，彼此膠著於倫理的範圍，難有各人的獨特造詣。[7]

1. 叢林與小廟，現幾乎都是子孫制，違反僧制的民主精神

　　印順導師更進一步說：唐代 (禪宗) 興起的十方叢林，多少改變律制，以適應中國社會；但還是十方 (四方) 僧所共有，各處出家人都可以來住來學。宋初已有「徒弟院」(小廟)，是師父傳徒弟，徒子徒孫繼承的。在數量上，叢林是不及十分 (或百分) 之一。

　　叢林與小廟，原是十方公有制與子孫私有制之別。其實，只要是子孫繼承制，不管寺大寺小，都應歸入小廟類。

　　子孫制的出現，是受儒家家庭本位文化的影響。徒弟繼承師父，世俗以為很合理，其實是違反佛法。子孫制與經懺法事的氾濫，為中國佛教沒落變質的主要原因！

　　從歷史發展來看：一、佛教流傳到清末，已衰落了七、八百年，受到國家政治的限制，而自身也失去四方僧的特性。由於部派間衣食等瑣事的差異，南傳佛教界看中國佛教

6　印順導師，〈學以致用與學無止境〉，《教制教典與教學》，頁 209。

7　聖嚴法師，〈略論出家與投師〉，《佛教制度與生活》，頁 7。

僧人，似已不再具備僧格。二、日本寺院的住眾及多數的西藏喇嘛，帶妻食肉；在我國僧界看來，也是怪怪的！三、現在的大陸，小廟等於全部消滅；叢林已成為觀光地區。在台灣，事實卻只是師徒繼承的「子孫院」。

印順導師感嘆：佛教僧制的民主精神，與現代文化傾向相近，使我更深信佛陀的偉大！但事與願違，現在台灣佛教發展得有相當規模的都是子孫制。大家為我們自己的道場同心努力，有的是事業心；缺少古代求法的精神，真參實學的精神。習以成風，如寺院是僧所共有的，恐怕反而會難以為繼了。[8]

2. 中國古代與近代「大寺院住持」的接任方式

對中國古代大寺院，接任住持的方式，導師作如下說明：

一、傳戒的律寺，是要在本寺受戒的才有可能。

二、講經的講寺，如天台宗的國清寺、觀宗寺，一定是修學弘揚天台宗學的。

三、禪宗叢林，都採付法與接法制：一是仰慕「法師」的德行、名望，取得「法師」同意而付法；一是付了法，「法子」可在「法師」道場任住持。

近代大寺院，接任住持的方式則是：

8　印順導師，〈叢林與小廟〉，《華雨集 (四)》，頁 169-174。

一、選賢制，如天童寺，在同一法系中選一位較理想的。

二、本寺付法制，如金山寺；「法師」付法給本寺住眾三五人，將來輪流繼任住持。這一制度廣泛流行於長江 (下游) 南北。

印公認為：選賢制是推選長老；本寺付法制是付與青年才俊，但易形成內部鬥爭。[9]

3. 西藏、日本佛教也不知佛教的民主特質

釋尊以法攝眾，初不以統攝之特權者自居。蓋勉學者能依法不依人，自依止，法依止，自尊自律，依法律而行。

佛滅，釋沙門尊上座而重大眾，德學集團會議而主僧事，依法而住，互相教誡，互相慰勉。如阿難說：如來在日，未預定繼任大師者；滅後，吾等亦未共推一人為大師。

印順導師感慨：佛教之民主精神，如此！佛不以神自居，亦不以神子或神使者自居，與弟子為師友。

反觀世界宗教之有組織者：1 耶穌死，彼得繼起而演為教皇之制。2 謨罕默德死，繼其任者為哈利發；因教主之位而起諍，蓋不知凡幾。此以神教徒，上崇神權唯一之神，下法君權唯一之君；雖有世界宗教之卓見，而卒不掩其帝國獨

裁之精神！[10]

　　再反觀，日本及西藏佛教：

　　一、日僧親鸞，娶妻生子，創真宗，盛行於日本。其後裔凡二支，以東西本願寺統攝其信眾；支長世受國家之封爵，世為教主，類道教張陵之裔。

　　二、西藏佛教，舊多娶妻生子；父死，其寺產由子喇嘛繼承之。自元帝以政權賜與喇嘛，西藏重復政教一致之制。明初，宗喀巴出而矯正之，嚴戒律，重教學，於西藏佛教之貢獻特多。然以因循俗習，雖不娶妻生子，而別有「轉世之制」；即死者預囑 (無遺囑者，由其他大喇嘛以占卜定之) 死後轉生之地點、時間，屆時訪而立之。舊制父終子及，今則前身後身相承也。乾隆以後，政權歸諸宗喀巴大弟子之轉世者，即達賴，政教復合一。然政教之大權所在，即競爭所在，致轉世常訪得多人，甚至煩累清廷為之抽籤以定之。

　　印公感慨：吾釋尊入滅，不以佛子羅睺羅繼大師位，亦未嘗自言轉世以統攝之。佛教無教主，樹二千餘年來民主之光榮！彼西藏與日本，固未知佛教之特質也！[11]

4.「個人不得傳法收徒」實為教團化私為公的根本革新

　　對此千百年來中國寺院制度的流弊，太虛大師在民國 2

10 印順導師，〈佛滅無大師〉，《華雨香雲》，頁 185-186。
11 印順導師，〈教主〉，《華雨香雲》，頁 193-194。

年所創的「佛教弘誓會」主張：凡加入此會之寺院，即為此會所公有，得由此會派人住持，不得復以私人資格佔為己有。會員有受此會保護、教育之權利，選舉、被選舉之權利，被推為此會寺院住持之權利；且佛教財產應為公有，以興辦教育、慈善等事業，而此必須有一法相輔而行，始無障礙，那就是「個人不得傳法收徒」。印順導師讚嘆：此實為佛教教團『化私為公』的根本革新。[12]

但太虛大師理想始終未能成功，此乃因自從西洋勢力的侵入，中國一切都起著劇變。國家多事，顧不到佛教，或者不重視佛教，讓他自生自滅。佛教內部的叢林古制，老態龍鍾，不能適應新的劇變。僧眾的品質低落，受到古制的束縛，社會的摧殘，迅速衰落下來。禪宗的大德們，除了造廟、修塔外，沒能作什麼，中國佛教進入從未有的險惡階段。

太虛大師看透這點，大聲疾呼提倡「教制革新」。民國四年寫成《整理僧伽制度論》，時勢演變後又寫《僧制今論》、《建僧大綱》等。雖有時遷就事實，而根本主張還是想合於佛制的僧事僧治；即綜合過去的僧官制與叢林制，統一在新的僧制中。對於在家眾，有佛教正信會的建議 (國內也有了居士林等組織)；希望僧眾與信眾，都有健全組織，

---

12 印順導師，《太虛大師年譜》，頁 95-62。

共同來復興中國的佛教。[13]

5. 近代寺院傳賢的典範

　　印順導師認為：太虛大師的主張雖好；但在中國，不但是墨守老祖規矩 (不是佛的律制) 的僧眾反對，時勢也有些難以辦到！現在時空因緣，雖已難如原始佛教時代的僧團制度；但十方叢林的公有道場，多少還有見和同解、戒和同行、利和同均的特質。[14]

　　所以，讚嘆虛雲與轉逢兩位和尚，轉子孫道場為十方叢林的嘉風。[15]而對其自建的兩個道場 (福嚴精舍、慧日講堂) 亦期如此；故二寺僧職，無論住持或監院，都由二寺住眾或有關同仁公推，每五年一任。

　　筆者發現：當代傳賢不傳徒孫的典範人物，是**玄奘大學**創辦人了中長老。他 9 歲出家，民國 38 年來台，50 年東渡日本留學獲碩士學位。76 年受聘台北善導寺住持，86 年擔任善導寺董事長兼住持。長時任中國佛教會秘書長，73 年獲教育部函准籌辦**玄奘大學**，86 年奉准招生，89 年擔任學校董事長。

　　長老於 107 年把善導寺住持位，交棒青年才俊的大慧法師；108 年將玄奘大學暨玄奘文教基金會董事長職，交棒學

---

13 印順導師，〈泛論中國佛教制度〉，《教制教典與教學》，頁 7-8。
14 印順導師，〈建設在家佛教的方針〉，《教制教典與教學》，頁 91。
15 印順導師，《華雨香雲》，頁 366、373。

養俱佳的性廣法師。109 年預立遺囑，111 年 3 月圓寂，享耆壽 91 歲。

(三) 民國元年的「中國佛教會」是僧俗混合制

民國元年，中國佛教開始一種新制度──中國佛教會，這是一種僧俗混合組織的制度。

印順導師認為：這是從來未有的劃時代的劇變；因依律制，出家眾的僧事，在家眾就是國王，也不容直接過問。且任何團體，參加者有義務、權利。

但過去大陸的佛教會，並不如此；這出家在家的混合組織，所問的是僧尼寺廟事件；經費來源主要從寺廟中來。因為佛教外來的壓力太重，而僧眾缺乏組織能力，缺乏向社會向政府的活動能力。所以處理事務，甚至創立法制，大都要煩勞在家眾。

寺院僧眾為維持佛教，自然懇求護法們來護持；這就有久已信佛的，臨時信佛的，甚至根本沒有信仰的；有軍政名流，豪商巨紳，有時還要拉攏幫會，外道。正信居士，眼見佛教的多難，也熱心護法。老實說，離開在家眾，佛教會也許就成立不起來了。所以，護法居士的參預教會，雖不合佛法；或不免人事龐雜，但事實卻不能不如此！

導師表示：我們應認清現階段中國佛教制度的特殊意義！希望在這現存組織中，力求進步，求僧眾與信眾的品質

提高 (正信，正見，正行)，完成護法責任。進而使發展到更合於佛法的教制僧制！而教制必須顧全到古代的佛制，演變中的祖制，適合現實情況的修正或建立。[16]

三、僧制的回顧與展望

印順導師說：佛教是法與律二者的總和，必須均衡發展，適當配合，才能成為完整與健全的佛教。

不幸佛教早就偏於法的發揚了！起初，保守的上座們，固執毘尼——戒條與規制而成為教條，繁瑣的儀制。於是激起反抗，甚至極端地輕視毘尼。毘尼的固定化與普遍被忽略，引起佛教僧眾的無法健全，「龍蛇混雜」。偏於法的發揚，與毘尼脫節，不但失去集體的律治精神，法也就墮入個人的、唯心的窠臼！

所以，弘揚佛法，整興佛教，決不能偏於法 (義理的研究，心性的契證)，而必須重視制度。佛教的法制，是毘尼所宣說的；這裡有道德準繩、團體法規、集體生活、經濟制度、處事辦法。熱心中國佛教行政、制度的大德們，實在有論究教制的必要！[17]

---

16 印順導師，《教制教典與教學》，頁 8-9。
17 印順導師，〈泛論中國佛教制度〉，《教制教典與教學》，頁 1-2。

第二節　受戒傳戒與捨戒還俗

一、當代台灣的傳戒制度

1895 年清廷戰敗，日本根據〈馬關條約〉統治台灣 50 年。日治時期的台灣佛教，以四大法派之建立為代表——基隆月眉山靈泉寺、五股觀音山凌雲禪寺、新竹大湖法雲禪寺、高雄大崗山超峰寺。[18]

民國 34 年 (1945)二戰結束，日本撤退台灣；1949 年國共內戰，蔣中正帶領軍民退守台灣。印順導師即於 1953 年秋，輾轉經由香港來到台灣，宣揚「人間佛教」理念。1987 年政治解嚴後，隨著社會發展、經濟實力與教育水準的提升，而有四大道場——佛光山、慈濟、法鼓山、中臺山的崛起[19]，及其他中小型道場林立。更由於女性出家素質與人數的提高，台灣佛教朝氣蓬勃，充滿生命力。

(一) 戒嚴期中國佛教會主導台灣傳戒

出家的受戒儀式，俗稱「傳戒」，詳見於律藏的「受戒犍度」。今依謝莘莘論文，來看當代台灣傳戒制度。

戒嚴期 (民國 38~76)，「中國佛教會」主導台灣佛教的傳戒，達三十年之久。當時一年只傳一次，各寺院須先向

---

18 江燦騰，《台灣佛教史》，頁 147-162。
19 江燦騰，《台灣佛教史》，頁 387-416。

「中國佛教會」報備；光是白聖長老參與且擔任三師和尚之一(有時兼任開堂大師父) 就有二十多次，影響甚大。戒嚴後，各寺院恢復傳戒自主權，台灣有時一年有多次傳戒。

　　戒子在受戒期間，主要是學習演練、跪拜、唱誦等禮儀，也有限的講戒。比起早年的大陸傳戒，台灣已算相當人道的善待戒子。比如：不收戒費，對出家受具的三衣、缽、具等一律贈送；去除不當的體罰與無意義的呵斥；盡量改除不必要的繁文縟節(如「請十師齋」簡化成只要各班班首代表，至齋供處問訊表達謝意即可)。日常生活的照顧，如：集體送洗衣物(酌收費用)；也有附設簡易義務醫療服務。戒期中的每日上午，為新戒子講解三壇戒法(沙彌戒、比丘(尼)戒、菩薩戒)。[20]

(二) 訪談淨心長老

　　(訪談時間：2003 年 1 月 1 日上午 11:30-12:00 (台北) 淨覺佛學研究所；1 月 26 日晚上 8:10-9:30 (高雄) 光德寺客堂。)

一、對戒師與戒子的審查

　　中國佛教會，由白聖長老及一些戒師，自光復後一直到現在，幾乎年年傳戒，所以對傳戒儀軌最熟習。白聖長老及

---

20 謝莘莘，《當代台灣佛教僧尼的戒律觀及其生活實踐》，玄奘大學宗教學研究所碩士論文 (97 年 7 月)，頁 29-31。

道源長老，思想開明，對大陸傳戒的一些繁瑣、形式化的儀軌已簡化，如十師齋等。

淨心長老自民國 44 年擔任引禮師後，幾乎每年都參與傳戒，已 40 餘年。對於「戒師」(十師暨引禮、引贊師)，認為應要先了解他的品德、唱念；在戒場能否作為新戒的模範。

對於「新戒子」，除報名表的第一道把關；在沙彌 (尼) 戒正授之前，會特別要戒師們一個人分擔幾位新戒子，利用晚上時間和戒子對話，藉此淘汰一些有問題的。但解嚴後，一年有好幾個地方傳戒；戒場怕沒有戒子，尤其不是我們自己傳戒的，便沒有篩選了。

淨心長老的高雄光德寺已傳戒三次 (民國 82、87、89 年)，皆訂兩個月。因為從授具足戒到菩薩戒，只有六、七天，其中有一天還要去托缽；這樣短的時間要講比丘戒，還要翻譯，是不易的。但第二次傳戒，參加者就稍減，第三次更少；因為有的常住不肯，有的自己不要。(94、97 年又增傳二次)

二、民國 54 年華僧大會建議：對出家實行考試制度

民國 54 年，台灣第一次開華僧大會。有人提議對出家眾的甄選，擬實行考試制度。當時已訂了檢選標準，設定一些人不得受戒，尤其是六根不全的。

淨心長老的一個徒弟卻因此自焚。淨心長老說：他不是

很嚴重，受戒應沒有問題，要他去找淨念法師依止；不知怎麼卻去自焚。

不久，有個道場傳戒不肯配合；搞得跟中國佛教會對立。為此，淨心長老去調停；有的新戒子很兇，長老還去當砲灰被罵。於是這套制度便沒有實施，這是很遺憾的事。

三、認為戒嚴時期沒建立提高戒子門檻的制度甚為可惜

淨心長老認為：戒嚴時期「中國佛教會」本應積極建立一個比較好的制度，即將進來的戒子門檻提高。當時要訂的話，政府還會跟佛教會配合，還是能夠管。但失去這個契機，後來就亂了；到我們手上 (民國 78 年當戒和尚) 已經收不回來了。很多沒有品德的人混入僧團，形成一種氾濫。

長老認為：說起來我們也有責任，這是很遺憾的事。可惜當時未注意到；只覺得新戒子年年增加，蠻不錯的。如今擔憂的是，大家一窩蜂傳戒，會使僧團龍蛇混雜。好在這幾年景氣不好，打齋的人少，受戒的戒子也不多；戒常住在經濟方面負擔重，便不敢傳戒了。

四、解嚴後的台灣傳戒情況

淨心長老認為：道海長老，是民國 82 年新營妙法寺請他當教授和尚才開始傳戒的。儀軌方面當然不熟悉，反而比較注重一些我們看來不是很重要的。如一個十師齋，就花很長時間演練。其實，請戒師吃飯不過一個鐘頭；現在是民主時代，新戒子跪在那邊，教我們怎吃得下？

至於佛光山的星雲法師，是大陸來的懂傳戒；但儀軌方面也是請我去幫忙作開堂。他們對儀軌還懂，所以比較不會走樣。

但「中台」膽子就很大；惟覺法師是民國 53 年在十方大覺寺受戒，後來由於中台本身新出家弟子多，不願把弟子送出來，就想自己傳。本要我去當開堂，我推掉。他們就派一些人到大陸受戒，然後把大陸的傳戒錄影回來，就這樣大刺刺地傳起戒來 (民國 90、94、97 年各傳一次三壇大戒)。

至於「二部僧授戒」，民國 59 年就有，之後也有過幾次；真正徹底實行大概是民國 82 年戒期。最近幾年大陸也提倡二部僧授。[21]

五、印順導師似不認同「以試取才」

對於出家資格「以試取才」，印順導師曾在三處提到：

一、隋代，出家要得國家准許，每年定期舉行考選 (一般是試經得度，或由僧眾推舉)，有一定的限額；合格的准予出家，配住寺院 (僧籍)，得到出家者應有的優待──免稅、免役。否則，稱為私度，政府可勒令返俗。[22]

二、他教的傳教師，要作牧師或神父，都須在一般大學知識以上，再給以數年的宗教教育，才能到處傳道而有良好

---

21 謝莘莘，《當代台灣佛教僧尼的戒律觀及其生活實踐》，玄奘大學宗教學研究所碩士論文 (97 年 7 月)，頁 101-109。

22 印順導師，《中國禪宗史》，頁 48。

效果。且現代對於無邊佛法的義理，如不能隨分隨力的聞思修學，對世間知識太欠缺，要想宏法利生是很難的。[23]

三、清世宗廢度牒制 (由官府發給僧道出家的憑證)，代以戒牒 (僧尼受大戒的憑證)，近人頗多指責，甚有謂其意在毀佛者，非也。佛子出家，何預國王事！學道貴有內心之自覺，重在身行；經教雖是所重，然何能據文義以為出家標準？廢試經度僧之制，蓋有見於佛教本義；崇佛非毀佛也。導師又說：

> 佛世的周梨槃陀伽，愚笨而現證阿羅漢，唐代的慧能，不識字而能深有所悟。故依佛法正見而達信智一如的「證淨」，不一定從無邊法義的研究講習中來。只是末世善知識難得，不能不依於經論。[24]

(三) 訪談道海長老

(電話訪談：2003 年 2 月 9 日上午 8:00～8:30 於台中南普陀寺)

道海長老說：我不是律師，我是與倓虛、體敬老法師學教理的。後因覺得戒律對出家人非常重要而歡喜看戒律的書。有人來問，我就會回答；問的人多了，便稱我是律師；實際上，我不是專門研究律學的。

---

23 印順導師，〈論僧才之培養〉，《教制教典與教學》，頁 152。
24 印順導師，〈度牒與戒牒〉，《華雨香雲》，頁 188。

「二部僧受」的制度，到宋朝後全部停止，直到清代見月律師再重新實行一陣子後也消失。到了民國，弘一、慈舟律師又實行一陣子。現在有這個環境，我們只針對想發心二部僧受的尼眾實行，能行多久，沒敢保證。

對於戒師及戒子的篩選，依弘一律師著述中的記載：戒師應如法得戒、持戒清淨、未毀犯重戒等。戒子一定要在報名的時候篩選；要參照儀軌上的問難，對戒子做口試。如等到登壇問遮難，就已來不及了。[25]

二、對傳戒的評議

(一) 聖嚴法師與續明法師的評議

對於近代中國的傳戒，聖嚴法師認為：從前中國大陸，沙彌出家很少舉行如法的受戒儀式。故明代以後，各處開戒壇都以沙彌戒、具足戒、菩薩戒，三壇一期授。又也許因見月法師當年受戒困難，故其住持寶華山後，受戒也就方便容易多了；但卻因而變成徒有其表的形式。[26]

又說：「中國的傳戒道場，僅是照著《傳戒正範》，呼喊、跪拜、唱念一番，在短短數十天中，像演戲似地按劇本做一番，就算傳戒得戒了。傳戒只注意戒子跪拜唱念的整齊

---

25 謝莘莘，《當代台灣佛教僧尼的戒律觀及其生活實踐》，玄奘大學宗教學研究所碩士論文 (97 年 7 月)，頁 110-113。
26 聖嚴法師，《佛教制度與生活》，頁 29-33。

好看，不注意戒子們是否領略受戒的意義，是否能得戒；至於戒師資格能否合乎律中最低要求，那更是不加過問。」[27]

續明法師也說：「傳演至今，幾乎有本《正範》在手，皆可如儀傳戒一堂，其他皆可不問。而戒親眷屬，利養名聞皆可遝至，故人人優為。律法掃地，一至於此亦可慨矣！」[28]

聖嚴法師曾建議：受戒除遮難與年齡的限制外，現今剃度師們，應以審慎尺度選擇出家弟子。戒場傳戒時，新戒報名應繳一份健康檢查表，經一次當面口試後，才決定應否予以授戒。[29]筆者認為：聖嚴法師的建議，切實中肯，不愧是有研究戒律的。

(二) 印順導師說明傳戒與受戒的難

印順導師對每年例行的傳戒，認為雖方便不足，成效未睹，但也不失為窮極而求諸本者。自稱雖未精究律藏，以通曉律意適應現實的深一層意義，但亦隨順世俗。從民國 37 年起，曾多次參與傳戒，或認尊證、或任教授、或任得戒和尚。[30]

一、傳戒，難在清淨持戒的三師七證太難得了

---

27 聖嚴法師，《戒律學綱要》，頁 156。
28 續明法師，《戒學述要》，頁 158。
29 聖嚴法師，〈求度出家的條件〉，《學佛知津》，頁 226-229。
30 印順導師，〈傳戒因緣〉，《華雨香雲》，頁 138-141。

印順導師說：「一般以為傳戒是了不得的大事，其實佛制受戒並不太難。授戒的要有三師七證，這不但是湊數而已，要有法定的戒臘，要自己能清淨持戒。這不是學會《傳戒正範》，而是要明白止作兩持，開遮持犯。如果說傳戒不容易，也許是清淨持戒的三師七證太難得了」[31]！

二、受戒，難在受戒後應立即開始長期嚴格的修學

「受戒」只是在大 (僧) 眾前，立定誓願決意受持某類 (或沙彌、或比丘等) 律儀，經大眾認可。……這是重要的，嚴肅的，但不是繁難的，真正的難在受戒以後。依據佛的制度，受戒以後立刻開始長期的嚴格修學，至少也要五年，這才能陶賢鑄聖，造就龍象。[32]

對於從前中國大陸傳戒，戒期畢，戒牒到手，即到處雲水掛單，流為有養無教的一群。導師認為：這是佛教衰弱的原因之一，因不能在和樂清淨的僧團中，培養住持佛法的僧才。[33]

三、中國提倡集團傳戒，人數多時間自然長

受戒的只要有衣缽，不犯遮難，雙方條件具足，傳授比丘戒法，只要一兩點鐘的時間就究竟圓滿。如現在的西藏、錫蘭、緬甸還是如此。

---

31 印順導師，〈受戒難，受戒以後更難〉，《佛法是救世之光》，頁 401。
32 印順導師，〈受戒難，受戒以後更難〉，《佛法是救世之光》，頁 401-402。
33 印順導師，〈論僧才之培養〉，《教制教典與教學》，頁 143。

　　但中國由於一向鄭重其事的提倡集團傳戒；人數一多問題也多，時間自然要長一點。導師認為：趁此時教導一些禮拜、穿衣、吃飯、睡覺、行路等日常生活，在形儀上做到整齊也是很好。

　　但對有人見到中國佛教 (不但是臺灣) 的衰落，以為病在傳戒太潦草；於是發表高論以為至少要三個月、一年、三年。導師認為：這就根本不知戒律是什麼，傳戒是什麼了！[34]

(三) 印順導師舉寶華山、中佛會傳戒流於形式之處

一、漢傳「三壇大戒」包涵沙彌戒、具足戒、菩薩戒

　　印順導師說：出家的，要受沙彌十戒、比丘具足戒，才能完成僧格，成為僧伽的一員。這是成立僧伽根本，所以在「律部」犍度中「受具足」是第一犍度。

　　由於我國是大乘，還要受菩薩戒，合稱「三壇大戒」。不知什麼時代開始，舉行大規模的集團受戒，有五十三天的，有三十五天的。時間長而人數多，成為中國特有的盛大戒會。[35]

二、寶華山傳戒的「問遮難」、「問衣缽」流於形式

　　宋代寺院，分禪寺、講寺、律寺，可見當時是有「依律

34 印順導師，〈受戒難，受戒以後更難〉，《佛法是救世之光》，頁 401-402。
35 印順導師，〈傳戒〉，《華雨集 (四)》，頁 146。

而住」的僧伽。元代特重「西番僧」(即喇嘛)，弄得僧制廢弛，經懺法事氾濫。到明初，佛寺就分禪寺，講寺，應付經懺的教寺，沒有律寺了。雖還有傳戒，但沒有律寺，當然沒有「依律而住」的「六和僧」。直到明末清初，古心律師，在金陵 (南京) 弘傳戒法；弟子三昧光，住寶華山 (今名) 隆昌寺，每年傳戒，一直到近代。

論傳戒，寶華山第一！然依三昧光弟子見月律師的『一夢漫言』說：見月提議「安居」，同門都嫌他標新立異。可見這個專門傳戒的集團，對戒律是沒有多少了解的。傳戒而不知戒，當然會流於形式。如：

(一) 受戒時，引禮師要我們記住「遮難文」，主要是記住：「無，無，非，非，非；非，非，無，無，無」，依著問答的次第答下去，不能答錯。如答錯了，是要楊柳枝供養 (打) 的。

後來導師讀了「律部」才知是「問遮難」，等於現代的資格審查；如有一條不合格的，就不准受具足戒。這是最重要的一關，應該是要根據事實的；但這樣有形式而沒實際意義，是無意義的！

(二) 佛制：出家的要自備三衣、一缽。如沒有衣缽，是不准受戒的；所以要問：「衣缽具否」。

其實，我國傳戒，衣缽由戒常住 (向信徒募款) 辦妥，臨時發給戒子。常住早準備好了，還要問「衣缽具否」，不

覺得多此一問嗎？[36]

三、中佛會傳戒的「二部受戒」、「增益戒」流於形式

台灣佛教本從大陸傳來，夾雜些羅祖下的道門 (齋教)；受日本統治五十年，出家中心的佛教，變得面目全非。

光復後，民國 41 年，中國佛教會首次發起在大仙寺傳授「三壇大戒」，以後每年傳戒一次。這一傳戒運動，白聖老法師的功德不小！但傳戒的流於形式，由來已久；在白老指導下，有以下值得注意的新發展。

一、「二部受戒」：在印度，比丘僧與比丘尼僧，稱為二部僧；住處是完全分開居住的，故比丘尼有「二部受戒」。但台灣的「三壇大戒」，受戒的男眾、女眾，一來就住在同一寺院裏。既共住一處，不如直接向大德比丘受，也可省些手續。否則，又只有形式，沒有二部的實際意義！

二、「增益戒」：曾受具足戒的，再來戒會受一次，稱為增益戒。但出家受具足戒的，如犯重而破戒而逐出僧團，是不准再出家受戒。如犯了或輕或重的戒，可依律制懺悔，隨所犯的輕重而給以不同的處分，出罪。所以，受了出家的具足戒，再受增益戒，是不合律制的。雖然提倡出家的增益戒，女眾來受戒的會更多；但這只有法會盛大的形式而已。[37]

---

36 印順導師，〈傳戒〉，《華雨集 (四)》，頁 146-149。
37 印順導師，〈傳戒〉，《華雨集 (四)》，頁 149-151。

(四) 關於「菩薩戒」的頭頂燃戒香

1. 傳習已久，後世僅以別僧俗

中國佛教在「三壇大戒」中受「菩薩戒」時，有在頭頂燃戒香的慣例。

民國 68 年，臺北松山寺傳三壇大戒，印順法師為得戒和尚。據聞有兩位美籍比丘，欲受菩薩戒而不燃頂；但未得允許，因而沒有受菩薩戒[38]。

對此，繼程法師認為：燃頂是中國佛教後期的習俗；印順導師在思想上重印度佛教；但在儀規上則隨順中國佛教傳統，而沒有激進的改革行動。[39]

對於「受戒燃香」，印順導師曾說：「傳戒者於頂燃香，應是融灌頂與燃身而為一，用表捨身供養，住佛種性，蒙佛光耀之義。習行之既久，方莫知取義而僅以別僧俗。然依釋尊律制，於頂燃香，實非法而不可為訓。」[40]

因此筆者認為：印公了解燃頂的意義；只是傳習久了，後世僅以別僧俗。但若欲改，也非個人說改就改；且今年改，明年是否改？這關涉整體教團之事，導師深解戒律之精神若此，豈只是隨順傳統而已？

---

38 據筆者請教印順法師，他表示並不知此事。
39 繼程法師，〈印順導師與馬來西亞佛教〉，《印順導師思想與現代社會研討會》，頁 6。
40 印順導師，〈燃頂〉，《華雨香雲》，頁 181。

2. 聖嚴法師早年認可燃戒香，晚年則不認可

聖嚴法師早年認為：受戒燃戒香，象徵誓願深切；雖不能貿然廢除，但也不必規定非燃不可，因這須出於真正的發心。[41]

晚年則認為：今日已進入國際性時代，應以世界佛教的形象為形象。燃戒疤大概起源於清初，但依據文獻記載，古今中外佛教都無此舉。希望教界能共同來從長考量此事。[42]筆者認為此建議很好。

三、關於還俗與出家

(一) 從民國以來的例子，知法紀蕩然已久

印順導師說：依「律部」，出家可以捨戒還俗；佛教與社會，都不應輕視他。不過，還俗要合法，即要公開的捨戒而去，不能偷偷的溜走 (以便偷偷的回來)。

男眾 (比丘) 還俗，可再出家；但不論過去出家多久，年齡多高，對佛教的貢獻多大；這些資歷，由於捨戒而全部消失；現在還要從末座──最小的比丘做起。女眾如捨戒還俗，是不准再出家的；律師們也許會知道原因。

出家與還俗，與世間的入籍、出籍一樣，有一定的制度，決不能要去就去，說來就來。

---

41 聖嚴法師，自發心燃了九柱。

42 聖嚴法師，《佛教制度與生活》，頁 41-50。《明日的佛教》，頁 163-165。

但從民國以來的四例：(一) 民國 26 年抗戰開始，在武院，虛大師門下的新僧；(二) 民國 38-9 年間，香港的一位天台宗傳人；(三) 在台灣的一優秀僧青年；(四) 清末民初的上海租界，一位為教為國的黃中央。

如還俗，只要閉關一次，就恢復完全的僧格；這可說是中國人自己想出來的，是中國佛教的慣例。導師因此慨歎：教界法紀蕩然，由來已久。「入僧」與「出僧」，沒有法紀可言，傳戒有什麼意義？如說佛教 (出家眾) 要組織化，那真是緣木而求魚了！[43]

(二) 我國出家與還俗的雜亂原因

一、中國文化主流的儒家，重道德而不重法治。佛弟子受影響，總覺律制繁瑣，學佛應重內心的解脫。來台灣以前，常聽說「天理，國法，人情」，現在台灣改為「情，理，法」。佛教中，大家人情第一，這樣的來去自由，也沒有人提出異議；見多了成為常態，只要回來了就好！

二、重定慧而輕戒律：「龍蛇混雜，凡聖交參」等於中國佛教隆盛期的忠實寫照；等到蛇多龍少，大家向經懺看齊，大德如鳳毛鱗角。

三、與佛教的受迫害有關：(1) 「三武一宗」法難；趙宋以後，又經歷了多少的折磨。好在法難時間不久，心存佛

43 印順導師，〈還俗與出家〉，《華雨集 (四)》，頁 151-156。

法的回來了,不一定再受戒;例如禪宗的為山靈祐。(2) 政府 (如唐肅宗) 為了籌措經費,大批的出賣度牒 (出家的可以免兵役與免丁稅)!(3) 民國 37-8 年間,有的出家人,被強迫抓去從軍。(4) 服兵役後出家的,逢到臨時召集,還得改裝去參加幾天。

如此一再遭迫害,引起的副作用——還俗而又自由出家,使僧伽一天天雜濫。所以,如要整頓佛教,要先將一切出家的納入組織,有出家與捨戒的檔案可查;進一步做到破戒 (不是犯戒) 的勒令還俗,不得再出家;僧團才有清淨的可能。[44]

第三節　僧教育的目的、省思與實踐

佛陀當時把住持佛法的責任託付僧團,僧為三寶之一,故自古以來佛法的宏揚多賴僧眾。

印順導師認為:今日雖也希望發大心的居士們能分擔弘法之責,但根本乃應盡力造就與培養身為出家眾的宗教師。本節即探究導師對僧教育的看法。

---

44 印順導師,〈還俗與出家〉,《華雨集 (四)》,頁 156-158。

一、僧教育的目的，用於修行、學問、興福

印順導師認為：佛法不同於一般宗教處，即從聞思入門；佛學院就是提供聞思經教的慧學中心。但學佛不能停滯於聞思，而應從事實行，即學以致用。[45]

因就「自修」來說，雖應三學相資，但事實上三藏的全盤深入談何容易！若真能一門深入，也就能續佛慧命，為後學的依止。而「弘法利生」實際上是一件多方面的工作；應依學佛者性格好樂的不同，與適應佛教的需要，抱著為眾生、為佛教的決心，量力而行。

這在素來被稱為「正統的住持佛法者」，是要在依律而住下，分科專宏。這包括專究法義的經師、律師、論師，或傳授定慧的禪師，或通俗宏化的譬喻師，此外還有捨身護法專在教團辦事的知事僧。[46]

對古來經論以「修行、學問、興福」三事，總括出家學佛的一切事行。筆者認為：這正是僧教育的目的所在，印公在文中有詳細的說明：

一、就所學用於修行

印公認為：每一行門實行起來是否有效，依佛法說必須：知見 (理解) 正確，意樂 (動機) 純潔，趣向 (目的) 中

---

45 印順導師，〈學以致用與學無止境〉，《教制教典與教學》，頁188。
46 印順導師，〈論佛學的修學〉，〈福嚴閒話〉，《教制教典與教學》，頁160、216。

正，方便 (修持的技巧) 善巧。

中國佛教界雖重修行，而實重於「音聲佛法」，也就是以語言的念誦為主；如寺院的早晚課誦，個人的誦經、念佛、持咒、禮懺等。但不應以多念就好，而應學習專切，攝持心念。至於現今從事「止觀禪慧」的雖不多，但如能先聞思修學，則會減少盲修瞎鍊或行為乖僻的副作用。[47]

又說：世界各宗教都講修行，而合於佛法的修行必是：(一) 與佛法的根本義理相合；(二) 行為表現平淡正常。所以，神秘僧感化力雖大，但非佛教正宗，甚至污損佛法。因為從佛證悟後的表現，與其弟子間的活動史實來看，絕非如此怪模怪樣式的。[48]

二、就所學用於學問

印公認為：學佛以修證為本，故佛法的本質可以不是學問，但不能沒有佛法的學問。從佛法的久住人間來說，學問更重要。而把佛法的學問用於所學，即從事佛教的教化；這依對象的不同可分為「僧眾教育」與「信眾教育」。

一、對於「信眾教育」，認為攝受信眾，要從寺院的定期佈教做起；因當地寺僧的日常教化，最平實有效。這要以真正的佛法去引導信眾，使其向上、向善、向光明。[49]

---

47 印順導師，〈學以致用與學無止境〉，《教制教典與教學》，頁 190-193。

48 印順導師，〈遊心法海六十年〉，《華雨集 (五)》，頁 74-75。

49 印順導師，〈學以致用與學無止境〉，《教制教典與教學》，頁 194，頁 202-

二、至於「僧眾教育」，認為佛學院之類的長期專修教學教育，是復興佛教的根本大計。因從遠大處著想，要使社會人士對佛法有正確的信解，要攝受現代知識份子，單憑通俗教說，易使佛法庸俗化。故唯有三藏的深研，定慧的傳授，才是佛教生命的根源。這雖是少數人能做，卻是佛教的中堅。[50]

三、就所學用於興福事業

印公認為：佛勸比丘少事少業，只是不要去為私人私欲的事；而對佛教、對寺院，卻不能沒有事業。佛教中事不分大小，如法盡職就是。但不應為了權力、財利，而是義務與發心；在發心中鍛鍊自己的道念與道力。

故古代發心出來辦事的知事僧，除須懂得佛教基本道理外，還要有相當的修持，及維護佛法的熱誠，這樣做起事來，才能與佛法相應。

反觀近代，中國僧制的衰弱，即因知事僧沒有修學佛法，專以辦事為主，講活動、講攀緣，才造成教團的紊亂與衰敗。故應反省觀察，從可能處做起，求其與佛法更接近；此中最重要的原則是「無私」，不要專為自己著想。

以上三者，就個人言，專心定慧的修行，是上上第一等

203。

50 印順導師，〈中國佛教前途與當前要務〉，《教制教典與教學》，頁 16，〈論僧才之培養〉，〈論佛學的修學〉，《教制教典與教學》，頁 153、161。

事；但以佛教及眾生立場來說，學問與興福，正是修習智慧與福德的資糧。出家而能在這方面盡力，即使不能盡如佛意，也不致欠債。但應除三病，即：修行不要怪、學問不要慢、興福不要俗。[51]

二、古今中外僧教育的省思

(一) 聞思經教的慧學中心對發揚佛教功不可滅

　　印順導師認為：自古以來佛教優秀的弘法者，無不依三學、六度去真實修學。但從佛教史上考察，由於對三學的所重不同，這或以戒律 (如佛世時)，或以禪思 (如中國古代)，或以聞思經教的慧學 (如印度那爛陀時代) 為中心。

　　其中，聞思經教的慧學，雖在組成清淨僧團，及僧眾們的信念與造詣上，或許不如戒律或禪思為中心的，來得堅強和深厚；但對普遍發揚佛教文化，摧伏邪外，有不可磨滅之功。如印度那爛陀寺，在西元五至七世紀，成為國際佛教唯一最高學府。明初，宗喀巴大師也是基於信、戒的聞思教學，團結僧眾，挽回西藏佛教的厄運。[52]

(二) 中國佛教內傷是「重修行而義學衰」

　　以此反觀中國佛教，導師認為：「重修行而義學衰」，

---

51 印順導師，〈福嚴閒話〉，〈學以致用與學無止境〉，《教制教典與教學》，頁206-209，頁189、190、212，頁218-219。

52 印順導師，〈論僧才之培養〉，《教制教典與教學》，頁146-148。

是中國佛教的內傷。這是由於佛法以篤行為尚，而篤行必先於勝解。但千年來「中國佛教特重於行」，義學且廢；義學衰而重行的佛教也衰。他說：

> 中國佛學千百年來，在專重修持的風氣中習以成性；不但三藏聖典束之高閣，就是「學教」的也我宗我祖，照本宣揚，望文生義，不求甚解，懶得對聖典痛下聞思功夫；於是法義不明，思想凝固，陳陳相因，佛教愈來愈空疏，愈來愈簡陋了。[53]

所幸民國以來義學漸興；而近代學術，有以歷史考證法研究佛學；但中國佛教似乎不滿此種研究法。

印順導師認為：史的客觀研究，雖非唯一的、絕對完善的方法，但在適應時代，促進現代佛學的復興來說，是一光明之道。但離信仰的學術研究，也非佛教之福。[54]

(三) 太虛大師理想的僧教育學制足以媲美那爛陀

透過古今中外僧教育的觀察，印公認為：現今無論自修化他，太虛大師首創的佛學院教育，屬聞思經教的慧學中心是正確的。

太虛大師理想的僧教育學制，晚年修正為：律儀院二年，普通教理院四年 (相當於大學部)，高等教理院三年 (相

---

53 印順導師，〈談入世與佛學〉，《無諍之辯》，頁 228。
54 印順導師，〈談入世與佛學〉，《無諍之辯》，頁 228-236。

當於研究所)，觀行參學處三年，共計十二年。此中，對於教理院的修學，主張從五乘共法到三乘共法，再進修大乘不共法。在此數年中，先對出世間學有一深刻的認識；平時早晚大眾共修，以堅定佛法信心；如此不但可培養一些弘法人才，同時也能使其處理僧事。再於高等教理院之上設立專修處，供專精於某一宗的修持；希望做到行解相應，成為真正的佛教人才。

印順導師對太虛大師的此一修學制度相當贊同，他說：「這一修學次第，戒定慧三學，理解與實踐，都圓滿無缺，與印度傳統的佛學修習法也相近。中國佛教如能開展出這樣理想的佛學院，這是足以媲美那爛陀的」。[55]

但太虛大師的僧教育理想並未實現，這原因很多。印公認為：中國佛教界一向不重視修學，由於得不到鼓勵，故對佛學有興趣的，也很難畢生為佛學而獻身心。這在太虛大師時代，是因當時佛教界需要的是應付社會，維持寺院的人才；於是從佛學院出來的，或在學院任教一、二期的，有機緣的都被受記當家住持；故太虛大師門下於義學深嚐的不多。[56]

---

55 印順導師，〈論佛學的修學〉，《教制教典與教學》，頁 163。

56 印順導師，〈學以致用與學無止境〉，《教制教典與教學》，頁 203-205。

(四) 現今臺灣佛教應從教學相長中造就師資

　　導師說:「現代臺灣,攝受信眾,弘法宣講,打佛七, 傳戒,參加佛教會,作佛教的國際活動;似乎佛教人才非這樣不可。但人的精力是有限的,如成為這一型態的人才,即使於法義有基礎,也很難再有進步了。……等到要辦學,發現師資缺乏;於是僧教育只好請居士來上課,來主持」。[57]

　　面對佛學院長期以來,陳陳相因不能提高素質。印公認為:從教學相長中造就師資,是唯一可行的途徑。故鼓勵受過佛學院教育,而想於佛法有更深造詣的,應從事佛學的教化。並認為「如能一心教學,偶而外出弘化,是最理想不過的」。[58]因為業精於專,自己理解深入才能淺出,學的人也容易進步。對於留學,雖認為緩不濟急,但也不失為補救之道。[59]導師也勉勵學僧:

> 信心堅強,戒行清淨,以念誦、懺悔等來培養宗教情操,而將自己安立於僧團中,安立於聞思經教的慧學中,不求速成,以待時節因緣,才是現在佛教無辦法中的辦法。[60]

---

57 印順導師,〈學以致用與學無止境〉,《教制教典與教學》,頁 205。

58 印順導師,〈平凡的一生〉,《華雨香雲》,頁 123。

59 印順導師,〈學以致用與學無止境〉,《教制教典與教學》,頁 196、204、206。

60 印順導師,〈論僧才之培養〉,《教制教典與教學》,頁 153。

三、印順導師的僧教育實踐

(一) 出家以來依附在寺院、學院中，自修、講學、著述

在僧教育的實踐上，印順導師自出家以來，一直依附在寺院、學院中，自修、講學、著述，與佛學院的僧教育有不解之緣。他說：(一) 民國 19 年初，初萌出家之念，看到報刊「北平菩提學院招生」廣告而離開家鄉。(二) 到菩陀山出家後，即到廈門「閩南佛學院」就讀；後因病到鼓山湧泉寺休養時，也在寺中佛學院講學。民國 21 年回閩南佛學院，並為同班同學上課。(三) 閱藏後住「武昌佛學院」，抗戰期間住四川「漢藏教理院」。(四) 民國 30 年與演培法師到合江法王寺辦學三年後，再回漢院。(五) 寄居香港時，由於有難得清淨的預感，才決定自建精舍與學友共住；這也就是「福嚴精舍」的緣起。[61]

(二)〈福嚴閒話〉表達當時的僧教育理念

民國 42 年「福嚴精舍」初創時，導師即構想以此造就人才。雖限於財力，但因當時有演培、續明、仁俊等數位優秀學友法師共住；在沒有對外招生情況下，民國 44 年左右，成為大陸來臺僧青年的求學中心，學僧曾達 17-18 人。

〈福嚴閒話〉即表達印順導師當時的僧教育理念，他說：「大家發心到這裡來都應作學佛想，一面求得體解佛教

---

61 印順導師，〈平凡的一生〉，《華雨香雲》，頁 5-97。

甚深義理，以及懂得佛教制度、修行方法等等，一面培養為教護法的熱忱。」

在教學態度上，由於個人根性不一，主張學尚自由。但因佛法是一體多面，故認為初學期間，應從博學中求得廣泛了解，然後再隨個人根性好樂，選擇一門深入；這樣才不致因宗派門戶之見而抹煞其他，破壞完整的佛法。

至於寫文章也提示：一、不要招搖，自我宣傳。二、自己所說的話要負責，寫批評性文章不可匿名，而希望多寫建設性的正面文章。[62]

民國 50 至 53 年，續明法師在福嚴精舍辦學，此時求學者以臺灣僧青年為主。印順導師也有如下的訓詞：

> 出家學佛，首應樹立信心，懇切虔敬而生嚮往之誠；次則多聞薰習，務使明達佛義，勿落偏邪；然後見之於行為，身心清淨！於僧團中，尤貴能尊重團體規律，生活有序。以信敬為向，以正見為目，以戒行為足，而後趣向無上菩提。自利以定慧，利他以慈悲，行之以精進；勿燥勿惰，有忍有恆，庶乎可以入佛道矣！[63]

對於辦僧教育，印公認為最大的兩個困難是人才和錢財；此中錢財事小，人才事大。因有了人才，認真辦學，錢

---

62 印順導師，〈福嚴閒話〉，《教制教典與教學》，頁 222-227。
63 印順導師，〈福嚴學舍訓〉，《海潮音雜誌》，第 44 卷，第 12 期，頁 2。

財會慢慢來；沒有人才，錢財再多也辦不成，即或辦成也不一定理想。[64]

但印公也感於時代與環境的局限，自認由於福緣不足，缺乏祖師精神；終因學友星散，在內修與外弘不得著實的矛盾中，於民國 53 年夏掩關；恢復個人的自修，以著述為佛教教育再奉獻。[65]

據筆者所知：「福嚴精舍」在民國 57 年，曾由演培、印海等諸位法師，合辦第一屆「女眾佛學院」；因故三年後停辦，曾一度外借作「譯經院」。直到民國 67 年印順導師請真華法師來當住持，並與能淨法師接辦「第二屆女眾佛學院」，每三年一屆。在真華法師領導下，學院重建並於民國 80 年秋落成。此結合傳統與現代的建築，頗有唐寺的雄健。有此良好的學風環境，學僧專心修學，多年來深獲教界好評。民國 82 年秋，「女眾」佛學院，改組為「男眾」佛學院，學院增設有高級部、研究部，至今發揮印順導師的僧教育理想，造福佛教、社會。

---

64 演培法師，〈做個「德學兼優」的學生〉，《菩提樹雜誌》，第393期，頁 18。
65 印順導師，〈平凡的一生〉，《華雨香雲》，頁 110。

第四節　僧俗關係的回顧與展望

一、僧俗的定義與責任

　　印順導師根據《阿含經》，對僧俗作精確的定義。他說：「家」的可厭，是由於人類財產私有、男女繫屬之故，而有殺、盜、淫、妄等社會糾紛。

　　「出家」的真義，是否定固有社會的價值，放棄財產私有、眷屬繫著，為解脫生死而投身僧團。故出家是自我私有的否定，而過捨離我執的生活；否認王權至上，而不受狹隘的國家主義所拘蔽。[66]

　　至於僧俗的責任：釋尊適應當時社會，以解脫為目標；八正道的「正命」，在家、出家不同。在家重「財施」(有悲田、敬田)。

　　出家眾是以慈和嚴肅、樸質清淨的形象出現人間，以「知善惡、知因果、知業報、知凡聖」來教化世人，負起啟發、激勵人心向上向解脫的義務，稱為「**法施**」；依現代說，就是廣義的社會教育。

　　由於佛世時，在家眾沒有組織；佛將出家弟子組成僧團，過著團體的共同生活。因沒有妻兒家業等紛擾，淡泊的生活在當時確能弘法利生，使佛法普及各方。因此在家出

---

66 印順導師，〈出家眾的德行〉，《佛法概論》，頁 217-219。

家，最初是依根性習尚、生活方式及負擔任務的不同，後來才漸從受戒差別去分別。佛隨順攝受樂行者的根性，有在家弟子；隨順攝受苦行者的根性，有出家弟子。只要有出離心，過著不過分縱欲、苦行的中道生活，都有解脫生死的可能。[67]

二、早期印度的僧俗關係和合

對印度早期佛教的僧俗關係，印順導師提出三項補充，可知僧俗關係和合。

一、從各律〈戒經〉舉三點說明：早期僧俗關係親和

(一) 以「二不定法」來看，這是僧伽得在家佛弟子之助，以維護僧伽清淨。

(二) 對僧團諍事，僧中原則是「僧事僧決」；但代表早期僧團情形的大眾《僧祇律》，認為最好僧伽自己解決，或可請大勢力的優婆塞、國王、大臣協助。

(三) 比丘若不合理的得罪在家佛弟子，律制應作「發喜羯磨」，即比丘要依僧伽旨意向在家者懺謝。

故知印度早期僧俗關係，不但出家者應尊敬，可信賴的優婆塞、優婆夷也相當受尊重。

二、「北道派」者主張：在家也可成為阿羅漢

---

67 印順導師，〈契理契機之人間佛教〉，《華雨集 (四)》，頁 51-52。
　《佛法概論》，頁 197-199。

印度佛教史上「北道派」者以為「在家也可成為阿羅漢」。此說引起近代學者，尤其「在家佛教」信仰者的注意。

印公認為：根據 (經律) 傳說的事實，證明阿羅漢沒有在家生活的戀著，所以若不出家即會入涅槃。

而透過巴利藏《論事》與《彌蘭陀王問經》的研究可知：北道派的見解，可能是某一地區在家佛弟子，在精進修行中自覺不下於出家者，故不能同意出家者優越的舊說，而作出在家者可得阿羅漢的結論。此「在家阿羅漢」論，應屬大眾部系學說；故大乘興起時，菩薩每以在家身分出現，並表現勝過 (聲聞) 出家者；可說是這思想的進一步發展。

三、古代「勝義僧」的解說

古代「勝義僧」的解說，是經法中「三念」、「六念」法門中「念僧」的僧，是指四雙八輩的賢聖僧，即成就戒、定、慧、解脫、解脫知見的無漏功德者。如出家而未達「向須陀洹」，就不在所念之內。而在家弟子如達到「向須陀洹」，雖未究竟解脫，也是念僧所攝。也就是：在家賢聖，勝過凡庸的出家者。

但在世俗律制的過份強化中，出家就有崇高的地位，受在家弟子的尊敬供養。如歸依三寶，比丘是歸依的證明者，依現前比丘而歸依一切賢聖僧；後來似乎就歸依凡聖的出家

者了。這是法義與律制間的異議。[68]

三、過去中國僧俗關係的偏失與反省

(一) 明太祖政策的偏失，經懺流為僧眾生計

　　印順導師說：從中國佛教史來考察，佛法興盛時期，出家眾因對佛法有透徹的了解，身心行為優良，才能獲得世人的尊敬與肯定；[69]進而化導信眾，使其由仰慕而生敬信，由敬信而發心修學，由修學而深入。[70]

　　但近代，由於僧眾道德、知識與能力，普遍低落；在社會群眾心目中，不斷印上惡劣印象，這才漸從信仰而懷疑，從尊敬而輕視；[71]故民國以來有僧俗問題的諍議。至於「僧眾素質低落」之因，導師說：

> 近代僧流猥雜，非一朝一夕之故。唐宋禪宗興而義學衰，元代蕃僧至而僧格墮；明清以來又受政治壓迫，久已奄奄無生氣。承國族衰弱之會，受歐風美雨之侵蝕，乃日以不支耳。[72]

　　又說：明太祖雖護持佛教，但由於「不干於民」政策的

---

68 印順導師，《初期大乘佛教之起源與開展》，頁 175-179。

69 印順導師，〈導師開示〉，《福嚴佛學院第五屆畢業紀念特刊》，頁 36。

70 印順導師，〈論僧才之培養〉，《教制教典與教學》，頁 140。

71 印順導師，〈僧裝改革評議〉，《教制教典與教學》，頁 44。

72 印順導師，〈度牒與戒牒〉，《華雨香雲》，頁 188。

偏失，使佛教完全被封鎖在山門內，斷絕了佛教的慧命。[73]
因寺院經濟從此建立在寺產與經懺上，尤其經懺流為僧眾生
計，僧格掃地。

　　日本學者鎌田茂雄也認為：此種把佛教教團從社會分離
的方針，使清末佛教的實權，漸脫離佛教教團，而轉入在家
居士手中，「居士佛教」就此興盛。[74]

　　印公又說：由於自古以來的中國佛教，都由出家眾弘
揚，近代也因此引起許多誤解：或以為弘法是出家人的事，
護法是護出家人的法；或以為學佛等於出家，就是在家修行
也不再從事在家事業。

　　對此偏失，印公認為：學佛不一定要出家，出家僅是根
性適宜，而願意專心修習佛法，弘揚佛法的少數人。如局限
於出家，反不能以人間的正當事業來引導人歸向佛法。希望
出家同仁，不要隨便勸人出家，不要攝受無信仰的出家。[75]

(二) 民國以來的「俗之僧奪」與「僧之俗變」

　　清末民初以來，由於政治的不穩定，佛教極端衰微；在
家出家學佛也百弊叢生。這可從太虛大師民國 16 年發表
〈告徒眾書〉中，看出當時佛教的重大危機在「俗之僧奪」

---

73 印順導師，〈中國的宗教興衰與儒家〉，《我之宗教觀》，頁 45-47。
74 鎌田茂雄，《簡明中國佛教史》，頁 316。
75 印順導師，《華雨香雲》，頁 235-236。《成佛之道》，頁 141。《教制教典與
　　教學》，頁 81-82。

與「僧之俗變」。

所謂「俗之僧奪」，是在家佛教徒以僧之無能不足崇，而欲奪住持佛教之位以代之，情形如下：

一、歐陽漸等居士，面對教界衰相，採建立居士道場以弘揚佛法。太虛大師則站在僧伽本位立場，主張結合僧俗二眾，以挽救佛教的危亡。

二、歐陽漸發表〈論作師〉，主張在家得為出家者師，得受出家者禮拜。太虛大師作〈與竟無居士論作師〉，認為住持佛法為出家者之責。

三、民國 25 年太虛大師作〈論僧尼應參加國民大會代表選舉〉。歐陽竟無則致書陳立夫反對僧尼參加國民大會代表選舉。且認為「僧徒居必蘭若，行必頭陀」，「參與世事，違反佛制」。印順導師對此有意壓低出家眾的心態，評曰：「歐陽治佛書三十年，偏宗深究，宜其得之專而失之通」。[76]

所謂「僧之俗變」則是：過去，佛教偏重出家。不問是否能適合出家生活，是否能少欲知足，是否對利養心與眷屬心，不太染著。而多數不合出家性格，這才僧格低落；不是爭名利，便是圖享受；打著弘法利生招牌，實際是爭地盤，打天下；或者攝受徒眾，爭取信眾，造成與佛法無關的派系惡果。[77]

---

76 印順導師，《太虛大師年譜》，頁 238、247、406。
77 印順導師，《成佛之道》，頁 137。

(三) 希望真誠的護法能從旁助成僧團的和樂清淨

　　印順導師認為：近代中國的在家學佛者，信佛信法、敬佛敬法的還有，而信敬僧伽的實在太少；三寶的歸信不具足，難怪佛法的希有功德不易生長起來。

　　故希望真誠護法的信眾，若見有不清淨合法的僧眾，或可向僧伽提議，或從旁助成僧團的和樂清淨，而不要呵毀嫌責。因為站在整體佛教立場，三寶是佛法的總綱，佛法始終由僧眾延續下來，出家為僧者雖程度千差萬別，但總合起來卻是有力的僧團，能住持如來正法。[78]

四、建設在家佛教的方針

　　面對過去中國佛教的偏失，與時代的潮流，印順導師認為：佛教發展中，大乘已傾向在家中心；且從經典考察，阿含經的質多長者，大乘經的維摩詰居士、勝鬘夫人；近代如我國的楊仁山、歐陽漸，錫蘭的達摩波羅長者，都是弘法龍象；故在家佛弟子，論理是可負起弘揚佛法的重任。

　　而且，出家來自在家，故發展在家佛教，可提高出家眾的品質，也可免除社會的誤解，使佛教走入正常光明的前途。因而對「在家佛教」有如下的提示：

---

78 印順導師，《成佛之道》，頁 25-27。

一、「在家佛教」應包含兩個重點

(一) 建立佛化家庭。即應由自身淨化作起，去引導家屬也得佛法的利樂。

(二) 由在家佛弟子來主持弘揚，這必須是組織的、入世的。即應由發心正確、動機純潔的信眾來組織，從組織中加強信解，成為內修外化的和樂教團。

在事行上，各從自己崗位去攝化與自己有關的人，即在同見、同行、同願的基礎上，來推行宣化、修持、慈濟等工作。而在家的主持教務者、宣教者，應由教團解決其家庭生計，且應與教團經濟分開。

總之，希望在家佛教的發展，是民主的、公有的，而不是少數人的私物。否則若還只是敲打唱念、坐坐說說、收弟子、爭供養，那就大可不必了！[79]

因此特讚嘆「泰國佛教總會」雖為一在家組織，護持僧團而不參與僧事，拜佛、聽經、做佛事，都到僧寺；不像我國蓮社、居士林，幾成變相的寺院。[80]

二、「在家佛教」可能引起的兩種誤解：

(一) 日本式的佛教。不是「在家佛教」而是「變了質的出家佛教」，不是「佛教化的家庭」而是「家庭化的佛教」。

---

79 印順導師，〈建設在家佛教的方針〉，《教制教典與教學》，頁 82、86-89、92。

80 印順導師，〈泰國佛教見聞〉，《佛法是救世之光》，頁 386。

但契合佛意，適合中國的在家佛教，絕非如此[81]。

　　(二) 白衣說法，比丘下座。並非由於白衣說法而成末法。反之，正由於出家佛教的衰落，而有白衣說法的現象。而在家主持教化事業，並非一切由在家眾壟斷；如出家眾自身健全，深入佛法而適應眾生，一定會與在家佛教攜手並進；且在佛教中始終居於領導地位，這樣當然不是沒有僧寶了。[82]

　　筆者認為：從以上探討，印順導師贊同「在家佛教」，是因為從信行來說，佛法是一切人的佛法。從弘揚來說，佛法也不專屬出家人的。故僧俗二眾本應和合，共同分擔弘法的責任。對於釋尊適應時地而有的出家制，清淨修行，專心宗教，成為佛教的中心力量，當然應該尊敬。只是近代由於中國佛教的偏失，造成僧眾素質的低落。至於如何提高僧眾素質，發揮僧團組織力量，更成為印順導師一生努力探究的目標。

---

81 白聖法師關懷佛教，對臺灣僧眾女多男少的現象不免擔心，故在〈我對佛制改革的意見〉文中，曾主張僧侶宜分上座部與大眾部；大眾部得類似日本僧侶，聽其娶妻生子另組家庭。曾引起教界的非議 (《中國佛教月刊》，卷 22，第 2 期)。

82 印順導師，〈建設在家佛教的方針〉，《教制教典與教學》，頁 90-91。

第五節　僧制的其他問題

一、關於素食問題

　　素食 (不肉食)，是千百年來我國佛教界傳統的美德。但印順導師感嘆：近三十年來，種種邪說謬論流行！(筆者按：〈關於素食問題〉是導師民國 46 年所寫的，近 30 年是指民國 16~46 年的大陸及台灣，因密教之興而起的)

　　佛教遮制**食葷**的本義：葷是葷辛，指蔥蒜薤韭等臭味極重的蔬菜。如少數人吃，別人聞到不免惡心，故避免食用。如由於治病，即不許參加群眾集會，以免別人嫌厭。所以，佛教徒非絕對的**蔬食主義**，因葷辛是不食的；也非絕對的反**肉食者**，因牛羊的乳酪是許食的。不食肉，只是「不殺生」的實踐。[83]

(一) 駁斥偽科學的肉食者

　　掛起科學招牌的肉食者，從不能避免殺生，作出不妨殺生的結論，如：(1) 草木也有生命，蔬食還是不免殺生。(2) 水中、空氣中都有生物！如真不殺生，就不能飲水、呼吸，那唯有死亡。

　　印順導師認為：佛法所說的殺與不殺，有著善惡 (道德與不道德) 的性質。

---

83 印順導師，〈關於素食問題〉，《教制教典與教學》，頁 95-96。

一、從對象說，指殺害有情識的眾生 (近於動物)；因其都有求生惡死的意欲，如受到傷害或死亡，會引起恐怖、怨恨的行為，即會引起相仇相敵的因果系。草木無情識，所以「食蔬也是殺生」，是沒弄清楚這事實！

二、由於對人的關係不同，殺生的罪過有輕重。1 如殺人，是重罪。2 如殺害對自己、對人類有恩德的父母、師長、聖賢，是罪大惡極！3 如殺害牛羊鳥雀蟲魚，雖有罪但過失輕。

三、殺生罪的構成，應綜合殺者的心境來論定，可分：

(1) 明知是有情，由於貪、瞋、邪見，經審慮而起決定殺的意欲。這樣殺人，是極重罪；殺畜生，罪也不輕。

(2) 牛羊蟲蟻等眾生，如無意中傷害，雖有罪，是「惡作」的輕罪。

(3) 如無殺害心，也不知有眾生；如平常的飲水、呼吸，這不成立殺生罪。[84]

(二) 駁斥僧眾不妨食肉

肉食論者認為：(1) 依據經律記載，釋尊與弟子都是不禁肉食。現在，錫蘭、緬甸、暹羅的僧眾，生活起居近於印度舊制，也都是肉食。(2) 蒙藏喇嘛，(3) 日本僧侶，也都是肉食。

---

84 印順導師，〈關於素食問題〉，《教制教典與教學》，頁 97-98。

印順導師認為：佛教以護生為處世利生的指導精神，必須透過時地因緣，從可能處做起，逐漸提高擴大；所以佛法有人天法、出世法等級別。應諒解漸入的方便，而不能偏滯於不徹底的部分。

一、佛與弟子，過著乞食生活，只要不見、不聞、不疑，肉食不犯殺生戒。但大乘經中明白宣說：佛弟子不應食肉，食肉斷大悲種，食肉是魔眷屬。這是因在佛教發揚中，僧眾得到國王、信眾布施來的廣大土地，雖由淨人耕作而實是自己的；所以大乘隆盛時代，堅決反對肉食。如我國寺院，都過著自耕、自買、自煮的生活，食肉也犯禁戒。

二、蒙藏佛教徒肉食。因從環境說，是畜牧區，故比照三淨肉的方便。從信仰說，是秘密乘，所崇仰的本尊是忿怒、貪欲的夜叉、羅剎，是飲血噉肉 (殘害人類)，邪行淫亂；密乘向他們學習，是他們的自由。但如秘密乘傳入農業區的中國內地，肉食慣了，不能不肉食，就大有問題。

但受蒙藏佛教影響的肉食論者，離奇的解說：學密而肉食，是為了破執，是為了度牠。那為什麼不喫你的父母、兒女？為什麼不喫蜈蚣、癩蝦蟆、糞蛆、蛔蟲，這類眾生？其實是為了要吃牠，所以說要度牠！

三、日本佛教，過去承受中國佛教；直到現在，真宗外，大本山還過著素食生活。從真宗開始，帶妻食肉，其他的宗派也跟著學，才漸與中國佛教脫節。他們雖有僧侶，但

都「不受出家戒」；實際上，可說是「在家佛教」。[85]

所以，從根性說：如真為大乘根性，學大乘法，應絕對的禁斷肉食，長養慈悲。如為一般信眾，不妨短期持不肉食戒，以為趣入佛法的加行。

但中國佛教徒，素食慣了，每誤為「學佛非素食不可」；這不但使肉食者不敢學佛，更引起肉食論者的邪謬反應。希望勸人肉食而自己非肉食不可的，少作謗法惡業；這是斷滅佛種的謬說！[86]

(三) 近代台灣佛教素食觀的演變

根據謝莘莘論文，來看當代台灣佛教素食觀的演變。

1. 從克苦到精緻素食──以法光寺、覺苑寺為例

早期台灣社會物資缺乏，白米產量不多且昂貴；一般人常以便宜的地瓜摻入米飯果腹。台灣佛教僧團生活也清苦，以民國 52 年左右出家的照惠法師，出家前所看到的一般寺院飲食為例：每餐除豆腐一小塊外，只有醬菜和青菜。

照惠法師自述：由於其家緊鄰寺院 (碧山岩)，小時候每逢浴佛節，都會去寺院吃鹹粥。民國 52 年正值法師 18 歲年華，中秋節與一群人上山賞月而萌出家因緣。

出家不久被調到台北「法光寺」，住持如學上人是照惠

---

85 印順導師，〈關於素食問題〉，《教制教典與教學》，頁 99-106。
86 印順導師，〈關於素食問題〉，《教制教典與教學》，頁 107-108。

法師的師公，對飲食非常重視。因師公早年曾參訪日本永平寺，發現他們的飲食都很精緻。加上師公本身出身新竹望族，對飲食相當講究。**法光寺**在師公指導下，火候、口味都很用心，因此名躁一時；也因當時台灣政治、經濟穩定，一些達官政要及政商名流，常在此辦素席宴請賓客。

照惠法師非常景仰師公，因師公不管在儀表、氣質、談吐上，都高雅莊嚴。法師也很努力跟師伯學習烹飪三年多，還負責準備師公的飲食。由於當時還要參加早晚課誦，訓練得手腳伶俐，可在二十分鐘內做好一餐飯菜。法師與師公也很有默契，常常師公想吃什麼，法師就已幫她準備好了。就這樣在法師去讀佛學院前，已於法光寺做了六年的典座寮長，加上三年就讀初中、高中補校，一共九年，大眾相處和樂融融。在法光寺，平常幾乎不吃點心零食；至於水果，都在兩餐中間吃。

由於當時普遍生活困苦，都吃地瓜飯或稀飯。法光寺堅持三餐要吃乾飯，認為這樣長期下來身體才會健康。法師後來去讀佛學院，早晚都吃粥；這對正值青春期的學生來說，是不足已止飢的。於是法師就建議院方將晚餐的粥，改成乾飯。這樣，學生在安板睡覺前，吃點心、泡麵的現象就改善了。

法師讀佛學院時，同學們放假要回常住時，都會請教她菜單；法師因此有志推廣。佛學院畢業後，即與禪欣法師創

立座落永和市的「覺苑寺」。並於民國 67 年出版《百味香覺苑素食譜》第一冊，首印一萬冊，不久即銷售一空；這是全台灣也是全世界第一本素食譜。民國 69 年再推出第二冊，中英對照食譜。除在覺苑寺定期教學外，並應國內外寺院、機關、團體之邀作烹飪教學。又於 83 年 9 月起歷時一年半，連續錄製 30 卷錄影帶 (分 30 大系列)，提供有線電視播出，受到一致的好評。[87]

2. 健康素食──以雷久南、姜淑惠、照智法師為例

民國 70 多年即有一些醫界或科學界研究者，提出相當具有說服力的健康素食理論，在此舉三位台灣代表人物：

一、雷久南博士，出生台南，14 歲隨父母移居美國。她小時候深受過敏性體質所苦，19 歲閱讀到由醫學專家撰寫的《新鮮蔬果與健康》一書，開始嘗試天然素食。

民國 79 年起，每年巡迴世界各地演講及舉辦研習營，得到廣大迴響。經多年教學與研究，創辦「琉璃光養生世界」及「琉璃光雜誌」，提倡以自然療法，達到身心靈整體健康的目標。並出版《身心靈整體健康》等書，提倡不使用農藥、化學肥料所耕種出來的有機蔬果及生機飲食。

她認為：許多蔬菜含有分解完全的胺基酸，比肉類更適

---

87 謝莘莘，《當代台灣佛教僧尼的戒律觀及其生活實踐》，玄奘大學宗教學研究所碩士論文 (97 年 7 月)，頁 11-12，頁 18-20。

合人體的吸收;素食者如果能多元攝取各類蔬果,不會有營養不足的問題。並強調「藥補不如食補,食補不如動補,補身莫忘補心,行善最樂最補」,經常保持心曠神怡,對免疫力的提升有幫助。

二、**姜淑惠醫師**,九歲時,母親罹患癌症病逝,影響她日後行醫時與病患感同身受的態度。她擁有中、西醫執照,並廣泛涉獵歐洲、印度及西藏醫學;曾任省立桃園醫院主治醫師。

由於國內醫療文化,過度依賴藥物。姜醫師認為:醫生的使命在於教育、指導及諮商;醫生最極至的境界,就是做好預防醫學的工作。故提出「健康之道」理念,並在台中成立「無著健康之道」,作為推廣預防醫學及培訓義工中心。且經常在美國、紐澳、星馬、台灣等地區舉辦大型健康演講會,及辦斷食營。民國 88 年起,陸續出版系列叢書,宣導健康的飲食概念。

三、嘉義阿里山的「慈雲寺」,是有近百年歷史的古剎,環境清幽。住持照智法師表示:感於佛弟子雖發心修行,但身體多不好;故其在日本讀書時,常去當地的斷食道場研修,得到一些概念;認為素食者原則上應比一般人健康才對。所以,約在三十年前,其道場開始舉辦斷食活動(一年兩次,每次一星期),但近二十年已改成**生機飲食**。

他們的住眾,幾乎不看醫生;即便有癌症,也能得到很

好的控制。其飲食歸納如下：1 早餐：只吃**水果**和**芽菜**。2
午餐：熟食，季節性蔬菜多是用水煮。3 藥石：自己研發的
養生湯和幾片餅乾。

在根莖、葉菜或豆類方面，均衡的攝取各種營養。豆類
多吃黃豆、綠豆、紅豆等，發過芽後再放到飯裡一起煮；豆
包、豆腐類比較少吃。即使一些癌症或慢性病患者，以她們
藥石的量就足夠維持健康與體力。

總之，這是個以健康養生為考量的修行道場，也將理念
分享給有需求的信眾；表現出與一般傳統道場較不同的飲食
方式與特色。[88]

四、筆者在民國 78 年著手寫論文時，曾想如何簡單有
效調理飲食；正好接觸到雷久南博士的演講，改吃五殼類。
之後又接觸到姜淑惠醫師所提倡的正確健康素食，深入了解
後，自我實踐，又在後來的教學上隨緣推廣，深受學員歡
迎。筆者民國 90 年間的一份教材，附於書後「附錄」健康
之道。

3. 加工素食帶來的副作用

民國 70 年，台灣因政經穩定，文化教育普及；素食館
如雨後春筍般林立，素食人口也快速增加。這要歸功於佛教

---

88 謝莘莘，《當代台灣佛教僧尼的戒律觀及其生活實踐》，玄奘大學宗教學研
　究所碩士論文 (97 年 7 月) 頁 15-18，頁 20-22，頁 91-92。

的積極弘化，及新興宗教 (如一貫道) 的積極推廣素食。

因此許多商家研發各種加工食品，如素肉、素火腿、素貢丸……等。這或可達到接引葷食者，斷肉食素的目的；但過度精緻加工的食品，帶來可怕的**副作用**：如含有高量的防腐劑、漂白劑或其他化學品。容易導致人體產生癌症，或其他慢性病變。

民國 93 年 6 月初，傳出有黑心商人為了牟利，竟枉顧多數素食者最在意的不殺戒；而在食品中添加高達七成以上的動物成分。[89]

台南妙心寺的傳道法師，即是黑心素食的揭發者。他在接受當時中時晚報記者訪問時表示：全省各大小餐廳推出的那些做成動物形狀的素食，像是火腿、魚、蝦仁之類，幾乎都摻入動物成分。尤其是素火腿，很多是從美國、日本或泰國進口來的豬肉或牛肉罐頭，一到台灣卸了貨，標籤馬上換上素火腿，這樣 1 斤價格立即漲 100 元。或真的是素火腿，就再拿去浸泡肉汁，加重口味，以搶銷路。[90]這也讓許多素食者反省：是否因「口素心不素」，才成為黑心素食商販的幫兇！

---

89 李明賢，〈黑心素食 市售抽驗逾七成摻葷〉《自由時報》，2004 年 6 月 11 日。http://www.epochtimes.com/b5/4/6/11/n565350.htm。

90 陳世財，〈傳道法師率先揭發黑心素食〉，《中時晚報》，2004 年 6 月 10 日。http://www.awker.com/hongshi/mag/70/70-11.htm。

二、經懺與寺院經濟

(一) 經懺的由來與影響

　　印順導師說：中國古代，懺法本為各宗派僧眾內修的前方便。到元代，因皇室信密教，國家隨時都在作消災植福功德 (經懺法事)；內地僧侶與民間的經懺法事，因此大大流行。

　　明太祖護持佛教，為維持僧伽清淨，分僧人為三類，在禪僧、講僧外，有「瑜伽僧」，就是為人誦經禮懺的應赴僧；這是元明以來佛教的主流！此乃適應中國「人死為鬼」與「慎終追遠」的孝思。

　　現在台灣流行的經懺法事有：「水陸齋會」、「瑜伽燄口」、「蒙山施食」；這一超度鬼魂的法事，得到異常的發展。七月「鬼月」普度而施放 (救濟品) 燄口，到處都在舉行。

　　「經懺法事」本出自大乘的方便道，演化為應赴世俗的法事；從適應世間來說，有相當意義。因為任何宗教，要普及社會，對信徒都會有一定的宗教義務。

　　從律藏中可看到佛陀時代的信徒，生孩子，造新房，外出遠行 (經商)，喪葬等，都會請僧眾去受午供。飯吃好了，施主在下方坐，聽上座法師略說法要，說偈頌迴向功德。如上座不會說法，就背誦一則佛經；這就是「應赴」受供，為信眾作功德；是為信眾誦經的起源。

　　但對中國「經懺法事」的氾濫，導師總覺是佛法衰落的現象。因為：

　　一、中國的經懺多，主要是人死了，要做功德。有的逢七舉行，有的四十九日不斷，滿百日、周年也要做功德；而七月普度，到處在放燄口。人數多，次數多，時間長，是受儒家厚喪厚葬的影響。大家為這樣的法事而忙，理解佛法、實踐佛法、體悟佛法的，當然少了！

　　二、「經懺法事」應是對信眾的義務。如現代日本佛教，遇信徒家有人喪亡，會自動按時去誦經。人不多，時間不長，可能就是我國唐、宋時代的情形。但大陸佛教，做法事是講定價錢的。由國家明訂價格，原是為免瑜伽僧的貪得無厭；但已失去宗教的意義，變成交易的商業行為。[91]

　　此乃由於宋明以來佛教，被局限於山門內，「不干於民」的政策，使得寺院經濟建立在寺產、經懺上，以至僧格掃地。

(二) 印順導師與聖嚴法師對經懺的看法不同

　　印順導師認為：依律制，僧眾的資生物，有賴信眾的布施供養。但不要時常打錢的主意，只要重視德行與持戒，生活絕不致成問題。[92]

91 印順導師，〈經懺法事〉，《華雨集 (四)》，頁 129-134。
92 演培法師，〈弘法拾零〉，《獅子吼雜誌》，第二九卷，第八期，頁 47。

　　民國 44、46 年導師去東南亞參訪，發覺彼國有值得我
們學習處：如菲律賓，平時佛事只是普佛或上供。因此導師
提示「佛事不在多，時間也不必長，主要是莊嚴、誠懇、鄭
重」。[93]

　　至於泰國，寺院都有定期的弘法；每當信眾家裡有事，
如新屋落成、店鋪開張、或結婚、生子、做壽、祈康、死亡
等等，都請僧供養。即使家有喪事，也少請僧超度。僧眾由
於生活簡單，不愁衣食、住處、醫療，故能依律而行，僧團
易清淨，信眾也易起信、供養。因此，與信眾關係仍然密
切，使得佛教得以全面展開。[94]

　　反觀中國出家人，一天到晚為衣食而忙，真正的弘法事
反而做得少。所以導師在民國 50 年籌建「慧日講堂」時，
即想：「佛教難道非應付經懺，賣素齋，供祿 (蓮) 位不可！
不如創一講堂，以講經弘法為目的，看看是否能維持下
去！」[95]

　　聖嚴法師則認為：中國僧尼並不因是「三寶」之一，便
能得到廣大信施。大多數僧尼是以自力謀生，如自耕自食，
應赴經懺，募化小緣，以及仰賴香火燈油等。[96]因此，對於

---

93 印順導師，〈菲律賓佛教漫談〉，《佛法是救世之光》，頁 353。

94 印順導師，〈泰國佛教見聞〉，《佛法是救世之光》，頁 372-375。

95 印順導師，〈平凡的一生〉，《華雨香雪》，頁 79。

96 聖嚴法師，〈僧伽未必是僧寶〉，《明日的佛教》，頁 184。

經懺佛事，認為談修正則可，言廢除則不可；因一旦中止，勢將拒絕許多人的入佛因緣。[97]至於應如何做較如法，在其〈莊嚴的佛事〉文中有所說明。[98]但也建議僧尼的生活來源及道場的經營方式，應由經懺、香火、募化的型態，轉為教育、文化、慈濟的模式；即由保守步向與大眾福利息息相關的道場經濟。[99]

筆者認為「寺院經濟」包含收入與支出。在「收入」方面，臺灣由於三七五減租政策，靠寺產維持經濟的寺院已幾乎沒有；而有可觀香火收入的古剎也是少數。二位法師的見解，與其個人環境背景有關；聖嚴法師的主張，是一種漸進式的導向，似更切實際；而印順導師則是直探佛陀本懷的見地。

在「支出」方面，一般道場多用於建築及日常生活所需。今後則應加強對僧眾福利的重視，廣義除衣、食、住、藥等日常生活所需外，應包括就學深造；因這也正是基督教、天主教能吸收人才的原因所在。

(三) 今日台灣佛教的非營利事業，以慈濟、福智為例

僧眾平日接受信眾供養以維持基本生活，似不成問題。但如想發展大型的教育、慈善、文化等事業，勢必要有固定

---

97 聖嚴法師，〈論經懺佛事及其利弊得失〉，《佛教制度與生活》，頁 135、174。
98 聖嚴法師，〈莊嚴的佛事〉，《明日的佛教》，頁 82-84。
99 聖嚴法師，〈推展佛教福利事業〉，《明日的佛教》，頁 117。

而雄厚的經濟資源。今日台灣少數大僧團，已有了自已的非營利事業組織，以慈濟、福智為例。

1. 證嚴法師的慈濟志業

證嚴法師初因父親突往生而生修道之念，辭親求道到花蓮，自行落髮。民國 52 年赴臺北求受三壇大戒因緣，皈依印順導師座下。民國 55 年 2 月原打算離開花蓮，受三十位信眾聯署挽留；又因探病時目睹原住民婦人難產的一灘血；及三位修女來訪等因緣。促使證嚴法師發願以「集合五百人就是一尊千手千眼觀世音」的精神，欲建立一菩薩網，隨處聞聲救苦；因此成立「佛教克難慈濟功德會」。初由六位同修眾，每人每天多做一雙嬰兒鞋；三十位信女，每人日存五毛買菜錢；如此每月集資一千多元，開始從事濟貧救苦的工作。[100]

後來也研發如「不掉淚的蠟燭」，此乃源於證嚴法師修行之初，看到傳統蠟燭，燭淚滴在桌面，不惜福又不乾淨；便思考如何能完全燃燒，油盡燭滅。試了又試，直至民國 70 年才研製成功。接著採機器大量製造，成為常住眾自力更生，克勤克儉的經濟來源之一。今日從「靜思網路書軒」上，可看到其自生產的產品，有食品類、百貨類、書籍類、

---

100 慈濟全球資訊網/證嚴上人/重要記事年表。

影音類等等。[101]

由於證嚴法師的悲願力，50 多年來接引眾多的追隨者、各方人才與企業家，建構龐大的志業體。目前慈濟有「四大志業」，即從慈善開啟醫療，由醫療開啟教育，又從教育而啟人文。

慈濟的歷史，也由此四大志業交錯穿插而逐漸編織出「八大法印」：1 慈善、2 醫療 (如慈濟醫院)、3 教育 (如慈濟大學、慈濟技術學院、慈濟小學、慈濟中學)、4 人文 (慈濟人文志業中心、大愛電視、經典雜誌、檀施會、慈濟月刊、外語期刊)、5 國際賑災 (如援助川緬)、6 骨髓捐贈 (慈濟骨髓資料庫)、7 環保 (如慈濟環保教育站、大愛感恩科技公司)、8 社區志工 (慈濟各分支會所)。[102]

2 福智的慈心農場與里仁門市

對於福智僧團的慈心農場與里仁門市的了解，根據謝莘莘論文訪談「慈心農業發展基金會」董事長賴錫源居士：

「慈心有機農業發展基金會」的理念來自日常師父，師父除帶領我們學習佛法，同時也要我們身體力行，與日常生活結合。因此，鼓勵我們除了文教事業，還可以從事能照顧身體，又造十善業的「推動有機農業」。

---

101 靜思網路書軒/緣起/不掉淚的蠟燭。

102 慈濟全球資訊網/認識慈濟/慈濟志業/慈善,醫療,教育,人文,國際賑災,骨髓捐贈,環保,社區志工。

　　至於師父會有這理念，是因其在美國時，看到西方人早已推行有機農業多年。而亞洲的台灣，使用農藥量高居亞洲之冠。正好有位信眾在關西有塊農地，原本種植柑橘，也使用農藥。學佛後覺這殺業很重，自己也得了皮膚病；就想把地捐給師父蓋道場。

　　師父認為農藥問題既然這麼嚴重，不如把這塊地作為一個教育性的實驗農場；因此，開始鼓勵大家實行有機種植。

　　有收穫後也要有人買，於是又想到產銷問題。基於這理念的啟發，我們在家居士便開始帶動執行；後來也成立基金會，輔導農友。我們有一批農業專家、食品專家為此把關；農委會不但認可我們，還讓我們可以驗證別人的農產品，發給他們標章。

　　現在經營分兩部分：一、不以營利為目的的「基金會」，以推廣環保理念為主；二、基於大眾需要，由「里仁門市」販售一些有機蔬果，及沒有人工添加物的食品。「誠信、不殺、互助合作」，是我們推動的理念。

　　師父座下的僧俗弟子是分工的，僧團法師專注內修，不參與慈心志業的經營；僧團所需的食物、日用等，都由「基金會」優先供應。在事業經營方面，則由有專業素養的在家居士來做。[103]

---

103 謝莘莘，《當代台灣佛教僧尼的戒律觀及其生活實踐》，玄奘大學宗教學研究所碩士論文 (97 年 7 月)，頁 94-95。

由於日常法師的攝受，接引許多教育界的人才，因此在雲林縣古坑鄉的福智教育園區，內有國小、國中、高中及終身學習園地；佔地 40 公頃，周圍有 120 公頃的有機農田圍繞。而目前里仁的門市已超過百家，從網路上可見其銷售的種類有：常溫食品，冷凍 蔬果，用品 圖書。

三、關於僧衣問題

民國以來，教界有兩次關於僧裝改革的探討；印順導師因此參與討論。

(一) 印順法師對僧裝改革的評議

1. 對正反方的評論

民國二年，被尊為新僧領袖的太虛大師，曾「服隨國俗」出現於公眾場所，並說：「就事相論，髮留一寸，本出佛制；服隨國俗，自古已然。彼印度之比丘，固未始穿袍著褲，似吾國俗人今所目為和尚者也」。[104]但其閉關後，於民國四年作〈整理僧伽制度論〉時，對「衣制」則傾向保守，主張衫袍如舊。[105]後雖曾擬過制度，並沒有實行。

受太虛大師影響，抗戰時期，僧眾受救護訓練時，各處有過不同形式的僧裝。抗戰勝利後，焦山東初法師首先響

---

104 印順導師，〈僧裝改革評議〉，《教制教典與教學》，頁 31。
105 印順導師，《太虛大師年譜》，頁 81。

應，並發表論文。在贊同與反對聲中，印順導師於民國 36 年作〈僧裝改革評議〉，對贊同與反對的雙方都有所評議。

一、反對者慈航法師等，因遊化錫蘭、緬甸，故主張出家人服色應一色黃，而評中國僧服為「奇形怪狀」。

印順導師認為：事實上全世界的僧裝，都是服隨國俗，而袈裟本是雜染色；故中國固有僧服顏色是如律的，黃色只是一宗一派的服色。

二、贊成改革者，以今之僧裝不合群眾心理為由，主張廢棄而改與俗服沒有明顯差別的服裝。

印順導師認為：這是倒果為因。因今日僧伽遭社會冷視，是由於近代僧眾道德、知識與能力，普遍低落；因此在社會群眾心目中，不斷印上惡劣的印象；這才漸從信仰而懷疑，從尊敬而輕視。故僅是形式 (僧裝) 的改革，或個人學德，都不能有效改變社會對僧眾的冷視。

但新裝的建議者與擁護者，並沒有把握真正原因，而只淺見地專在形式上打轉。這實由於改革者在意識根源上，捨不了寺院的財富與權位，又受不了社會的刺激與誘惑，並有根深蒂固的封建餘習，才會建議「提高禮服」的少數佔有，與「新裝樣式」的階級性。如此勢必造成「進山門做和尚，出門充俗人」的流弊。故認為：僧裝是可以改革，但必須合乎律制的原則，即可採時服；而對外差別表顯僧相，對內統

一以示平等。[106]

2. 聖嚴法師認同傳統僧裝的寬暢大方

民國 51 年聖嚴法師作〈僧裝的統一與改良〉認為：僧裝的統一，無法以法令來貫徹，維賴風氣來互相影響。這既要適合時代要求，也要顧及佛制是披著而非穿著，是有縫福田的衣，而非領袖俱全的俗裝衣。最重要是能適應世界性的氣候環境，又能恰當地做到三衣實用。

至於現今傳統僧裝，如以觀瞻言，時裝不若古裝的超然灑脫。就舒適言，時裝不及古裝的寬暢大方。古裝之弊在礙於劇烈或快速的行動，及所費布料太多。但身為比丘，重在威儀，而在宗教儀式上，古裝似更具宗教氣氛。[107]

(二) 印順法師對僧衣染色的論究

1. 有人提出「統一僧衣服色」，公佈後再度引起議論

教界第二次的僧裝改革之議，緣起於民國 54 年農曆正月初三，諸山長老假台北松山寺舉行團拜時，有人提出「統一服色以重觀瞻，以示團結」，並推舉八人小組負責研討，而擬出方案如下：

(一) 僧服樣式不變。(二) 僧服色別：男眾一律改著黃色，女眾一律改著深黃色，在家眾則著黑色海青縵衣。(三)

---

106 印順導師，〈僧裝改革評議〉，《教制教典與教學》，頁 31-58。
107 聖嚴法師，〈僧裝的統一與改良〉，《佛教制度與生活》，頁 99－106。

袈裟按戒臘分為九等級的黃色祖衣；平常早晚課誦及佛事仍搭七衣，但於衣鈎下之小方塊做圖案 (比丘用「法輪」，比丘尼用「蓮花」)；又為區別戒臘，圖案顏色分四種。(四)外出宜著長衫攜布袋。並約於佛誕時一起實行。[108]此事公佈後再度引起議論。

2. 聖嚴法師認為：製造階級不合佛法

聖嚴法師感於教界對制度雖關懷，但似乎不了解，而作〈正法律中的僧尼衣制及其上下座次〉認為：統一服色有其必要，但製造階級似乎不合佛法。若要復興佛教，應從思想觀念，生活方式，教會組織上，徹底改造才有希望。

但文中對《舍利弗問經》中各部派服色的預記，與今日南傳著黃色而中國稱「緇流」的不同，有所不解。[109]

3. 印順導師說明中國僧衣服色不統一之因

印順導師因而作〈僧衣染色的論究〉。對於南傳佛教著金黃色衣；認為是《長阿含經》所說，而上座部特重《長阿含》，故黃色衣為自稱上座部正宗的南傳學派所特重。但此於律無可考，且事實上僧衣服色的統一，反而表示宗派的同屬。

---

108 研究小組，〈中國僧侶服飾統一顏色商榷書〉，《海潮音月刊》，46卷，三月號，頁24。

109 聖嚴法師，〈正法律中的僧尼衣制及其上下座次〉，《學佛知津》，頁191-208。

至於中國僧衣服色的不統一，是由於傳來中國的五部律典，有不同傳說的服色。而中國一方面盛行大乘，一方面缺乏堅定一貫的宗派意識；所以會隨西來不同的服色而改變，也會探求律典而自行決定。至於現在服色的紛亂，雖不一定有違律制，如能統一也是好事；但應在尊重律制、尊重傳統的原則下審慎決定。[110]

筆者回顧教界兩次有關僧服的探討，似乎未起任何作用。故今日臺灣地區僧眾，不但衣著顏色多樣化；且有的穿傳統古式僧裝，有的穿南傳袈裟，有的穿西藏僧服；世人每有不知所然之感。但透過這兩次的探討，已使吾人更清楚問題所在；即如能如律而統一更好，但根本還是在於僧眾素質的提高。

四、主持佛化婚禮

佛教解脫的修行理論，在排除情慾的糾纏。但四眾弟子中，有在家的夫婦生活；就世俗角度言，若能以佛教儀禮舉行婚禮，更能落實佛化生活。故近代即使南傳的泰國佛教，婚喪喜慶多在佛寺舉行，並供養僧眾。日本佛寺，更另設禮堂以供信眾舉行佛化婚禮。但民國 16 年太虛大師首次「主持佛化婚禮」，卻曾引起非議。[111]

---

110 印順導師，〈僧衣染色的論究〉，《教制教典與教學》，頁 61-80。
111 印順導師，《太虛大師年譜》，頁 234。

　　對此，印順導師認為：基於聲聞戒律，出家眾只是不能替人作媒，並無明文規定不能讓信眾在寺中結婚，或為信眾證婚。站在大乘融攝世法立場，這種方便應採取。因中國佛教一向偏重度亡，忽略活人的一切喜事；如能像泰國，出生、結婚、慶壽等事，都在佛教寺院舉行，佛教與社會生活，即可發生更密切連繫，進而造成佛化社會，豈不是一種度生的巧方便？[112]由此可見，印公洞察時代，適應社會的開明心態。

　　聖嚴法師早年則採保留的態度認為：(一) 若是急求解脫生死的出家人，不要為人證婚。(二) 若是真心實踐菩薩道的出家人，不妨為人證婚。(三) 若既畏生死又願佛化人間的出家人，一個折衷的辦法是：在佛化婚禮中，另請在家人證婚，而由比丘或比丘尼作皈依師，於婚禮進行前，先為新郎新娘說法受三皈。[113]

　　據筆者了解，聖嚴法師在成立「法鼓山」後，曾在每年一月中旬的農曆年前的一個週日，舉辦「佛化聯合婚禮」，深受歡迎，且辦了 20 多屆。參加者要先報名，面試後，為新人安排婚前講習；分享如何以佛法智慧，涵養夫妻相處之道。婚禮當天，由住持為新人祝福，受三皈依。

　　筆者認為：時代所趨，在寺中舉行佛化婚禮，或為信眾

---

112 印順導師，〈菲律賓佛教漫談〉，《佛法是救世之光》，頁 348。
113 聖嚴法師，《戒律學綱要》，頁 222。

證婚應是可行的；在隨順世俗中，重要是儀式的如法與莊重。

五、白衣不許研律

傳統中國佛教有「白衣不許研律」之說；但根據廣律只是說：「不應令白衣聽布薩」[114]。

聖嚴法師認為：不應聽布薩，是為防止犯戒比丘在誦戒中，發露懺悔或被舉罪、出罪等事，被沙彌或在家眾聽見了，生輕謗譏嫌的過失。而未受具足戒者，只要以信敬心看律，並無過失；如泰國的居士。但律藏是為比丘所制，居士不必研究；因凡夫總是凡夫，難免用律中尺度，來衡量現前僧眾而生起輕慢心；如此則不難構成「賊住」的罪名。後世律師如滿益等，根據此理由推斷多認為：既不得偷聽比丘誦戒，自也不得看比丘律。[115]

然而靈芝《資持記》云：「準諸律文，並論僧中正作，詐竊成障；安有讀文而成障戒？古來高僧多有在俗先披大藏，今時信士，多亦如之。若皆障戒，無乃太急！」[116]

印順導師說：「釋尊時代，毘尼主要為出家眾而建立。『六和』僧制不通於在家眾 (所以毘尼不許白衣閱讀)，這是

---

114 《五分律》，卷 18 (《大正藏》第 23 冊，頁 123 上)。

115 聖嚴法師，〈俗人能看僧律嗎〉，《學佛知津》，頁 268-270。

116 弘一大師，〈含註戒本隨講別錄〉，《弘一大師法集》。第三冊，頁 1123。

時代使然」[117]。筆者不解請教導師，印公解釋說：

> 從前戒是誦說的，故不許白衣聽聞；今已寫成文字印在藏經中，不使在家人看是做不到的；但也不必鼓勵。今泰國男子都必出家 (雖是一種方便，但不合佛法；因具足戒是應終身守的)，因此社會了解出家僧團，反能同情體貼，對僧團也能產生一種約束力。[118]

昭慧法師則認為：研閱律藏只是瞭解僧伽毘尼的內涵，往往了解愈深，體貼之心愈切。因深知終生持戒之難能可貴，將心比心，反不敢動輒菲薄。且從佛教史中可知，既使在佛陀時代，也未曾有毫無瑕疵的僧團。

這提醒我們：僧團的存在有其相對性價值，吾人固不必以聖者的德行水平，非難平凡的僧眾。而善良的居士，必會從研律過程中了解現實僧團，並基於愛心的規諫僧尼，不會因而藐視僧尼。[119]

筆者認為：如此看來，白衣可否研律，在於存何心態的問題。

---

117 印順導師，〈泛論中國佛教制度〉，《教制教典與教學》，頁 2。
118 民國 78 年 8 月 4 日筆者拜訪於南投「永光別苑」。
119 昭慧法師，《軀殼非障，驕慢成障》，頁 25-27。

第六章　昭慧法師在
律學與佛教倫理學的特見

第一節　昭慧法師在律學方面的特見

　　昭慧法師與印順導師有段**師生因緣**；並以大學畢業學歷，經由著作升等取得講師、副教授、教授等資格。法師現任「玄奘大學社會科學研究院」院長，「佛教弘誓學院」指導法師，也是「關懷生命協會」創會理事長。身任宗教師、佛教學者、社會運動者三個角色，代表法師的教運關懷、學術關懷與社會關懷；而貫串這三種關懷的正是「印順導師思想」。

一、敘述律制的開展及印順導師的律學貢獻

　　民國 90 年，筆者為恭祝印順導師九秩晉六嵩壽，出版民國 80 年完成的畢業論文《印順導師的律學思想》。昭慧法師曾為此在書中作序，對律制的由來與開展，及印順導師的律學貢獻，作了精要的敘述，簡介如下。

(一) 律制的由來與開展

1. 佛世的律制

　　佛陀時代，在家眾皈依三寶，依例大都進受五戒以為言行軌範。其後因有僧團之建立，佛又為無緣出家的居士們，

制訂短期習學出家生活的「八戒齋」法。

　　僧團初創時期，原無成文軌範，比丘們但隨佛而學；在耳濡目染中，端正言行，調整威儀，自然形成一種「望之儼然，即之也溫」的沙門氣質；不但自利 (可以進修定慧之學)，而且利他 (可以令世人對佛教生起信心與好感)。

　　律典記載：自佛創立僧團後，十二年來僧中無事，大致維持著和樂清淨的良好道風。十二年後，漸有比丘言行不軌；或敗壞品德，形成自身修道障緣；或貽世譏嫌，形成弘法利生之障緣。於是佛乃「隨犯而制」，逐漸形成一整套附帶輕重罰則的成文法 (波羅提木叉)。其他一向隨佛而學的威儀法 (原本只是不成文法)，與因應僧團運作需要而不斷擴增的規制 (「作持」)，這些原未附帶罰則；但等到成文的戒法陸續編出後，這些威儀法與規制，其中一部分也逐漸化約為成文法，連帶編派了較輕的罰則。而女眾、兒童出家，也都因應其根機與需求，在比丘毗尼 (成文法與不成文法) 的基礎上，酌予增減條目與內容。

　　這些規制，如果無關乎個人德行，有時佛陀會因應實際狀況而調整內容 (開緣或重制)，有時也會因「邊地弘法得配合風土民情」之實務考量，而作重大的改變。總之，它們從來就不是一成不變的教條。但改變也不是漫無章法，其背後莫不依於「十種利益」，而會歸到「一大理想」即是「令正法久住」或「梵行久住」。

印順導師獨具慧眼，在律籍中爬梳出這十大「制戒秘笈」！昭慧法師稱此為「佛門憲法」，並認為：一切規範之制定，都應以積極達成「十種利益」，或消極不牴觸「十種利益」為原則。

終佛之世，為使僧團能建立符合「十種利益」的正確而清淨的生活，立法權一直在佛陀手中；至於行政權與司法權，則早已下放到僧團會議中。顯然佛陀是既要維持良好道風，又要培養弟子們獨立行使僧團規制的能力。

2. 佛滅後的律制

佛滅前，在戒律方面對弟子有二重大叮嚀：(一) 僧團不要有「接班人的迷思」，要「依波羅提木叉為師」，以建立法治 (而非人治) 的精神。(二) 立法權將有限度地下放到僧團中；只要是無關個人德行的「小小戒」(雜碎戒)，不妨因時因地制宜，而作適度的修正。

不料，第一次結集大會中，當阿難向大眾據實報告佛陀曾有「小小戒可捨」的遺言時；保守上座而又有教條主義傾向的大會主席摩訶迦葉，竟以「小小戒的衡量標準不易拿捏」為由，否決而裁定一切「率由舊章，不得增刪」的結論。即便是在邊地弘法的富樓那趕來，告知佛世對邊地弘法的比丘，在部分戒律上已依實際需要而有所開緣時；摩訶迦葉依然置之不理。

此後，教條主義的保守派與實務主義的開明派，一直並

存於佛教中。但由於保守派從一開始,就主導著毗尼的結集權與解釋權;無法顧全邊地佛教的需求,也無法忍受開明派在規範方面務實作風的若干調整;這就埋藏下第二次結集與部派分裂的種子。

保守上座,不但因教條主義無以因應多方變局,且多有濃厚的階級意識;儼然把比丘尼、年少比丘、沙彌與白衣,當作「第二等人」。此中,白衣由於擔負財力上的支援,僧侶們不得不禮讓三分;年少比丘與沙彌總有「媳婦熬成婆」之日;唯獨比丘尼的「八敬法」,即非屬「隨犯而制」(所以來源可疑),且內容與罰則自相矛盾,對女性極不公道且至死無得出脫。因此,受到此男性沙文主義制度性壓迫的比丘尼僧團,很早就絕跡於印度佛教場域中。此後在南傳、藏傳佛教地區,凡有「復興比丘尼僧團」之倡議,一概被比丘們以「傳承已斷」為藉口而封殺。

等到大乘興起,仰讚佛菩薩聖德,興起「有為者亦若是」之志;於是,發菩提心,持菩薩戒,成為菩薩行人奉行的學習科目。起先只依「十善」為軌範,漸漸出現專門記載「菩薩戒法」的大乘經論。但由於出家菩薩多寄身在聲聞僧團中,在家菩薩也以個人為主,終印度大乘佛教之世,始終沒有出現一個純依「菩薩戒法」成立的「菩薩僧團」。於是,「菩薩戒」之於比丘僧尼,變成是在既有聲聞毗尼基礎上的個人道德要求,無法完全取代聲聞毗尼「團體共治」的

功能。

3. 傳到中國的律制

　　佛教傳到中國後，諸部廣律陸續譯出，男女二眾也先後建立僧團。為了實踐的需要，戒律的研究變成刻不容緩。

　　中國傳統佛教對戒律的研究方式，大都依諸廣律版本而作抉擇。先作部派認同，後以所屬部派之廣律為標準，分門別類展開解義、注疏；依此研究結論，形成行為依據。

　　但是，毗尼是依古印度的時空背景而制訂；古德縱使以殷重心，意圖全盤移植到中國；都因時空、文化因素丕變，而得面對無法「率由舊章」的困境。於是，開明派不免參酌舊制，修訂一套在中國社會行得通的新制──禪門清規。保守派則呼應摩訶迦葉之論，認為律乃佛制，不宜作任何增刪；行有不得，只能反求諸己，認定是「時丁末法，吾人業障深重」所致。

　　好在中國文化一向有「通權達變」的處世哲學！「令正法久住」的目的，當然比斤斤計較「小小戒」來得更重要。所以保守派在中國，只能困守一隅，縮為一宗；無法與「臨天下，曹半邊」的禪門兒孫分庭抗禮。

4. 近代僧制的省思與改革

　　然而開明要開明到什麼程度？會不會因標準太寬鬆而形成僧格的低落？中國社會的大環境也與時俱移，禪門清規難

道就能全盤適用於今之漢傳佛教地區嗎？還有，中國佛教僧團中，也已不自覺地承襲了某些來自印度文化與中國文化的封建氣息 (如歧視女性與宗法世襲的階級意識)，與佛陀平等無我的精神有所扞格；這些難道都應概括承受，而奉行於今之漢傳佛教僧團之中嗎？

還有，中國佛教既名之為「大乘佛教」，當然重視菩薩戒法。但是行諸僧團中的菩薩戒法，是在聲聞毗尼上而增益之，無法取代聲聞毗尼；故受戒登壇，在中國發展出所謂「三壇大戒」的特殊戒場文化。當代志在行菩薩道的僧眾，是否可以圓成龍樹未竟之志，創立理想的菩薩僧團？

面對這些困惑，民初高僧太虛大師已開始尋求答案。他雄心壯志，全盤規劃中國佛教「整理僧伽制度」的願景。大師的改革精神雖受到歷史的肯定，然在事功上是失敗的。原因不外：保守勢力的反撲，舊習積重難返，改革亦本非易事。此外，與他未能充分理解律制形成之原委，及戒律學的關鍵法理有關。

(二) 印順導師的律學貢獻

印順導師承太虛大師「入世關懷」之精神，提倡「人間佛教」，並觀察現實，回顧歷史，展開多面向的教史、教理與教制之研究；在每一領域裡，都可說是成果斐然。藍吉富教授曾盛讚他是「玄奘以來之所僅見」的大成就者。

在教制方面，他從律典的部類與內容，到戒律的法理與條文，無不細心爬梳原典，挖掘關鍵性的文字紀錄，而提出眾多前所未見，卻又有所依憑的卓越見地；茲舉其要如下：

一、他依於「緣起中道」的根本見地，主張「眾生平等」；檢討佛教發展史上男女、僧俗、大僧與小眾，處於不平等地位的偏差現象；特別為女眾作了篇幅極多、說服力極強的不平之鳴。

二、他直截了當的點出，佛法的思想與制度都是「世諦流布」，不能脫離「三法印法則」。在戒律方面的提撕有三：

(一) 提醒教條主義者，戒律不可能脫離「諸行**無常**法則」，所以不可能一成不變！

(二) 提醒宗派兒孫，戒律不可能脫離「諸法**無我**法則」；所以研修戒律，在主觀上不宜獨尊己宗；在客觀上也要善觀不同時空背景所呈現的不同因緣，以作最確當的對應。

(三) 提醒陷於戒禁取見者：不要忘了「涅槃寂靜」法則；應時時檢視自己所自以為是的「持戒」行為，是否能帶來利己利人的「解脫」效應？這些「持戒」內容，是否有「令梵行久住」或「令正法久住」的效用？

以上三法則，也是戒律的研究法則。他融合人文社會學門的一些研究方法，突破傳統戒律研究法的窠臼，建立新的戒律學研究方法論。

故印順導師雖沒有太虛大師全盤「整理僧伽制度」的宏

大誓願，也自謙欠缺「建一個道場，樹百年規模」的祖師身手；但他默默掀起的是影響層面更廣大深遠的「思想革命」。此一影響，至今方興未艾，而且已看到了一些實際成效。如昭慧法師近十多年來，在倫理學與戒律學的研究，業已建立一套邏輯嚴密的體系，並產生若干研究成果。這都受惠於導師的律學研究方法論，與戒律思想之啟發；並在因緣際會中，將導師的戒律思想付諸實踐，與一群學友成立「四眾平等」的菩薩學團。[1]

二、《四分比丘尼戒經彙編》的特色

昭慧法師曾在三次結夏安居期間，受邀講：「聲聞律的理論與實踐」、「聲聞律之羯磨法」、「比丘尼戒經」。

《四分比丘尼戒經彙編》是民國 85 年，應接天寺住持法光法師之邀，講授「比丘尼戒經」四天。為讓學僧方便學習，將原本依重輕戒次第安排順序的戒經，重行依戒法內容加以彙編。動機是因在研律中深感：依重輕分類，對於僧伽全體在羯磨進行中處置犯事，雖有其便利處；但若平日個人想要複習或查索某類規範與其相關戒法，就覺不便。

譬如：與淫戒相關戒有三十九條，但它們依重輕不同而散列各篇中；倘依內容而作彙編，則只要依目次查索「淫戒

1　昭慧法師，《人菩薩行的歷史足履》，頁 205-213。

與相關遮」，這三十九戒內容就一目瞭然了。又如：若比丘尼欲收徒弟與授具足戒，只要查索「違制度眾戒」，就知道是否符合相關規定了。而後，聽者方便憶持，講者也可作為尼戒的「教科書」。[2]

三、《律學今詮》闡述律學基本原理及應用議題

《律學今詮》是昭慧法師於 88 年出版的，共計十篇論文。篇首「律學研究方法舉隅」是回顧研律過程及常用的律學研究法。

接著六篇，闡述律學基本原理是：(一) 從「習慣法」到「成文法」——毘尼之源流與開展，(二) 結戒原委與制戒原理，(三)「以戒為師」之意旨——「法治」而非「人治」，(四) 戒律與政治、法律的原理比較，(五) 戒律與法律的互動關係。(六)「現前毘尼」與「輾轉相諫」。

其餘論三個應用議題：一、現前僧伽場域的劃定——「攝僧界」的規範；是僧伽「和合」與否的認證基礎，「現前僧物」的平均分配，才有可能。二、滅除諍事的程序法，可達到「令僧和合安樂清淨」的實質效益。三、佛門女性的地位。茲摘要重點如下：

2　昭慧法師，《四分比丘尼戒經彙編》，自序，頁 6-8。

(一) 戒律與政治、法律的原理比較

印順導師在〈泛論中國佛教制度〉文中曾說：佛教僧制，雖取法當時的政治與其他宗教的組織制度；然在佛的正覺中，體悟到事事物物的依存關係——緣起性，從這正覺大悲中，建設的僧伽制度，肯定人類平等、男女平等，保持民主自由的制度；而不模倣帝國形態。[3]

昭慧法師則進一步有如下探究：

1. 佛依緣起開展「眾生平等的民主僧制」，在流傳中漸變質

昭慧法師從倫理學進路探究「緣起」，必然導致「眾生平等」的結論。僧團成員在地位上是平等的，佛陀本身就以身作則推展這理想，從不認為自己是僧眾領袖，故提醒阿難：「自依止，法依止，不異依止」。即要自尊自重 (自歸依)，歸依於法，不要寄望在其他人的身上。這即打破「接班人」的迷思。

「佛在僧數」、「以戒為師」(意旨是「法治」而非「人治」) 的民主僧制，是高瞻遠矚的見地；其活水源頭是「緣起」法義，而不是傳統習俗；但後來都多少有點走樣。

如在印度，由「法律並重」變成「律主法從」，「佛僧一如」變成「佛僧差別」。在中國，「十方叢林」有「選賢與能」的良好傳統；但後來還是出現「傳法」制度，法子變

---

3 昭慧法師，《律學今詮》，頁 6-7。

成師長指定的準接班人。但無論如何，我們還是須從律典的記述中，掌握佛陀原意，反省今日中國佛教的僧團。

2. 民主制度是用眾緣的力量，把個人的因素降到最低

專制和民主，各有長短，但「兩害相權取其輕」。我們不能把「人間淨土」的希望，寄託在聖王賢君的身上，而要選擇民主──以權力制衡方式，避免魔王暴君掌控全局的可能性。

「民主制度」是最符合緣起法則的一種政治制度。它用「眾緣」的力量，把「個人」的因素降至最低；避免個人因一己意圖，在權力、領土、財富方面無限擴張，而把群眾推入痛苦深淵，導致苛政或戰爭的慘禍。「民主制度」甚至也保護執政者，讓他們得以在權力遞嬗過程中，避免人頭落地的危機。但在中國歷史上，政治力量對宗教的長期制約，已使佛教徒被徹底馴化了。

3. 僧團無眷屬繫著、私有財產，故能做到利和同均

今天，政治上縱使已邁入民主時代；但金錢與權力或明或暗的結合，還是會導致政治或經濟上不平等。

法律對財產權的保護，是出於對生命權的保護。但戒律在僧伽內部，是私有財產的限制。

僧團是有崇高宗教理念者的組合；又因無眷屬繫著，故得以打破私有財產制，實行小區域「利和同均」的「共產」

生活，所以「金權」在僧團中無著力點。

4. 佛依緣起開展的「階級平等」，無法推展到僧團外之因

僧制與王法，在理念上是「平等」與「階級」的差異，是不共世間的「緣起」智慧使然。

「民主政治」直到十八世紀末，才稍具雛型；二十世紀後半，才普遍施行於全球。而兩千五百年前的佛陀，早已深具先見之明，在僧團中要求僧侶實現合乎「緣起」法則的民主平等生活；這是他超越世間政治眼光的地方。

但佛陀無法將「階級平等」的理想推展於僧團外。因這必牴觸統治階層與宗教特權的既得利益，所付出代價必是流血革命；這已違反佛法「不殺生」(非暴力) 的原則。故在當時因緣條件下，佛陀所能做到的極限，就是僧團內部的「階級平等」。[4]

(二) 從「八敬法」解構佛門男性沙文主義

1. 解構「八敬法」

印順導師指出「八敬法」中的「四項尊法」是佛制定的：(一)「請教誡」是請求比丘僧推選比丘，到比丘尼處說法教誡。

(二)「問布薩」是要向比丘僧報告：比丘尼等如法清淨。

4　昭慧法師，《律學今詮》，頁 161～184。

(三) 比丘尼「安居」，一定要住在附近有比丘的地方，以方便向比丘請求教誡。

(四)「自恣」是請求別人盡量 (恣意) 舉發自己的過失，冀能依法懺悔，得到清淨。

對於違反「四項尊法」的罰則「僧殘」，印順導師認為：先制僧殘 (受六夜「摩那埵」的處分，期滿要在二十清淨比丘僧中舉行「出罪」)，後改為墮罪 (向一位清淨比丘發露出罪)。昭慧法師則認為：應是先制墮罪，後被威權心態作祟的比丘們改為僧殘。

有關求教誡、安居、自恣、受戒、僧殘出罪的規訂，是女眾剛成立僧團時，急需比丘的扶持，而被制訂出來的。

昭慧法師認為：以現今實際需求來看，都覺得大可不必；更別說那些明顯壓抑女性的「頂禮」、「說比丘過」之類規制了。因今日台灣尼眾的質與量，都較比丘為佳。昭慧法師所屬的尼僧團，安居時就沒有向比丘「求教誡」。而事實上，互相尊重，比用形式來形成尊卑，更符合「眾生平等」的精神！

2. 從史學、心理學與社會學之檢視向度

從史學角度言，經律的結集與解釋權，都在男性僧侶手中，比丘尼無發言權。

從心理學角度言，男性僧侶對女性僧侶，比對在家女居

士嚴苛。這可能與「近親相嫉」的微妙心理有關,也與修道者「禁慾」的生活形態與焦慮感有關。事實上,普世禁慾修道的宗教,掌握教權的男性僧侶,大都產生敵視女性而自圓其說的邏輯與權力機制。

在社會學方面,父權思想濃厚的社會集體意識,給僧團中的「性別驕慢」提供最好的溫床。相對的,倘若社會的女性意識高張,女修道人比較不易臣服於「性別驕慢」的意識形態,而會以其實力與學養,給驕慢的男性僧侶適度的壓力,使其不敢肆意發揮「男尊女卑」之論。

另方面,社會人士與「善男信女」,對女修道人的肯定與支持,也使她們可以經濟獨立,行為自主,而不必在現實壓力下,成為男性僧團的附庸。

昭慧法師更粗略觀察到:在台灣,大凡太強調「男尊女卑」的比丘們,很難開展出大格局的氣象;真有點「關起山門做皇帝」的味道。相反的,富「男女平等」意識的比丘們,容易結合更多素質良好、自尊自信而有創發力的男女、僧信,共願同行。

3. 與南傳佛教會遇

現今南傳國家,除斯里蘭卡有極少數不被社會所重視的比丘尼之外;其他國家都只有剃光頭,卻穿粉紅色或白色道服,不僧不俗的所謂「八戒女」。

緬甸帕奧禪師，不忍女眾因戒法不具而受世人輕慢，仁慈地為出家女眾授予十戒，令其穿上咖啡色袈裟，以資區別，這些尼師通稱「十戒女」。

昭慧法師認為：女性地位如此卑微的現象，能讓那些比丘視若無睹，只有兩種可能：(一) 受文化慣性支配，以至感官麻木；這正是古印度大比丘主義僧侶的「活化石」。(二) 因未徹見法性，無法契會「眾生平等」深義，礙於教條，把不合理，勉強合理化。

4. 與藏傳佛教會遇

民國 86 年 3 月，藏傳領袖達賴喇嘛，自達蘭沙拉來台，聲稱：想要考察台灣比丘尼制度。同年 10-11 月間，達賴喇嘛特派專研比丘尼戒的僧官兼學者，札西·慈仁格西來台，考察台灣比丘尼制度，以作為恢復西藏比丘尼制度的參考。在互動中，格西表示：希望從中國的傳承做法，找到律典的根據，以證明其為「佛說」；即重視教證、理證的具足。

昭慧法師認為：中國佛教的比丘尼延續至今，且在台灣，比丘尼弘法利生的功效卓著，已是傳承有效的最佳證明。找不到譜系，不表示傳承曾斷，而只表示中國佛教未建立完整的傳戒譜系，或文獻不全。

格西此番研究回去後，達賴喇嘛即召開南北傳僧伽會議，以議決藏傳比丘尼制度之是否繼續。

昭慧法師原切盼：這樣的會議，碩果僅存的漢傳比丘尼應受邀出席，而藏傳系統尼眾的心聲，應受最大的尊重。

可惜，87 年 8 月 3-5 日，西藏流亡政府宗教文化部，奉達賴喇嘛指示，邀請藏傳、南傳與漢傳的男性法師們，於印度達蘭沙拉附近的 NorbulingkaInstitute 召開第一次的「比丘尼受戒傳承研討會」。

不知何故，邀到一位素來在台灣強調女性卑賤，而被昭慧法師嚴詞批判的比丘，一開口就極不公道地聲稱「台灣比丘尼的傳承不如法」。遂給藏傳保守勢力的比丘有可趁之機，使原本極可能改變藏傳佛教「恢復比丘尼傳承」的關鍵性時刻，議案胎死腹中。

昭慧法師認為：任一學處的制訂，目的都為「梵行久住」。如今只因傳承斷絕緣故，就讓西藏半數人口的女眾，即使出家亦無法受具足戒；這無異是與「梵行久住」的根本精神相牴觸。

昭法師甚至認為：達賴喇嘛倘能在有生之年，恢復西藏的比丘尼制度，其功績實不亞於完成「西藏獨立」的宏願，且尤有過之。

5. 結語

昭法師認為：今日，無論是泰、緬、錫地區的南傳佛教，藏傳佛教，比丘尼都已絕跡。最大原因是：歧視女性的

文化因素作梗。而「天下烏鴉一般黑」，全世界基督宗教，亦面對相同處境——女性可否晉鐸或封牧的議題，百般阻撓的永遠是那些男眾。

所幸，華人佛教雖未能完全規避「男性沙文主義」的意識形態，但受中國佛教「圓融」思想影響，讓比丘尼制度延續至今。歷史告訴我們：凡是女性不受壓抑的時代、地區，尼眾的成就都是偉大的。佛世與當今台灣尼眾的輝煌成就，可為例證。

從古印度僧團到今日佛教，依於「緣起、無常、無我」的法則，與「眾生平等」為前提的「法」，是佛弟子正確思想與行為的根源。凡與「法」不相應的思想與行為，必然會帶來若干生活上的困頓與心理上的陰影。依「法」而作制度面的抉擇，「解構佛門中的男性沙文主義」，不祇有助於女性的心靈解放，必將也會是男性心智解脫的要件！[5]

四、《法與律之深層探索》論集簡述

民國 98 年，昭慧法師出版《法與律之深層探索》論集，內容是結集近八年來未收入專書中的學術論文與經教闡述；以下摘要其與戒律相關的要點。

5　昭慧法師，《律學今詮》，頁 335-388。

(一) 滅諍是僧團和合的必要條件

1. 以滅諍法息諍事，才能使羯磨法 (僧伽會議) 順利運作

昭慧法師在《律學今詮》曾撰寫〈諍事與滅諍法〉，這是採文獻學進路的方法。文中提到有人說：因羯磨法不行於中國，所以健全之僧制始終無法建立。但她認為：其實，單靠行使羯磨法，不一定能保證問題的解決；最好能熟悉滅諍法，才能化除大小諍事，使羯磨法得以順利運作。

因為在中國，佛教教義不容許產生絕對權威的教宗、僧皇。但受宗法制度影響，一般人普遍養成服從父權的思考習慣；因此中國古德之律疏，甚少談及諍事與滅諍法；而事實上，僧侶私相諍鬥非少見。又在中國「僧事僧決」的羯磨制度從未好好實施，使僧眾面臨諍事往往束手無策。因此，應回顧律典，了解佛陀與早期持律者，處理諍事的方式；並探討今日僧團之可行性。

2. 僧團和合建立在不斷溝通的「僧伽會議」來整合意見

昭慧法師的〈七滅諍法的程序正義與配套措施〉，是在既有文獻學基礎上，作法學原理、規制意涵與作用之論述。

釋尊制戒動機有十，其中「攝取於僧」是第一個。由於佛法重視動機的純正，「依法以攝僧」必須與法相應，而不採世間的依情、依權、依利的勾牽手段。而「依法以攝僧」，首要讓僧眾有法可聞、可修，還要依事相上的「六和

敬」，求取和合。如：見和是思想的和同，戒和是行為的一致，利和是經濟的均等；有此三要件，僧團成員才能身語意三業和合，以減低爭執。

基本上，同為沙門釋子，經佛法熏陶，知見應可正確。但生活中看待種種人事物，彼此未必能一致。這就須循「僧羯磨」(僧眾會議) 來整合意見，而不能採用「一言堂」的領導方式，壓制不同的言論。

「僧羯磨」的進行方式：1 一般都採「全體通過」制。

2 如意見紛歧，就必須透過討論。

3 如一時不能討論清楚，就需「簡集智人法」；即主席裁決，選出僧團成員中的專家 (「智人」)，甚或外聘專家；在會外先行研議草案或協調爭議，待草案擬就或協商圓滿，再提交僧羯磨以通過。

4 如協商依然不成，少數人仍固執己見，就採「仲裁」方式；即延請兩造都能接受的第三公正人士，針對個案作仲裁。

5 假使仲裁還是破局，最後就依七滅諍法中的「多人語」表決。因此可知，僧團的和合無諍，是建立在不斷溝通，充分尊重少數的原則上。

3.對四種諍事有七種滅諍法

一、四種諍事

(一)「無根事」：沒有「見聞疑」的根據，卻強以罪名加諸他人，而引起的諍事。

(二)「言諍」，一種集體的口角諍論；是典型的「僧諍」。

(三)「犯諍」，由於個人的犯罪事件，而引生的爭執。

(四)「事諍」，一切羯磨及諸有所作，以此致諍。

二、七滅諍法：對前述「四種諍事」，有七種滅諍途徑

(一)「現前毘尼」，是當事人須現前。

(二)「憶念毘尼」，由僧白四羯磨與受謗比丘(尼)，以息謗的滅諍法。

(三)「不癡毘尼」，聽曾癡，今不癡之比丘，於僧中乞受。

(四)「自言治」，犯罪者自言己過，還應有針對過錯而作的適當處置。若實有罪而不肯自言，就要進行「覓罪相」滅諍法，及「不見舉」、「不懺舉」等懲罰性的羯磨。

(五)「覓罪相」，罪犯者狡辯下，耐心技巧地問案，並進而查驗人證、物證(覓其罪相)，好作公正處置。如果罪證確鑿，而當事人頑強不認錯，僧伽可提「不見罪羯磨」加以懲處；即是比丘應盡形壽行八法。

(六)「多人語」，是全體表決(捉籌)而服從多數意見的

滅諍方式。

(七)「如草覆地」，是特殊的懺悔法；一般都用在二部共諍的集體化解場合。

4. 滅諍法應有的配套措施

律中相當重視滅諍，且有相關的配套措施；而比丘尼戒經的配套措施，較比丘戒經更完備；可能是女眾易滋生口舌爭端緣故。茲依《四分比丘尼戒經》相關戒規作分析如下：

(一) 處理諍事都必須依「共諍人現前」的原則。

(二) 僧團成員有義務為人排難解紛，不宜置身事外。

(三) 既已依律滅除諍事，當事人即不應反覆起諍。

(四) 既已依律滅除諍事，其人格尊嚴即受到保護，其他人不應拿來當談話資料。

(五) 對當事人的犯行，鼓勵自行發露 (自言治)，否則要嚴格處分。

(六) 為慈憫犯者與愛護僧團，必須如實舉罪；令他有機會懺悔，並得以還復個人的戒行清淨，也能促進僧團的和樂清淨。

(七) 鼓勵人接受勸諫以懺悔改過，懲罰拒絕接受勸諫的惡劣態度。

5. 領眾經驗中發現遵從「現前毗尼」與「輾轉相諫」之不易

昭慧法師在《律學今詮》的〈「現前毗尼」與「輾轉相

諫」〉文中，以僧團為田野場址，依親身體會的律學生活與領眾經驗，針對滅諍與規諫的內涵，作「質」的研究。本文則依心理分析，再作大幅內容之增補，要點如下：

「**現前毘尼**」，是僧團中凡要論議或處置某人，一定要「當事人現前」；以使有「知過能改」的機會，也給當事人辯白機會。

「**輾轉相諫**」的原理是：人在理智上，都承認自已是煩惱深重的凡夫；但在生活上，卻因自我愛執，易看到他人之過，而忽視自己之惡。為對治此而養成「有話直說」的習慣，恪遵「輾轉相教」的戒律精神，自可在其中學到對同道規過勸善的悲心與勇氣。若有過失，也可透過學友們指點，接受勸諫而改過向善。

因為，教導學眾過著如法如律的修道生活，雖是和尚、阿闍黎責無旁貸的任務；但學眾生活點滴是否如法，必須輔佐學眾養成彼此當面規過的習慣。

法師在實際領眾經驗中發現：殺盜淫妄四重戒，一般僧眾不易犯；但要遵從「現前毘尼」的程序與「輾轉相諫」的精神，卻是艱辛的。此乃因：

一、基於「自我保護」心理，人都不喜當面直諫別人的不是，以免承受對方情緒反彈的壓力，乃至對方或明或暗的報復。

二、由於好奇心作祟，人都難免喜歡聽些背後話；而不

會要求發話人，請他找共諍人現前，一起當面把話說個清楚。而一個喜歡說背後話的人，大都在發洩過後，心裡開始惴惴不安；因也唯恐人背後說自己。內心永遠在「不說難過，說了後悔」的矛盾下天人交戰。

但還是有許多人，堅持不願「共諍人現前」或勸諫他人。綜述學眾所提出的理由如下：(1) 何必當面給他難堪呢？(2) 我的根性不宜諫人。(3) 我可以安忍過去。(4) 發牢騷有益身心。(5) 擔心「共諍人現前」，或直言勸諫的後果。(6) 沒有立場勸諫別人。

法師認為：這些質疑，在理性層面不難破解。真正執行上的困難，在於克服人性之惡不易。總要經一次又一次慘痛教訓，方能真正體會「現前毗尼」與「輾轉相諫」的重要性。而事實上不願當面說人，只有兩種可能：一是勇氣不足，二是悲心不夠。

6. 七滅諍法是僧團和合的必要條件

總之，以公正平和原則，處理大小諍事；不但可保障個人權益 (如現前毘尼、憶念毘尼、不癡毘尼、自言治)，防止個人的遁罪 (如覓罪相)，促進僧伽和樂清淨的理想 (如多人語、如草覆地)。所以，滅諍雖不意味真理的獲得；但想要接近真理，「和合無諍」是基本條件。無論自證、化他，七

滅諍法都是僧團和合不可或缺的要件。[6]

(二) 佛法倫理視野與價值判斷例舉

1. 玄奘的戒律觀

昭法師根據《大唐西域記》、《續高僧傳》、《大唐大慈恩寺三藏法師傳》、《大唐故三藏玄奘法師行狀》、《大唐貞元續開元釋教錄》等，經一番文獻回顧，歸納玄奘有如下四點的戒律觀：

一、玄奘面對異國的風土民情，會寬容地看待因時因地制宜的「隨方毘尼」。如：改變安居月份，改變僧團序次形式等；他都不會陷入教條主義的泥淖。

二、開緣否，不能隨個人自由心證，而應有凌駕戒條之上的原理原則為依憑，這是「隨方毘尼」的分際。從玄奘對許多案例所下斷語，可歸納出「令正法久住」與「護生」兩大原則是他作律學判斷，或掌握行為分際的最高依憑；因此他總是堅持不食酒肉。

三、玄奘作為一位大乘行人，面對部派僧團的教條主義現象，會直下以判教方式將它視為不究竟的「漸教」。由此可見「漸教」的影響層面，不祇是教義而已。

四、玄奘一生風雲際會，見過中、印兩大強國與許多小邦國的帝王，且都受到崇高的禮遇。但他不驕慢，不慕俗

---

6 昭慧法師，《法與律之深層探索》論集，頁 115-169。

譽，一心一意求法、學法、弘法、譯經。而對佛教所受到的不平等待遇，則據理力爭以維護僧伽尊嚴。雖深受帝王、師長的知遇之恩，在謙恭感念的同時，依然牢牢掌握「令正法久住」與「護生」的原理原則，傾全力於弘法度生的崇高志業。如：

(一) 西元 628 年西行到達高昌，國王麴文泰篤信佛教，深夜秉燭出宮相迎，給予最高禮遇，而想強留玄奘，長期供養。玄奘選擇最壯烈的「絕食」相拒。

(二) 玄奘載譽歸國，初見太宗時，太宗正準備攻伐遼濱而邀請隨行。玄奘先以：「遠來，兼有疾疹，恐不堪陪駕」。後仍堅持不願隨行理由是：(1) 若隨行，只是浪費公帑，卻不能俾助戰事。(2) 必須遵從佛制「兵戎戰鬥，律制不得觀看。既佛有此言，不敢不奉。」

2. 對藏傳佛教以中國無「戒叉摩那戒」質疑傳承合法，提出反駁

民國 87 年 8 月 3-5 日，西藏流亡政府宗教文化部，奉達賴喇嘛之指示，邀請藏傳佛教所遵循的根本說一切有部律、南傳佛教所奉持的上座部律、漢傳佛教所依循的法藏部律的法師們，在印度 Dharamsara 附近的 Norbulingka Institute 召開第一次的「比丘尼受戒傳承研討會」。

當日，參加會議的惠敏法師綜合成三類，其中第二類就是西藏所介意的：中國佛教尼眾傳統中無「式叉摩那」。因

此，受比丘尼戒之前，是否必須受式叉摩那戒、沙彌尼戒？式叉摩那戒和沙彌尼戒的順序為何？

對此，昭慧法師從漢傳各部律典與日譯、中譯巴利律典的文獻，做對比研究證明：「沙彌尼→式叉摩那→比丘尼」的傳統說法，是從僧伽立場將戒法一以貫之形成的。

但若從「避世譏嫌」的制法原意說，式叉摩那應是在家學法女，而非出家後沙彌尼的進階身份；故「沙彌尼→比丘尼」與「式叉摩那→比丘尼」的制度，是平行而不聯結、不重疊，也不衝突的。因為：因年歲小的出家者而形成出家沙彌 (尼) 制度；因驗孕理由而形成在家學法女制度。

男眾也不例外，如：二十歲以下的出家者名「沙彌」，二十歲以上欲出家受具，可立即進行之。唯一例外是「外道 (異學) 四月共住」；在這過渡的共住期間，受的是五戒，穿的是和尚所提供的衣服 (總不能穿外道服裝吧)，但作務等種種待遇，則比照沙彌，甚至是「在沙彌下」。

總之，1 是為了因應幼童出家而建立沙彌 (尼) 制度；2 為了因應外道出家而建立「異學四月共住」制度；3 為了避免女眾不自知已受孕而出家的尷尬，建立式叉摩那制度。

時至今日，驗孕已可透過醫學儀器，而不勞等候二雨時。但為了避免出家或還俗過於草率；出家前，先以學法女的在家身份，在僧團中住兩年 (或最少跨越一年) 以學六法，並逐步學習一切比丘尼行法，讓自己與僧團成員共同審

查自己是否適合出家；這對出家者本人或道場，都是很好的保障！

故若以「中國佛教僧團無(出家)式叉摩那制度」為由，而質疑其「傳承合法性」；那未免太不了解「受具規制」的原始意義了。

3. 弘一大師《四分律比丘戒相表記》有與時代佛教對話的意義

弘一大師畢生對漢傳佛教，留下可貴的言教與身教；尤其在戒律方面，辛苦治學，淡泊行持的風範，至今猶深深影響漢傳佛教僧眾。

亦幻法師曾記述一段往事：1931年秋，弘一大師想在浙江慈溪五磊寺創辦南山律學院；於是請到過泰國的安心頭陀當院長。頭陀自上海來信，堅決要仿暹羅僧實行吃缽飯制度。這使弘一大師感到注重形式的無謂；於是事情不成。

昭慧法師從這段記事看出：重視戒律的弘一大師，儘管克己甚嚴，但不是拘泥形式的教條主義者；而是在微細處都要求端正品格，不欺暗室的道德家。不像今之許多標榜「持律」，或「一切學南傳」的僧尼，經常連衣裝都改樣，吃飯得托缽，且要他人「手授」；弄得旁人為其「持戒」而人仰馬翻。

而弘一大師的《四分律比丘戒相表記》，表面上只是諸學處戒相的歸納表解，與律疏的雋語摘記。事實上，最值得

注意的是那些律疏摘記。因大師對當時所見僧侶的不能淡泊自守，而勤於與權貴酬酢，最為憂心；故借古德之勸諭而作時代之針砭。所以，閱讀時不可忽視大師「與時代佛教對話」的重大意義。而無論在「易於普及」或「易於檢索」方面，此書都有諸部律疏所無法取代的功能。

4. 從女性佛學觀點解讀《佛說玉耶女經》

昭慧法師認為：《佛說玉耶女經》的內容，若從「性別平等」的普世價值以觀，會令人產生強烈之質疑與反感；從佛法的純正義理作檢視，也大有問題。因為本經在長時結集傳誦過程中，摻雜了父權意識，且相當違反「護生」、「無我」的佛法正理。故不必將之統統視作「佛說」，以免「三世佛冤」。

但本經依然有其反映古印度社會狀況，與社會觀念的史料價值。即面對「已婚女性應如何自處？如何與夫家相處？這個歷久彌新的課題，本經刻劃人性的多元面向，作了「七輩婦」(七種類型婦人) 的性格與行為分析，是經中最生動有趣，也最精彩可觀的內容！其中對「怨家婦」、「奪命婦」兩類型作出負面價值判斷。然則，女性在接受婚姻時，自可依其性格傾向，而於其餘「五輩婦」中作一貼切的「應然」選擇。[7]

7　昭慧法師，《法與律之深層探索》論集，頁 89-114，171-215，319-328。

(三) 出世與入世之間的平衡槓桿

　　昭慧法師本著《阿含經》教，與印順導師思想的啟迪，在「緣起、護生、中道」的脈絡中，提出入世與出世無礙的理論。她認為：出世與入世的平衡槓桿，不應只是教運成長、僧侶地位的考量；而應出於法義的倫理反思。

　　她說：西方宗教，在入世與出世之間，有著很好的平衡；即透過各種性質不同的修會，來滿足不同的人性需求。如：入世性質的修會，關懷社會，力圖改造社會；而隱修者為這些衝鋒陷陣的入世基督尖兵全心代禱，是他們的靈性守護者。他們之間異質性高，但反倒合作，產生很好的互動模式。而當基督宗教積極啟動對人間的關懷機制時，其實也同步在擴張它的宗教版圖。

　　反觀佛教，到現在還為出世與入世而爭，實在太沒「適應緣起世間，佛教應多元化」的智慧了！佛教的入世關懷、參與社會的實踐，在台灣大概是近三十年的事。光看台灣有幾所基督宗教大學、佛教大學，就知彼此著力於社會的懸殊性。

　　以整體佛教來看，要在社會上有尊嚴地受到認同；入世佛教實已有其無可取代的地位。因此，譴責那些攻擊入世佛教的隱遁派；他們是在入世佛教的保護傘下，受到社會的照顧與尊敬，卻反倒過河拆橋。從沒思考一旦這保護傘撤掉後，也許又會回到明清時代佛教，承受鄙夷的眼光，卑微的

社會地位。

　　故從整體立場看佛教，「出世與入世」這兩種路線，可滿足兩種不同人性乃至市場的需求；不必提倡單一的入世佛教。而一個提倡入世、人菩薩行的教團或個人，如不能容忍聲聞根性的人，邁向解脫道的想法；也不是「恒順眾生」的菩薩襟懷。只是從整體社會來看，如果「獨善其身」的人過多，社會還有沒有雅量，容許這種宗教的存在，是值得深思的問題。[8]

(四) 世界佛教女性的處境與轉機

　　美國藏傳比丘尼慧空法師，現任聖地牙哥大學神學與宗教學系助理教授。於民國 90 年 12 月 29 日蒞臨弘誓學院，與學院師生舉行二次座談。

　　慧空法師陳述西方比丘尼、藏傳與南傳沙彌尼之不利處境，以及其為藏傳安尼之生活與教育所做的努力，所獲致的成果。昭慧法師則略述台灣比丘尼為「廢除八敬法」所作的努力，所受到的肯定。兩人相互交換改善佛門女性處境之心得——亦即在不同情境，不同條件下，為佛教女性地位之提昇，所採用之不同策略。

　　慧空法師是 1950 年代，在印度達蘭沙拉跟隨達賴喇嘛習學佛法。因覺得西藏佛教婦女處境非常困苦，也沒有受教

8　同上，頁 332-335。

育機會；激發她去思考佛教婦女的主體意識，於是成立「佛陀的女兒」的世界佛教女性組織 (Sakyadhita International Association of Buddhist Women)，為全世界瀕臨饑餓邊緣，文盲而地位低落的佛教修道女性做努力 (民國 91 年 7 月 11~16 日的「第七屆佛陀的女兒會議」在台灣舉辦)。

　　後來，她發現最重要的還是尼眾教育，及尼眾受具足戒的問題。因大部份南傳國家傳統中，不承認比丘尼法脈的存在。因此，慧空法師領導該團體，在印度的西藏難民聚居地，成立八所沙彌尼學校，約有兩百位安尼在此接受教育，也將有八位安尼獲取「格西」(藏傳佛教最高學位) 的資格。

　　以下摘要二位法師的對話重點：(一) 達賴喇嘛鼓勵藏傳尼眾，到外受具足戒；因藏傳必須透過所有長老決議。(二) 二部受戒與法脈傳承，是西藏政治議題；事實上，當比丘尼有自主性時，已不須比丘覆核比丘尼資格 (二部受戒)。(三) 目前台灣比丘尼地位已在改變中，希望藏傳尼眾將來也能扭轉局勢。[9]

---

9 昭慧法師，《法與律之深層探索》論集，頁 341-364。

第二節　昭慧法師在佛教倫理學的特見

一、昭慧法師的倫理學著作

(一) 倫理學、規範倫理學、後設倫理學之別

　　昭慧法師認為：古今中外的宗教和哲學，都在為人類歸納或制訂一些「做人之道」的共同理念與規範，並為它們的基本原理，提出某種看法。因此，如說：科學是「實然」之學；倫理學則是「應然」之學。

　　傳統倫理學，因其規範倫理的實踐性格，被稱「規範倫理學」。到了當代哲學思辯潮流下，走向知性進路，設法釐清倫理學各種規範的本身；即純以知識尺度來檢證其真假，使原屬「求善」的學問轉向「求真」，稱為「後設倫理學」。

　　所以，「規範倫理學」教人「如何行善」，「後設倫理學」進而追尋「善的意義」。因此如說：戒律學或法律學，直接告訴我們「應該遵守哪些規範」；規範倫理學，卻是探索戒律或法律原理的「法哲學」。[10]

(二) 昭慧法師的三本佛教倫理學著作

　　相應於「倫理學、規範倫理學、後設倫理學」，昭慧法師也有三本以佛教觀點的論著。

　　一、《佛教倫理學》是民國 84 年撰寫的，依於從「緣

---

10 昭慧法師，《佛教後設倫理學》，頁 1-6。

起」而「護生」的內在理路，建構佛教倫理學的系統理論。進以分析作為道德主體的「人」，與「眾生」的共、不共性；復依序列舉人天乘、解脫道與菩薩道三種生命層次的倫理內涵。

二、《佛教規範倫理學》是民國 92 年撰著，分「理論篇」與「應用篇」。在「理論篇」中，本諸《佛教倫理學》的「緣起、護生」義，再加入「中道」義以為實踐綱領；依以論述佛教戒律的法哲學與法理學。說明佛法觀點的「護生」判準，並不是「理性」或「神性」的有無，而是「感知能力」的有無。因此在佛法中，動物因其具足「感知能力」，而擁有其道德地位。

三、《佛教後設倫理學》是民國 97 年出版，著述宗旨是從「實然」如何證成「應然」？「實然」與「應然」之間的鴻溝，有可能透過哲學思辨來架設橋樑嗎？

以上三者，《佛教倫理學》與《佛教規範倫理學》，關切重點是「往下層層相推」——建構「由基礎原理下推道德原則，由道德原則下推行為規範」的體系之學。《佛教後設倫理學》則是「往上再推一層」——由基礎原理，上推其在形上學或知識論意義下的實在性、必然性與普遍性。[11]

以下將以《佛教倫理學》、《佛教規範倫理學》為主，

---

11 昭慧法師，《佛教後設倫理學》，頁 6。

摘要其特見。

1.《佛教倫理學》寫作動機

　　昭慧法師以一佛教法師身份，實地從事社會關懷、環境保護、生態保育與動物福利運動。雖歷經挫折而不退；背後的支持是佛教的倫理信念 (緣起、護生)。也在與同為社會理想而從事運動的知識份子、社會菁英交換意見時，提供許多與世間見解不同的觀點，常讓他們有「柳暗花明又一村」之歎。

　　反觀佛教，雖忝為台灣人口最多的宗教；但在社會關懷方面，卻是起步較晚，且有許多似是而非的教義知識，如「共業不可轉」之類坐以待斃的邪見，或「不執著」之類麻木良知的藉口，形成心理與行動障礙。

　　不知，有些社會公益的議題，必須側入公共領域，去做結構性改良。反而由於主事者大談「不介入政治」，將龐大的信徒群，訓練成阻礙結構性改良的「保守黨」。

　　廣大佛教徒是「身行好事，口說好話，心存好念」的，但這只是個己倫理的實踐，而在粗糙的倫理思考下，有時對自對他往往「欲益反損」。而在群體倫理與環境倫理部分，佛教徒對大乘佛法的「莊嚴淨土，成熟有情」之要領，必須有更深刻的體會，並可思維現時契應機宜的做法。《佛教倫理學》的寫作，就是希望能或多或少達到澄清思想的效

果。[12]

2.《佛教規範倫理學》特色：回應普世價值、引領社會思潮

　　《佛教規範倫理學》是對《佛教倫理學》作延續性的討論，或更周延的分析。此書上篇名「理論篇」；下篇名「應用篇」，議題涵蓋安樂死、器官移植、幹細胞、複製科技、代理孕母，……大都與當代醫療科技之發展有關。

　　此書對當代關切之議題，如性解放運動、政治參與、動物倫理或生態哲學，而作佛法觀點的「對話」。有「人間佛教回應普世價值、引領社會思潮」的時代意義；也時見與其他宗教或當代倫理思潮的對話；並意圖透過從「佛教倫理學」到「戒律學」的思維，與傳統律學界展開思想、觀念乃至方法論的對話。[13]

　　以下，先對《佛教規範倫理學》「理論篇」擇要其特見。

二、《佛教規範倫理學》理論篇簡介

　　法哲學，是有關法律基本原理的理論思維。佛教戒律的法哲學，是一門以「緣起」為基本原理，貫徹「護生」精神，依「中道」為實踐要領的佛教規範倫理學。法理學，則是進一步探究律法之制訂與實施的法則。《佛教規範倫理學》理論篇，即探討佛教戒律的法哲學與法理學。

---

12 昭慧法師，《佛教倫理學》，自序，頁 1-5。

13 昭慧法師，《佛教規範倫理學》，自序，頁 7-10。

（一）緣起——佛教規範倫理學的基本原理

1. 緣起論排除四生

「緣起」是佛教最根源的基本原理，是佛法不共世間宗教的思想特色；說明宇宙萬象，不脫因緣和合法則。依因待緣而生滅，故無永恒不變的常性；依因待緣而存在，故無獨立主宰的我性。

龍樹《中論》的名偈「諸法不自生，亦不由他生，不共不無因，是故說無生」。此乃因世間任何一法，都不能在單獨條件下成立，故不會自成，也不會依他因而成；兩者之和的「共」，當然也不能成立。而無因論有二大過失：1 與常識明顯相違；2 與因果論相違，行為無意義。

佛說「緣起甚深」，因為不只是 $a_1+a_2+a_3\cdots\cdots=A$，而是任一 a_1 或 a_2 或 a_3，它是來自 $b_1+b_2+b_3\cdots\cdots$ 的組合，而 b_1 又是來自 $c_1+c_2+c_3\cdots\cdots$。這樣無限分析下去，不見有永恆、獨立的實在 (自性) 可得，所以龍樹稱「性空」。[14]

2. 緣起論的扇狀思維，與一般宗教的金字塔型思維，恰好相反

一般宗教的倫理學說，多半從「天命」之類形上學尋其根源。由於體會到人的有限性，所以強調外在的救贖。

佛法則直下從當前因緣作承擔，倫理實踐得以純淨圓滿，不靠外在的救贖，而是將人類特勝的性格發揚光大。所

---

14 昭慧法師，《佛教規範倫理學》，頁 41-47。

以，佛陀度化眾生，不是賜予恩寵，而是輔助眾生透過修持以開發道德三種特勝。

「緣起」的思維模式，是向上推溯達於無限，是「扇狀、網絡狀」的開展。這與諸如「太極生兩儀，兩儀生四象，四象生八卦」、「道生一，一生二，二生三，三生萬物」、或「神創造甲男、乙女，兩人再展轉生養無限後代」之類「金字塔型」的思維模式，恰好相反。[15]

3. 金字塔型倫理中的西方神學與東方儒家的道德根源不同

無論是西方的希臘哲學、希伯來神學，還是東方先秦諸子中的儒、道、墨家，與印度大多數宗教學派，基本原理都建立在金字塔的本體論上。不同在於：

一、「上帝」等位格神的理論，具足「天啟」的絕對權威，外化為普遍性的客觀真理，或永恆性的客觀存在。人們相信造物主，不但至高而且萬能，祂的命令是道德勸說，還以「賞善罰惡」為後盾；這鞭策人們積極信受奉行。

相對的，儒家雖也建立「天命」，但那是非位格之本體。將道德根源置於「良知」，而反對外在命令的天啟論。因此，儒家主流主張人性本善，應輔以可令善性滋長的禮樂。至於「賞善罰惡」之後盾，寄諸祖孫相承的因果律 (積善之家，必有餘慶)，父祖有德，子孫可享餘蔭；確也可達

---

15 昭慧法師，《佛教規範倫理學》，頁 47-49。

某種勸善誡惡的效果。

二、廣義的「尊祐論」者 (包括一神與多神崇拜者)，往往也是有力的道德維護者與善行實踐者。因為會為了尊神的庇祐或恩寵，設定一些倫理條件。所以尊祐論者在人類文明的建樹上，功效仍是不容抹煞的。

儒家政治倫理的「天視自我民視，天聽自我民聽」，隱然將道德根源訴諸「天命」；而「舉頭三尺有神明」的教誡，令人不敢為非做歹，以免遭到神譴。

4. 佛教與基督宗教對殺人與殺動物的觀點不同

一、殺人。倫理神學說：人的生命是上帝所賜予，任何人沒有資格用人為方式剝奪他人生命。佛教「緣起」法則認為：人都有「樂生畏死」的強烈本能，將心比心，也就不要以此加諸他人。

二、殺動物。基督宗教源於《舊約》「創世紀」記載：上帝命人管理萬物，殺動物以供食用，是人的管理權之一。佛教則因「樂生畏死」是一切眾生的本性，故「眾生平等」；反對殺害動物。

5. 緣起論可免除本體論的詰難

緣起論可免除一些本體論者必須面對的詰難。例如：

一、為何萬法須由因生，「第一因」卻可無因而自存？

二、為何單一因卻可成就眾多異法——「一生多」如何

可能？

三、本體倘若是「善」，則「惡」之來源為何？是否會讓一元的位格神論，成為二元的善、惡神論？

四、一元的位格神，是否會面臨「不夠全能」(不足以制惡)，「不夠大愛」(不願意制惡) 的兩難質疑？

五、一元的位格神，究係如老子所說，其性「不仁」而「以萬物為芻狗」？還是如一神論者所說，其性「博愛」，而以萬民為親子？[16]

6. 緣起論者有六項人格特質

一、不卑不亢的謙和胸懷，二、內心充滿著感恩，三、面對眾生湧現慈悲之情，四、民主的精神，五、平等的精神，六、科學的精神。[17]

(二)「護生觀、因果律」是緣起論的道德原則

1. 緣起論導出「護生觀」的三項原理

「護生」是來自人在情意上，自覺「以己度他情」的「自通之法」；以及在理智上，對「緣起相的相關性」與「緣起性的平等性」的認知。

緣起法的差別相，是從相依相成的關係，產生對有情的同情，進而體悟自他的無二無別。

---

16 昭慧法師，《佛教規範倫理學》，頁 48-49。

17 昭慧法師，《佛教規範倫理學》，頁 129-132。

　　緣起法性的平等性，則連「自他藩籬」也不可得。所以，拔除眾生痛苦，給予眾生快樂；已不須來自「自他互易」的想像與判斷，而是直下植基於「眾生法爾，平等不二，同體相關」的甚深悟境。

　　依緣起論以明「護生」的三項原理是：

(1) 自通之法

　　佛教的「自通之法」，是以己心揣度其他眾生的心情；類似儒者的「良知」，倫理學上名「黃金律」。

　　基督宗教基於「神性」，康德是基於「理性」，都未將動物納入黃金律的對象。但佛教卻將動物納入，理由是：動物與人同樣具有「不喜被殺」等的喜怒哀樂情緒，與痛苦的覺知能力。

(2) 緣起法相的相關性

　　緣起論者的道德黃金律，不來自外部的權威指令，而存在有道德覺知者的心中。依緣起論，「良知」是主客體交融的產物，是道德主體相應於緣起事相「相依相存」且「法性平等」之法則；因而對有情客體，自然流露的同情。

(3) 緣起法性的平等性

　　一切有情，只是因緣條件組合下，相對穩定的存有個體。在因緣條件變化時，個體的尊卑優劣處境，就跟著變化。因此，一切階級意識、種族認同或性別歧視，都因執著

階級、種族或性別的真實性，而生起的一種「常見」，也是一種「我慢」(自恃凌他) 作怪的「自性見」。

在「諸法緣生無自性」法則下，無永恆差別的實體可得；是佛家「眾生平等」的理論依據。唯有透視「緣起」法則臻至「無我」悟境，才能從「自通之法」的「眾生緣慈」，進一步昇華為「法緣慈」與「無緣慈」的生命智慧。[18]

2. 緣起論是精密的「因果律」

「緣起論」是精密的「因果律」；佛法以此為總綱，解明世間生與滅的原理；此中蘊涵自作自受，共作共受的「公正」的原則。

(1) 因果論的迷思

基督徒有積極進取、彰顯公義的優點；但其「一生一切」的神造論，易出現排他性，從而抵消了愛與公義的良好品格。

佛教徒則常陷入「一即一切」的玄學思維，或宿命式的「業障」論；從而削弱慈悲與正義的良好品格，以及積極進取的奮鬥意志。而單線因果的宿命論，會坐視他人造罪而不思制止，他人受苦而不思濟助；這或許就是佛教徒對社會關懷，遠遠不若基督徒來得熱切的緣由吧！

---

18 昭慧法師，《佛教規範倫理學》，頁 85-93。

(2) 因果觀的正見──心為主導，二類因果

1. 心為主導

佛法講因果，目的在令吾人把握每一個當前的努力，來改變既有的因果網絡，以期現生後世，離苦得樂，乃至證得涅槃。

人在無限因緣推移下，相形「有限」；但只要有「心」來主導，依然存在「相對的選擇自由」，依然可在當前加入有利條件，來改變因緣果報的網絡。這種「心為主導」，正是「緣起論」不落入「命定論」陷阱的關鍵因素。

2. 二類因果

一、「異熟因果」：行為由表業而起無表業，為招感種種苦樂異熟的因緣。如害人致死，會墮落惡道；來生為人，會受多病或夭壽的果。

二、「等流因果」：善惡行為，天天增強，習以成性；會影響今生到來生的品格。

因此，善惡的倫理行為，不但影響行為所施設的對象；更影響行為主體的性格與命運。一方面招感自己未來的苦樂果報 (異熟果)；一方面形成自己的道德慣性與人格特質 (等流果)。

惡行積習所養成的邪惡品格是「等流果」，其效力將無有窮盡；必待強力矯治方能削弱其力道。因為個人動機 (心)，是行為主體最可著力的地方；而動機背後，是個人的

道德慣性 (等流習氣)。因此，緣起論者最重視的還是個人的品格。

依緣起論，果報來自宿業 (過去生的言行心念)、現緣 (當前的言行心念)，以及「共業」的共同招感。

就「因果律」以觀，人必須為他的 (身語意) 的善惡付出代價。從「因果報應」以觀，世間一切悲歡情仇，在不公平表象裡，有它深層的公道——自作自受！[19]

(三)「中道」是佛教倫理的實踐綱領

「中道」的精確定義：「在可見聞覺知的因緣條件下，無私地作相對最好的抉擇」。因為「當局者迷，旁觀者清」，人愈是無私，愈能掌握中道的智慧。

「中道」(不偏不倚) 是倫理判斷的要領；這要藉助公正的品格，易地而處的同理心；也要藉助於對更多相關因緣的認知。

以「不殺生戒」為例；佛陀時代，選用一般沙門的托鉢方式，討到什麼就吃什麼，沒規定僧侶一定得吃素；但還是規定「三淨肉」原則 (不見殺、不聞殺、不疑為我而殺)，這就是在世間現有條件下的抉擇。

「中道」的對治義：(一) 對治「不及」——懦弱與騎牆的通病。(二) 對治「太過」－－排除異己，或思想蹈空的通

---

19 昭慧法師，《佛教規範倫理學》，頁 63-72。

病。因此在「護生」前提下，可尊重多元文化差異，乃至多元倫理判斷與倫理實踐。[20]

(四) 從生命倫理的四個基本原則，看理想的僧制

各種倫理學說，來自不同的思想源頭，有不同的推論過程，卻可獲得相當接近的倫理共識。

依貝參 (Tom L. Beauchamp) 與查爾德斯 (James F. Childress) 所提出的生命倫理學體系，可歸納出四個基本道德原則：1 自律原則，2 不傷害原則，3 仁愛原則，4 公正原則。這四個生命倫理共識，促使人類存在普世性的基本倫理規範 (如：不殺、不盜、不邪淫、不妄語)，且是不同的宗教哲學與思想體系間，可以在對話或行動層面「求同存異」。

1.「護生」蘊涵自律原則、不害原則、仁愛原則

就此四個基本道德原則的前三項來說：佛教的「護生」精神，已蘊涵消極的「不傷害原則」，乃至積極的「仁愛原則」；而有情為本的「緣起論」，心為主導即行為主體具自由意志，即「自律原則」。

因此，理想的公共制度，應建立在「自律原則」基礎上；即所有成員以自由意志 (非暴力壓迫) 奉行此中規範，且尊重他人自由意志的行使。而此一公共團體須以「不傷害原則」為前提；即保障個人免於受傷害，並限制成員不得傷

---

20 昭慧法師，《佛教規範倫理學》，頁 95-106。

害他者。又須依於「仁愛原則」，即對弱勢成員 (乃至其他眾生)，給予適當的支援與救濟。[21]

2.見和、戒和、利和屬「公正原則」

依佛法理想所建設的公共領域 (僧團或淨土)，應重視經濟資源的合理分配，法律地位的普同平等，以及發展機會的公平公開。

佛陀面對當時不公平的俗世現況 (階級意識)，始終保持敏銳批判。另在僧團內部以見和同解 (教育機會均等，以建立人生共識)、戒和同行 (普遍規範有效戒行，以杜絕特權階級)、利和同均 (物質資源同享，以避免貧富懸殊) 為考量，制訂諸多規範；這即是「公正原則」建制化的明證。此下再分三項解明：

一、就公共政策的運作言。「緣起」意味的是多方因緣相攝相拒，產生或此或彼的結果。佛教自創教以來，未曾產生類似教皇或教宗的最高領袖；僧眾依羯磨程序以民主議事。

二、就社會成員地位言。依緣起法性的平等原理，性別、種族、階級乃至物種平等。佛陀主張「四姓平等」，徹底排除一切可能產生尊卑意識的形式。

三、就資源分配言，以減低貧富懸殊，創造均富社會為

---

21 昭慧法師，《佛教規範倫理學》，頁 133，頁 139-140。

宜。僧團中，佛依「利和同均」原則，建立限制私有財產，僧物公平分配的種種規制。修道人在主觀意願上，不求物欲享受；在客觀條件上，無有家庭羈絆，因此「利和同均」的共產制度，較有嚴格實施的主、客觀條件。

綜上所述，決策過程民主、法律地位平等、經濟資源合理分配，這三大理想都是以護生精神，尋求眾生的公平待遇與幸福快樂。[22]

(五) 戒律的法理學與立法原理

1. 戒律的法理學

法理學，是進一步探究律法之制訂與實施的法則。

一、制戒目的：從自覺意義言是「梵行久住」；從覺他意義言是「正法久住」。

二、戒法的淵源與分類：

(一) 非正式淵源，是在佛創僧團後，依循佛陀平日的道德教誨與身教示範，而形成比丘們所奉行的習慣法 (不成文法)。

(二) 正式淵源，是佛創僧團十二年後，佛陀「隨犯而制」的成文法。大體分成：1「止持」是規範比丘行為的實體法，2「作持」是僧團運作與規制施行的程序法；這都建

---

22 昭慧法師，《佛教規範倫理學》，頁 142-146。

立在「十事利益」的根本法基礎上。

三、戒法的效力：毘尼的成文法或不成文法，效力止於僧團的正式成員 (比丘僧尼)，且奠基在「自由意志」前提下；舉凡被脅迫的「命難、梵行難」，或神智昏憒的「癡狂心亂，痛惱所纏」，都屬例外狀況 (開緣)，須另行妥為處置。

四、戒法的適用：由於成文法 (波羅提木叉) 都附帶罰則；因此，一般刑法的「不溯及既往原則」以及「罪刑法定原則」，都適用於戒律學中。

五、戒法的制訂：

(一) 在尚未制戒前，一般稱「略說教誡」，大眾部稱「偈布薩」，覺音稱「教授波羅提木叉」，這是以道德勸勉方式教導僧眾，何者應斷，何者應做。

(二) 僧團成立十二年後，部分比丘犯行出現，於是佛陀開始「隨犯而制」；後來發展成覺音論師所說的「威德波羅提木叉」。

六、戒法的實施：佛在世時，僧眾所執行的是行政與司法權；這包括召開會議、偵查犯相、處斷諍事、執行懲誡、選任仲裁等等；這都必依程序法 (作持) 施行。凡是受具足戒者，即有權利與義務，如法和合以羯磨行事。

所謂「四人僧」、「五人僧」、「十人僧」、「二十人僧」、乃至「二部四十人僧」的五種分類，即是五種不同的專案小

組。這是為了避免經常大規模集眾以致擾眾，所以依事務輕重，將處分委由法定人數的專案小組，依公開的會議程序處置。

七、戒律的解釋：

(一) 正式解釋，法律上名為「有權解釋」；這須經由僧團會議通過。

(二) 非正式解釋，法律上名為「學理解釋」；是由學者、其他個人或組織，對戒律所作的學術性和常識性解釋；不具法定約束力。

八、戒律的監督：

(一) 僧團內部的監督，大都在成員的「展轉相諫、展轉相教」中自然形成。如半月布薩的總檢討，與平日相互間「舉罪」的義務。

(二) 社會的戒律監督：是可信任信徒的檢舉，以及輿論的力量。[23]

2. 戒律學的立法原理

一、立法權責：佛在世時，立法權責屬佛。佛滅度後，立法權責屬僧；僧團依「羯磨」程序以民主議事。

二、立法程序：(一) 須有犯緣。(二) 須先把當事人找來，問明是否實有犯緣。(三) 查明屬實後，訶責犯者，並向

---

23 昭慧法師，《佛教規範倫理學》，頁 147-158。

大眾宣告：依於「十事利益」，從今後制定某一法規。

三、制戒原理：佛在世時，依比丘 (尼) 之犯緣，向當事人確問屬實後宣布：依於「十事利益」制訂新法。「十事利益」是十大制戒原理，也是十條佛門憲法。

昭慧法師將十事利益，歸為三類制戒原理：(一) 為個人身心清淨，得以除障道法。(二) 為僧團的得以和樂清淨，而提供修道、弘法的好環境。(三) 為避世譏嫌，使世人敬信三寶。[24]

四、隨宜修法之必要

(一)「小小戒可捨」本指「隨方毘尼」可酌情增減

在五百結集上，阿難覆述佛陀遺囑「小小戒可捨」。大迦葉為免異說紛紜，宣佈「若佛所不制，不應妄制；若已制，不得有違」的規定。但富樓那表示，佛允許邊地、饑荒，可「內宿、內熟、自熟」等七項規制。

昭慧法師認為：大迦葉之所以如此規定，是因戒律是維持僧伽向心力的要素；且佛滅未久，時空差異不大；也因此忠實保留了原始教團的典章制度。

但戒律是「世諦流布」的制度，無法從社會現象孤立出來；而社會現象往往隨時空差異，而有所不同。僧團要面對

---

24 昭慧法師，《佛教規範倫理學》，頁 158-167。

與過往時代不同的許多情境 (如：當代影視媒體、網際網路所衍生的諸多問題)，不可能從戒經中找到現成條文以資依循。故不如在原有戒法基礎上，作必要的補充、修正，與推陳出新的解釋；以維繫戒律精神於不墜，且達成佛陀制戒之目的。

所以，依於「十事利益」，屬於戒殺、盜、淫、妄之根本戒，以及依此根本戒法的次要規範；因涉及「護生」原則，不受時空限制，恆常有效外。其他戒規，如：飲食、醫藥、居住、行止、禮儀……，在「十事利益」檢視下，若覺現存法規已不適用，則應予以合理修訂。此「隨方毘尼」不但要酌情而捨，也要酌情而增。

但後世的許多律學家，都依循大迦葉的成規；類同法律學上的分析法學派，以條文戒相之逐字逐項解析為已足。實不如歷史法學派，看許多條文為歷史上時空因緣之產物；也不如社會法學派，隨時檢討法律要達成的目的、效果與社會意義。

(二) 傳統研律者易成「教條主義」有四大盲點

傳統研律者，往往單就每一條文而作文句解釋與犯相分別，易成「教條主義」，其四大盲點是：(一) 無法應變新局，(二) 形成自他損惱，(三) 濫制規章、誤用佛法，(四) 面對價值衝突與義務衝突，無法作正確之抉擇。

　　這即因沒有法哲學與法理學的觀念，不能體會戒律與法律都是有層級性與邏輯性的。如前提到的佛門中的「八敬法」，根本違反「十事利益」的毗尼最上層法規。今日南傳、藏傳以「傳承斷絕」或「漢傳無式叉摩那」為由，不給女眾受比丘尼戒，根本違反「梵行久住」、「正法久住」的制戒目的。[25]

(六) 佛教與基督宗教「法哲學」的對話

1. 基督宗教倫理學之內在理路 (神人關係)

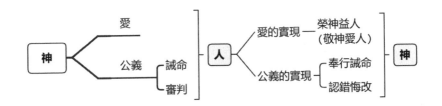

　　神有兩大屬性：「愛」與「公義」，兩者可說是一體兩面的。(一) 基於「愛」的原理，神愛世人，並希望世人愛「鄰人」如自己，且能原諒仇敵。(二) 基督宗教極重視「公義」(公正原則)；凡受造之人都具神聖性，都應受平等對待。

　　神與人的關係，類同人間父母與子女的關係；但人的「原罪」，讓人與神疏遠；因此，苦口教導人：要奉行誡

25 昭慧法師，《佛教規範倫理學》，頁 168-179。

命，認錯悔改。[26]

2. 基本原理→中層原則→基本規範→各種規制→各種判例

各種宗教哲學與思想體系，其倫理學說都可從最核心的基本原理，產生若干中層原則，從中層原則產生基本規範，從基本規範產生各種不同層級的法規制度，又在沿用各種規制以斷案時，產生各種可供後來依循的判例。即：基本原理 → 中層原則 → 基本規範 → 各種規制 → 各種判例

在倫理學「基本原理」上，基督宗教以「神」作為倫理神學的根源。佛教則依經驗法則，歸納出一切現象，依因待緣而生滅的「緣起」論。

但從各自的基本原理，確可開展出相同的四個「中層原則」(仁愛原則、不傷害原則、自律原則、公正原則)，以及類同項目佔極大比例的「基本規範」(如基督宗教的「十誡」，佛教的「五戒」)。

在運用方面，兩大宗教都重視「仁愛原則」在人間的具體實踐。但是：一、佛教對於「慈悲」的培養，強調是出自「緣起」法則的「自通之法」(自他互替以同情共感)，以及「三輪體空」的觀照。

二、基督宗教對於「愛」的擴充，則強調要盡心、盡形、盡意地敬愛上帝，從而愛及同屬受造者的「鄰人」乃至

---

26 昭慧法師，《佛教規範倫理學》，頁 185-186。

「仇敵」；還要「因信稱義」，回應「上帝白白的恩典」(為了杜絕心念的雜染)。[27]

依上項層次結構，討論兩大宗教的基本原理、中層原則、基本規範，其主題可涵括：

(1) 兩大宗教的相似主張

一、基督宗教有「原罪」論，是指受造物沒有達到造物者創造他的目標。佛教則認為眾生皆有「無明」(知的根源性錯亂) 與「我愛」(情意的根源性錯亂)，是生死之根源。

面對此，兩大宗教被質疑有「命定論」的思想陷阱；但依兩大宗教內在邏輯，都肯定道德主體具足「自由意志」；從而擺脫「命定論」色彩。

二、基督宗教倫理學中，上帝有兩大屬性：「公義」與「愛」。佛教也可從「緣起」的基本原理，推出「因果律」與「護生觀」。[28]

(2) 兩大宗教的差別觀點

一、基督宗教極重視，對造物主信德的建立。如基督宗教 (5-10 誡) 與佛教五戒一樣，重視普遍性的道德規範；但 (1-4 誡) 是神與人之間相互關係的立約。

二、在四種「中層原則」的實踐中，基督宗教根源來自

---

27 昭慧法師，《佛教規範倫理學》，頁 181-183。
28 昭慧法師，《佛教規範倫理學》，頁 183-184。

「神的誡命」；這與印度傳統婆羅門教頗為相似。但基督宗教還是比較仁慈與開闊，主張凡受造的人皆平等；且當新教提出「萬民皆祭司」理論時，連教士與平民信徒間的藩籬都被拆除了。佛教則無此。

三、佛教一向反對利用動物，以換取人類的利益。基督宗教則甚至以聖經證成：人類可利用動物，以成全人類福祉的正當性。[29]

3. 結論

基督教、佛教，彼此的基本原理不同 (一是上帝論，一是緣起論)，這不但源於各自的出發點，也是各自的終點。由於基本思路不同，自然產生重大的異質性；但乃可證成兩個更重要的結論：(一) 美好的心靈，可透過各個不同的宗教系統薰陶成就；如同可建構出四個中層原則。(二) 世界各大宗教之創立，是為了幫助人們離苦得樂。[30]

三、《佛教規範倫理學》應用篇簡介
(一) 佛法的生死觀
1. 安樂死

所謂「安樂死」，是為減除病患痛苦，以特定方式——(積極) 注射藥物，(消極) 去除維生系統；刻意結束病者生

---

29 昭慧法師，《佛教規範倫理學》，頁 184。
30 昭慧法師，《佛教規範倫理學》，頁 189-190。

命。

民國 85 年，植物人王曉民小姐的慈母上書總統，要求「安樂死合法化」。社會除基督教外，都站在認同的一方。

基督教反對用任何方式殺人，是因「人」是上帝所創造；除上帝外，沒人有權剝奪。佛教，同樣反對殺人；但是因為「自體愛」本能的求生欲，受害時會痛苦、恐懼……，故慈悲不殺；也不可自殺，因易生慣性而不尋解決之道 (除非是已解脫的聖者)。

立法院於民國 91 年 6 月通過「自然死」條款，即對不可治癒的患者，可不使用無謂的急救 (如：心肺復甦術、人工呼吸器，強心升壓劑、各種插管維生醫療) 來延長瀕死過程。

二者之別：「自然死」不涉及自殺、殺人的倫理之惡；「安樂死」則有。且今日的「安寧療護」，已可減除末期患者大部份的痛苦了。

佛法的兩難是：同情無奈選擇安樂死的個人、家屬。但不同意大膽鼓吹「安樂死合法化」，因會使患者在被勸說中，無奈簽署自願書。[31]

2. 廢除死刑

法務部自民國 82 年起，陸續針對「死刑存廢」作過民

---

31 昭慧法師，《佛教規範倫理學》，頁 261-267。

意調查。受訪者不論是一般民眾、社會菁英或執法人員，反對廢除死刑的比率都在八成左右；可見我國民眾對廢除死刑，普遍存有很大疑慮；因此，推動廢除死刑政策，並非易事。

反對廢除死刑的理由：(一) 死刑確有嚇阻犯罪的效果；(二) 死刑可滿足社會正義；(三) 廢除死刑後的獄政管理問題；(四) 談「人權」不宜忽視被害者的人權；(五) 破案率事實上不易提昇；(六) 不宜因「可能誤判」而因噎廢食；(七) 宗教背景不同；(八) 民眾守法程度不同。

反對廢除死刑，對普羅大眾言，還是堅強而有說服力；所以，廢除死刑在近期內，乃是人權工作者遙不可及的理想。

但二十世紀後，一般國家對殘忍而痛苦的執刑方式，如電椅、絞刑、槍伏等，漸改採較低痛苦的，或較為人道的毒液注射；這可說是人類文明提昇的最大見證。而目前全世界有九十個國家維持死刑，全面廢除死刑的則已增至七十國；顯然就國際潮流言，正逐漸形成「廢除死刑」的大趨勢。因此，吾人亦可合理預測：今人所認為理所當然的死刑，未必不會在人類道德意識更提昇後，予以廢止。

只是，這些「死有餘辜」的罪犯，即使逃得了死刑，也逃不了因果。屆時，毋需受害人及其眷屬親自出馬以作快意恩仇的了斷，毋需第三者捲入殺業的罥網以行刑，而是他自

己的業力不能饒過自己。這比起國家公權力命令第三者介入殺業的死刑，可能是更符合社會正義的制裁吧！[32]

(二)「代理孕母」的佛法觀點

每個眾生都有強烈的「自我愛」，因此產生使生命存續的強烈意欲；就是死亡也有再生的意欲，佛法名為「後有愛」。「後有愛」的變相表現，是永生天國(宗教欲求)，或種族繁衍的願望(世俗欲求)，即使動物界也不例外。

人類因幼兒期長，須賴父母撫養；生存需要複雜，須賴同族保護，故「種族繁衍欲」特強。且由本能層次，提升至文化層次，如「不孝有三，無後為大」的父權意識，使欲「生養己所從出的後代」的市場欲求，成為今日生殖科技進步之基。因此，誰是精子父親的合法配偶，即是合法母親；另一女人即為「代孕者、捐卵者」。

其影響是：(一) 器官商品化，導致窮人弱者的器官，成為富人強者的零件；(二) 由於體外受精的突變機率高，畸形兒是否要用人工流產術除之？(三) 為增加受精卵存活率，注射致命化學物於其他；此人為的扼殺，美名「精簡多產」！

其實，以佛法觀點來看「代理孕母」，即欲「生養己所從出的後代」，就是「無明」(自我愛) 的表現。[33]

---

32 昭慧法師，《佛教規範倫理學》，頁 275-281，頁 287-291。

33 昭慧法師，《佛教規範倫理學》，頁 224-229。

(三) 婚姻、通姦、性解放的佛法回應

1. 婚姻制度的由來與通姦除罪化

婚姻制度的由來：人類因情欲，必須付出生養後代的代價；而女性懷胎期與後代幼弱期長，須保護，因責任的歸屬，產生婚姻制度。

一、母系社會。責任歸屬女性兄弟 (母舅)。

二、父系社會。責任歸屬丈夫；但妻妾須忠誠以保兒女血統的純正。

三、一夫一妻制。責任歸雙方忠誠；但社會對女性要求仍多。在此文化制約下，男性外遇之女子，多只懲罰第三者。因此「女性主義」者轉而訴諸法律，主張「通姦除罪化」。即改「刑事」案為「民事」，使變心者負賠償配偶精神痛苦，與家庭損失之責任。

近代則因：(一) 避孕術的成功，兩性可有婚姻關係，不一定要有子女；(二) 女姓經濟獨立，可有自給的生活能力；(三) 試管嬰兒的技術，使單身女子可有生育條件。故婚姻需求已不殷切；離婚率高，同居極尋常；此非人心不古。[34]

2. 節欲、縱欲與離欲

各宗教對情欲與婚姻的看法，以耶、佛為例，二者都贊成：依婚姻規範情欲。但不同在：(一) 耶教視婚姻為天主許

---

34 昭慧法師，《佛教規範倫理學》，頁 296-298。

人的聖事，反之即罪惡；故不許離婚。(二) 佛教則認為：欲界眾生都有情欲，這是動物本能，無關罪聖；但在護念眾生前題下，要求佛子「節欲」(不邪淫)。

一夫一妻制，在道德法律上，雖顧及配偶心靈、雙親責任。但在情感上，當宿緣深厚或心靈相契的異性，出現在婚後；此時除非道德感深厚，定力強；否則很難抗拒。在情欲上，子息血統純正，輪為單方道德要求。因此熱衷「情欲解放」者，欲挑戰父權意識對女性情欲的禁錮；但仍無補於自己為情欲的熱惱所奴。

昭慧法師認為：情欲雖是本能，但習性有大差異；有從一而終，有時常換口味 (如唐伯虎)。男女情愛帶佔有欲，會因無明而導至不幸；如數十年前「清大女研究生殺情敵」的悲劇。故因「自我愛」衍生的情欲，是個治絲益棼的無解課題。

佛制出家梵行戒，即洞澈「情與欲」的雙重繫縛，及其衍生的苦難；要修行者學習定慧，使不受制於自身的情欲熱惱、他者情愛的枷鎖。這或許才是真正「情欲解放」，而非「通姦除罪化」。[35]

---

35 昭慧法師，《佛教規範倫理學》，頁 300-303。

3. 淫欲與婚姻制度的反思

(1) 婚姻制度雖可束縛情慾，但無法解決問題

人類的「種族延續欲」特別強，從淫欲所生的嬰兒，實不曾根斷愛欲的潛力 (隨眠)；所以會有或多或少的「戀母情結」(或女孩的「戀父情結」)。及至成年，生理漸成熟，淫欲就發動起來。

人類發明束縛情欲任性發展的婚姻制度；母系社會的一妻多夫制，父權社會的一夫多妻制，或理性改良的一夫一妻制；能解決生養後代的實務問題，卻不盡能滿足所有的愛欲問題。

如在「一夫多妻制」為合法的古代印度與中國，或某些中東與非洲國家；雖未必是「邪淫」而可維持穩定的家庭制度。但對女性的尊嚴與權益；家庭成員關係複雜所產生的緊張關係；以及婚配上的不平均，造成弱勢男性找不到妻子的社會問題；都無法進一步做合理的解決。

(2) 娼妓是情欲疏解的安全閥

本能的適度節制淫欲，是人類超越動物，而發展出更能永續生存的高度文明原因。但淫欲經婚姻制度調節，個人的性心理難免潛抑，也是引誘犯罪等社會問題之因。

正視「性」的本能衝動，佛法除了提供超越情欲的修道方式，與節制情欲的婚姻方式。對婚外或單身的嫖妓，退而

求其次的態度是：只要不傷害配偶的感情，不傷害對方的自由意志，不妨害家庭和樂與社會秩序，不過分追求感官的刺激；這種非婚姻的性關係，雖不鼓勵卻是同情的。

因娼妓的存在，是情欲疏解的安全閥；雖常伴隨犯罪與性病傳染的社會問題，但也解決部分社會問題——提供無法成婚者，滿足生理需求的管道，避免更多無辜女性受到性侵犯的危險。

(3) 出家以「淫戒」為首之意義，在透過修行以達離欲

情欲是「我所愛」中對人的心智束縛力最強的一種；也是「我愛」的一種粗分表現。行淫欲雖未必是罪惡，但對修道言，卻是嚴重的「障道法」。因就出家眾言，戒學的首位是淫戒；這是對動物本能的最大挑戰，出家之難也在此。因為倘無定學的修習以自然離欲，無慧學觀照而「以智化情」；則克服情欲至為艱難。所以，佛法並不鼓勵人人出家，也不排斥出家者選擇「還俗」之路。

從這些難解的倫理課題，窺見性欲問題的複雜能多少體會：為何禁欲的「梵行」，被佛教視做崇高的精神生活！因任何一種婚姻制度，都無法完整地解決所有人類本能的性欲，所衍生的精神痛苦與社會問題。

而依淫戒的精神，不難理解佛教對當世普遍的性課題(如：非婚姻關係但穩定的同居行為，以及同性戀)的態度。

總之，不但「自我愛」是眾生所不能解脫的根源；自我愛所推演的「淫欲」，在人類更成了治絲益棼的無解課題。佛教出家的「梵行戒」(禁欲規定)，理由即在洞澈其苦難，而讓修行者從根源截斷此一問題。

四、昭慧法師獲頒日本「庭野和平獎」表彰其貢獻

110 年 6 月 2 日昭慧法師獲得日本居士佛教團體「立正佼成會」設立的「庭野和平基金會」頒發第 38 屆「庭野和平獎」。

庭野和平獎委員會，是由來自世界各國著名的學者及宗教領袖組成；此獎素有「宗教諾貝爾和平獎」之稱。表彰昭慧法師在護生 (動保、反賭、生態等)、平權 (性別倫理與性別平權)、宗教對話等，三大領域諸多議題上的貢獻。

昭慧法師以宗教師、佛教學者、社會運動者三個角度，分別代表對教運、學術與社會的關懷。在學術研究方面，截至目前為止，已出版 30 本以上的著作，並執筆 70 餘篇論文，同時還創立佛學院及開辦課程講座。在社會運動方面略可分為護教、護生、性別平等、反賭博合法化等四類。[36]

(一) 成為社會運動者的偶然因緣

華人社會長期以來，對僧侶定位為「為死人服務」，地

---

36 弘誓雙月刊 172 期 (110 年 8 月出刊)，頁 10-12。

位不高且常被嘲笑挖苦。當昭慧法師看到媒體這樣的報導時，會不以為然的寫文章與他們據理力爭。

但因為媒體不想得罪作者，因此法師的文章常被擋下。法師的學生就建議用些社會運動的手段方法，要求媒體。否則，就全面要求佛教徒拒看他們的電視節目，或拒訂他們的報紙。因此，媒體、藝文界人士，都很討厭法師。

但有些台灣民主運動人士，因本就被主流媒體排斥，所以會同情欣賞法師的勇於與人對立。於是法師不知不覺中就與台灣民主社會運動人士成為好朋友，也逐漸進入社會運動領域。譬如：反對核能發電，是民主運動人士發起，她支持；她提倡動物保護，主張反賭場合法化，很多社會運動人士也共同支持。

由於社會運動，常是對一般主流的聲音，一般大家所認為正確的觀念，提出不同的看法；或針對既得利益的財團企業，表達不同看法。這會牴觸他人的利益、觀念；因此一定會被攻擊。在這情況下法師能堅持下去，是因為知道這些錯誤的制度、思想、觀念會影響很多生命受苦受難；故不可為了保護自己就不發聲，否則會良心不安。後來她發現：其實是「恐懼」吞噬我們，讓我們不去做該做的事；因此永遠不會有所謂的「勇敢」。[37]

---

37 弘誓雙月刊 172 期 (110 年 8 月出刊)，頁 75-76。

(二) 拓展人間佛教的理論深度和實踐廣度

宣方教授認為：迄今為止，漢傳佛教的全球推展，主要還是特定形態的教團擴張。相較之下，人間佛教理論的國際傳播，無形無相，潤物無聲。面對關乎人類命運的諸多重大議題，主動與其它傳統對話，並謙遜地為其它佛教傳統，乃至為不同信仰背景的個體行動者、社會組織，提供豐富的思想資源和有力的理論武器。如此但求有益世間，功成不必在我，更契合佛法的無我精神。

昭法師接過太虛大師、印順導師的旗幟，面對諸多現代性議題，基於人間佛教的立場，展開陣勢堂堂的論述。她討伐不公義的社會現象，抨擊不合理的宗教和社會制度，解構自我祝聖的陳腐觀念，破舊立新，大大拓展了人間佛教的理論深度和實踐廣度。[38]

此次受獎，昭慧法師也特向印順導師獻上誠致的敬意與謝意。因是導師跨越宗派藩籬，直探佛陀本懷，以入世理念提倡人間佛教，期許佛弟子以深觀因緣的佛法智慧，關懷社會。因是導師的思想引領，讓她全然打破傳統佛教的思維框架，並產生源源不絕的「護生」動力。[39]

---

38 弘誓雙月刊 172 期 (110 年 8 月出刊)，頁 32。
39 弘誓雙月刊 172 期 (110 年 8 月出刊)，頁 22。

附錄
健康之道

釋清德

一、食物與健康的關係：

(一) 健康的定義、重要性

(二) 疾病形成的三過程

  1.(酸鹼) 不平衡⟷均衡自然飲食

  2.毒素的累積⟷均衡自然飲食十內在清除法

  3.疾病的形成⟷均衡自然飲食十內在清除法十心靈的修

   持

二、食物的營養與消化

(一) 營養要素：蛋白質、脂肪、醣類、維生素、礦物質、

  纖維素、酵素。

(二) 食物的消化途徑：

  1.口 (唾液消化澱粉)→2.胃 (主要消化蛋白質)→3.十二指

  腸 (胰液幫分解蛋白質、醣類；膽汁幫分解脂肪)

  →4.小腸 (吸收營養)→5.大腸 (吸收水分)→6.肛門 (排泄)

(三) 食物在胃的消化時間：1.水果 (1小時)，

  2.澱粉 (2-3小時)，3.蛋白質 (4小時)，4.脂肪 (6～8小時)

三、食物的類別與抉擇：

(一) 食物所提供的能量：悅性、變性、惰性。

　　1.悅性 (優等)，有益身心。蔬果、種子、豆類、穀類

　　2.變性 (中等)，有刺激性。咖啡、濃茶、可樂、醬油

　　3.惰性 (劣等)，有礙身心。肉類、蔥、蛋、菇、味精、

　　　　　　　　　　　　　　陳腐物、食過量

(二) 食物所含的酸鹼度。健康身體呈弱鹼性 (PH7.4)

(三) 食物本身的陰陽性、壓力性。

　　1.現代飲食 (高壓性)：極陰性 (高脂肪、高糖)，

　　　　　　　　　　　　　極陽性 (高蛋白、高鹽)。

　　2.傳統飲食 (低壓性)：微陰性 (全穀類)，

　　　　　　　　　　　　　微陽性 (蔬果、種子)。

(四)、食物的抉擇：1.取悅性，捨惰性；

　　　　　　　　　2.增加鹼性食物的質與量；

　　　　　　　　　3.取微陰、微陽、低壓性 (4 低 1 高)。

　　　　　　　　　4.適當的烹調法。

四、均衡自然飲食的調配：

蔬、果、穀、芽的比例：20/ 10/ 65/ 5

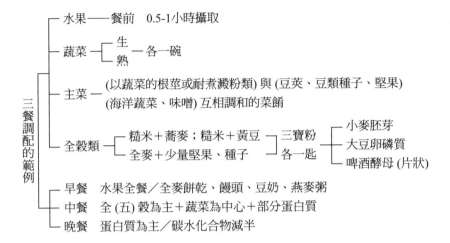

三餐調配的範例

- 水果——餐前　0.5-1小時攝取
- 蔬菜 ┬ 生 ┐
　　　 └ 熟 ┴ 各一碗
- 主菜 — (以蔬菜的根莖或耐煮澱粉類) 與 (豆莢、豆類種子、堅果)
　　　　(海洋蔬菜、味噌) 互相調和的菜餚
- 全穀類 ┬ 糙米＋蕎麥；糙米＋黃豆 ┐ 三寶粉 ┬ 小麥胚芽
　　　　 └ 全麥＋少量堅果、種子　 ┘ 各一匙 ├ 大豆卵磷質
　　　　　　　　　　　　　　　　　　　　　　└ 啤酒酵母 (片狀)
- 早餐　水果全餐／全麥餅乾、饅頭、豆奶、燕麥粥
- 中餐　全 (五) 穀為主＋蔬菜為中心＋部分蛋白質
- 晚餐　蛋白質為主／碳水化合物減半

五、飲食注意事項：

(一) 傳統錯誤的素食觀：多吃油，或多樣化加工精製食品。

(二) 牛乳只宜 6 個月～3 歲幼兒飲用。

(三) 水果 (可分酸性、亞酸性、甜性) 一次勿超過三種，
　　且瓜類應單獨食用。

(四) 細嚼慢嚥，七分飽，不必喝湯及水。

(五) 每餐距離 4-5 小時；不吃宵夜、點心，晚餐量少。

(六) 食用當地、當季之有機栽種者。

(七) 烹調簡單，勿傷食物。且採單味、原味，
　　並去三白 (白米、白麵、白糖)。

(八) 愉快心情用餐，餐時少言，餐後勿勞動。

(九)炊具用品，避免用鋁鍋、保利龍、塑膠袋、化學清潔
　　劑。

(十)有愛心的人，煮出來的菜最棒。

六、素食的相關問題

(一)從人體的結構 (腸、齒、消化液) 看，人屬草食性動物。

(二)素食的類別：

　　1.西方素食：不吃肉。

　　2.一貫道素食：不吃肉及五辛。

　　3.中國佛教徒的素食：不吃肉、五辛及蛋。

　　4.瑜伽素食：不吃肉、五辛、蛋、菇菌類。

　　5.順應大自然的素食：以糙米為主的綜合穀類，

　　　　　　　　　　　　　配以當地、當季的蔬果。

　　6.生食蔬果。

(三) 佛教的素食立場：慈悲護生──不殺生。

(四) 素食與環保

七、健康之道:

(一)身體：自然均衡的飲食，適量的運動、睡眠

　　　　　及順暢的排泄。

(二)心理：樂觀開朗。存好心，說好話，做好事。

(三)靈性：宗教的修持。早晚 (念佛、誦經、打坐)

　　　深信因果，起懺悔心，發菩提心

(四)、環境：環保。

姜淑惠醫師——時時觀照覺察自我身體，即是最好的良醫；

　　　　　　處處攝取自然均衡食物，便是最佳的良藥。

此外，筆者也常推薦以下二書：

1 李豐《善待細胞，可以活得更好》，原水出版社。

2 新谷弘實《不生病的生活》，如何出版社。

參考書目

印順法師

《成佛之道》，臺北：正聞，民 76

《佛法概論》，新竹縣竹北市：正聞，民 92 二刷

《寶積經講記》，新竹縣竹北市：正聞，民 92 二刷

《佛在人間》，臺北：正聞，民 92

《平凡的一生》，臺北：正聞，民 83

《太虛大師年譜》，新竹縣竹北市：正聞，民 92 二刷

《佛法是救世之光》，新竹縣竹北市：正聞，民 92 二刷

《以佛法研究佛法》，臺北：正聞，民 81

《教制教典與教學》，臺北：正聞，民 81

《學佛三要》，新竹縣竹北市：正聞，民 92 二刷

《我之宗教觀》，臺北：正聞，民 81

《無諍之辯》，臺北：正聞，民 84

《華雨香雲》，臺北：正聞，民 81

《佛教史地考論》，臺北：正聞，民 81

《原始佛教聖典之集成》，臺北：正聞，民 75

《初期大乘佛教之起源與開展》，臺北：正聞，民 70

《印度之佛教》，臺北：正聞，民 74

《華雨集 (三)》，臺北：正聞，民 82

《華雨集 (四)》，臺北：正聞，民 82

《華雨集 (五)》，臺北：正聞，民 82

昭慧法師

《四分比丘尼戒經彙編》，臺北：法界，民 85

《律學今詮》，臺北：法界，民 88

《法與律之深層探索》，論集 臺北：法界，民 98

《佛教倫理學》，臺北：法界，民 84

《佛教規範倫理學》，臺北：法界，民 92

《佛教後設倫理學》，臺北：法界，民 97

聖嚴法師，《戒律學綱要》，臺北：法鼓文化，2001

　　　　　《學佛知津》，臺北：法鼓文化，1999

　　　　　《佛教制度與生活》，臺北：東初，民 76

　　　　　《明日的佛教》，臺北：法鼓文化，1999

續明法師，《戒學述要》，中壢：圓光，民 83

《白公上人光壽錄》，臺北：十普寺，民 72

蔡念生，《弘一大師法集 (三)》，臺北：新文豐，民 77

江燦騰，《台灣佛教史》，臺北，五南，2009

藍吉富，《二十世紀的中日佛教》，台北：新文豐，民 80

謝莘莘，《當代台灣佛教僧尼的戒律觀及其生活實踐》，

　　　　玄奘大學宗教學研究所碩士論文 (94 年 7 月)

國家圖書館出版品預行編目資料

當代佛教戒律新詮——
印順導師人間佛教的戒律思想
／釋清德著　-- 初版．
【臺北市】：紹印精舍，民 111.08
368 面．21 公分 ×15 公分

ISBN 978-626-96465-0-0（平裝）
1. 佛教　2. 律藏
220　　　　　　　　　　111012553

當代佛教戒律新詮——

印順導師人間佛教的戒律思想 定價：380 元

作　　者｜釋清德

出 版 者｜紹印精舍

地　　址｜105 台北市松山區三民路 113 巷 10 號 6 樓

電　　話｜(02) 2760-6008

電子郵件｜saoyin100@gmail.com

郵撥帳號｜5016-1193 鄭雪芬（釋清德）

出版日期｜中華民國 111 年 8 月初版

ISBN　978-626-96465-0-0
版權所有　·　請勿翻印